九州戦国の武将たち

吉永正春

立花宗茂公画像（柳川市、福厳寺蔵）

海鳥社

立花宗茂

吉永正春

以寡崩多常制先　寡を以て多を崩し　常に先を制す
両府重用志逾堅　両府に重用され　志　逾　堅し
清簾貫節貽功業　清簾節を貫き　功業を貽す
高義遺芳威徳伝　高義の遺芳　威徳を伝う

（『漢詩でめぐる九州戦国史』より、漢詩・七言絶句）

九州戦国の武将たち◉目次

佐伯惟治……8
伊東義祐……14
神代勝利……27
新納忠元……36
甲斐宗運……46
大友宗麟……53
龍造寺隆信……74
戸次鑑連……93
大村純忠……104
秋月種実……124
宗像氏貞……138
島津義弘……154

高橋紹運……178
鍋島直茂……191
波多三河守親……201
立花宗茂……216
相良義陽……234
高橋元種……252
有馬晴信……262
宇都宮鎮房……274
あとがき　289

九州戦国の武将たち

佐伯惟治　さいきこれはる

大神姓緒方氏

佐伯氏は大蛇伝説で知られる大神惟基の子孫で、出雲神族の出である大神惟幾（惟基の父）が、寛平四年（八九二）、豊後大野郡（大分県大野郡）の大領（郡司）として、この地に来住、以後、しだいに勢力をつけていった。惟基の末裔を緒方族と称し、次の三十七家がある（『大分郡志』）。

佐伯・雄城・小原・大津留・田尻・稙田・田吹・加来・小深田・敷戸・木上・下郡・東家・橋爪・神品・上野・徳丸・堅田・夏足・長野・都甲・真玉・世利・芦刈・陳木・阿南・安藤・秋岡・栃原・由布・高城・奈須・胡麻津留・稗田・小井寺・森迫・深田。

この一族は大神姓であり、家紋に鱗形を用い、「惟」の字を通字としているが、大蔵氏流の種や永の通字と対比される。ともあれ、大友氏の豊後入国までは、緒方一族は豊後に根付いた豪族として勢力を振るった。

源平時代、源義経に味方して平家追討に活躍した緒方三郎惟栄は、大神惟基の曾孫惟用の子で、大野郡緒方荘（豊後市大野市緒方町）に住んで緒方氏を称した。惟栄は頼朝・義経兄弟が不和になった時、義経を九州に迎えようとして、豊後竹田の岡城や、豊前国内に繋ぎの城を築いて尽力したが、義経失脚によりこの計画は失敗、義経派の彼は頼朝によって上州沼田（群馬県沼田市）へ配流された。頼朝は側近の能臣中原親能の養子大友能直を豊後守護に任じて薩摩の島津、筑前の少弐氏とともに、九州経営の要とした。

元久元年（一二〇四）、緒方惟栄は罪を許されて沼田から豊後へ帰国、その子惟久は大友氏に属して佐伯荘（現

緒方氏の家紋、三つ鱗

佐伯氏の家紋、左三つ巴紋

佐伯氏略系図

大神惟基 ― 惟康[1] ― 惟朝[2] ― 惟忠[3] ― 惟久[4] ― 惟直[5] ― 惟宗[6] ―

― 惟仲[7] ― 惟秀[8] ― 惟世[9] ― 惟治[10] ― 惟常[11] ― 惟教[12] ― 惟真[13] ― 惟定[14]

在の佐伯市とその周辺）に居住、番匠川上流に聳える栂牟礼山城を本城とした。佐伯は臼杵とともに豊後水道の拠点で、要津を支配した佐伯氏が海上交通にも勢威を振るい、この地に一大勢力を築いていったことが考えられる。緒方も佐伯も元は一つの大神一門であり、いずれも居住地の名をとったものである。なお、佐伯の呼び方については、この地方では習慣上の呼称からサイキと呼ぶ。

このように古くから豊後を支配していた大神一門の諸氏は、関東からの「下り衆」大友氏に吸収され、その支配下に入った。彼ら大神系諸氏は「国衆」として大友氏一族・譜代の「同紋衆」六十一家と区別されたが、地縁血縁で結ばれた佐伯氏ら国人土豪の勢力は侮りがたく、その後、大友家にとって厄介な存在となってきた。

惟治の反抗

戦国期に入り、十九代大友義長は家臣団を統制する領国経営の家法ともいうべき「条々」十七カ条と、「追而書」八カ条を嫡子義鑑（宗麟の父）に書き残して死んだ。二十代の義鑑は良臣に恵まれて国力を強め、しだいに他国へ勢力を伸ばしていた。だが、覇道を歩みはじめた義鑑には悩みの種があった。同紋、譜代と、国衆たちとの家臣団の対立である。いわば、大友家中の「序列争い」である。門閥を誇り、国主の威光を笠にきる同紋、譜代の家臣に対して、外様の国衆たちは「わが家は大友家より古い大神の流れだ」と、家格を論じて互いに対抗意識を燃やした。

この国衆の代表格が佐伯氏七代の栂牟礼城主、佐伯薩摩守惟治であった。惟治には「かつての豊後の支配者ぞ」という自負と反骨があった。大友氏は入国以来、大神一門の大友化をはかり、臼杵・植田・戸次・大野氏らの家を

栂牟礼山城跡に建つ春好などの供養塔

結縁によってつぎつぎに乗っとり吸収していったが、豊南の佐伯氏だけは大友の網にかからず、大神の血統を守り続けていた。それだけに大友家にとっては無気味で邪魔者であった。当然、佐伯氏粛清の機運が盛り上がってくる。

大友義鑑は惟治討伐の口実を密かに狙っていた。『栂牟礼実録』『大友興廃記』『両豊記』などの記録によれば、佐伯惟治は有能な武将ではなかったようである。彼は先祖崇拝のあまり神がかりな偏執的性格だったという。「わが家の先祖は、嫗嶽大明神なるぞ、豊後一の名門の家柄であり、大友より家格は上である」と、貴族意識におち入り、尊大で軽躁な人物だったとしている。

惟治は春好という妖術使いの僧の魔法のとりこになり、彼を師と崇め、彼のために領民を動員して道場を建ててやり、空飛ぶ鳥を気合で打ち落とす修業などに精力を用いていた。春好は領主の師として振舞い、政道にまで容喙するようになり、彼に取り入る佞臣たちは贈物をもって往来した。

佐伯家は既に紊乱していた。二人の家臣が主人惟治に諫言したが、効果がなく失敗して領外に去った。だが、これを機に、君側の奸、春好排斥の声が高まり、さすがの惟治もこれを制止できなくなってきた。また、彼の気分も変化し、修業の効果に疑問を抱くようになっていた。これ程、真剣に励んでも駄目なのは、師匠の教えが悪いからだ――。

惟治は怒りの眼を春好に向けた。『栂牟礼実録』には、春好はその後、惟治の家臣によって殺害されたと記されている。彼の領主としての失格はこれぐらいではなかった。惟治は、大友家「条々」に定められた府内（大分市）館への毎月の出仕を怠って狩に興じ、無断で神社を造営したり、九歳の嫡子を国主の大友家なみに「御曹子」と敬称させるなど府内への忠誠を疑われる行為をくり返した。一方、国主大友義鑑は、当時、青年気鋭の戦国武将であった。彼が戦国大名として強大になるためには、国内の造反者たちを弾圧して根絶しなければならない。義鑑の「佐伯討伐」は、彼の胸中でしだいに膨らみつつあった。

その頃、「惟治謀叛（むほん）」の噂が広がった。流言は同紋衆が仕組んだワナだったともいい、また、側近の讒言（ざんげん）によるものといわれるが、いずれにしても惟治の大友家を甘く見た軽挙な行動が自滅への引き金になったと考えられる。

しかしこの不穏（ふおん）な噂は全くのデマだったとはいえないふしもあった。当時、惟治は肥後の菊池氏、筑後の星野氏らと通じて大友家へのクーデターを図り討ち滅ぼされたと『大友家文書録』『大友興廃記』等の史料は伝えている。

佐伯討伐

かくて義鑑の命で佐伯討伐軍が編成された。事の重大さに驚いた惟治は、二人の重臣を府内に急行させて無実を訴えさせようとしたが、彼ら両使は大友の将兵によって出陣の血祭にあげられてしまった。

大永七年（一五二七）正月上旬、大友の将臼杵近江守長景（うすきおうみのかみながかげ）が討伐軍の大将として、二万の軍勢を率いて府内から行程十六里（約六四キロ）の佐伯へ向かった。惟治には、もはや戦う以外に道はなかった。栂牟礼（とがむれ）城に一族家来一千余とともに籠城、大友軍と戦う決意をして防備を固めた。栂牟礼城は標高二二三メートルの峻険な山上にあって谷多く廻り、東側は山が連なり、西南北は崩れやすい地層が登攀を阻み、山麓を番匠川が洗っている。

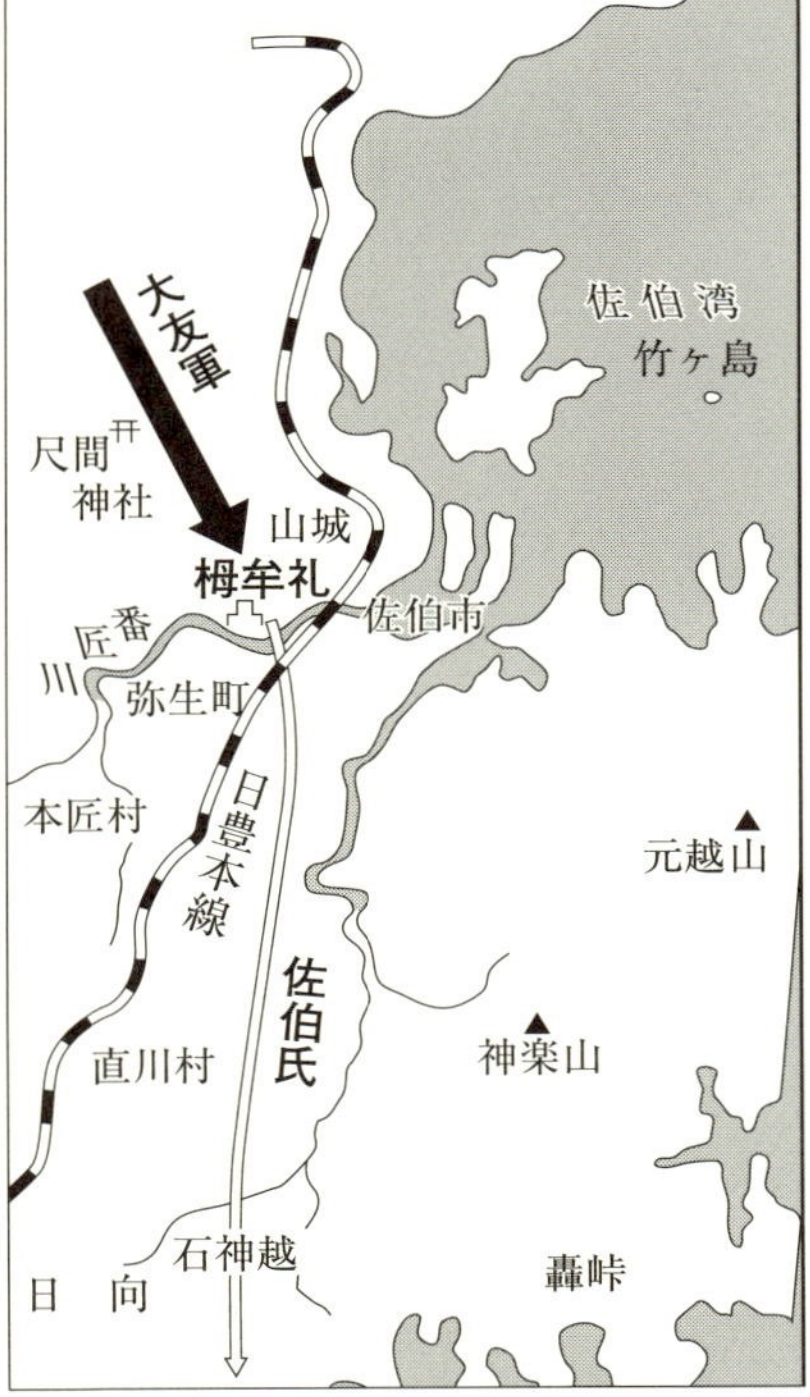

大友軍の栂牟礼城進攻と佐伯氏敗走略図

府内から南下した大友軍は津久見（つくみ）峠を経て佐伯領に侵入、栂牟礼城を望む床木（ゆかぎ）（佐伯市弥生町）に陣を布いた。やがて城への攻撃が始まったが、七つの堀を利用して待ち伏せする城兵は、ゲリラ戦術で巧みにこれを捕らえて撃破し、追い落とした。大友軍はその後の攻撃も失敗して死傷者が続出した。さすがの勇将臼杵長景もたまらず攻撃を中止、城を囲んで対峙しながら月日を送った。

だが、長景は主君義鑑に対して、これ以上佐伯討伐を遅延させるわけにはいかず、籠城軍の疲れに乗じて計略をもって、城主佐伯惟治、千代鶴父子を城外に誘き出そうと、偽りの和睦を結ぶ起請文を使者に持たせた。しばらく日向の方で謹慎していれば、再び城へ復帰できることを保証する――という条件であった。

惟治は、この和議を信じて抗戦派の者たちを押え、開城を決意する。長期の籠城で、既に食糧が欠乏し、城兵も疲労して籠城が限界に達していた。和議を受け入れた惟治は、城兵らを落とし、日暮れになって嫡子千代鶴はじめ、従者二十余人とともに城を出た。一行はその夜、城下の龍護寺に泊まり一夜を明かした。龍護寺は緒方三郎惟栄の霊を弔うため惟栄の家来山本源太有明が建立したという寺で、寺名のいわれは緒方氏の先祖嫗嶽大明神の龍骨を埋め、それを護るとの故事によるもので、由緒ある佐伯家の菩提寺であった。惟治は、この寺で次の歌を遺した。

枯れてだに咲くべき花の種しあらば拾わせ給へ落ちるこの身を

彼は息子の千代鶴を堅田（佐伯市堅田）の家臣に預け、従者に守られて日向路を目指した。一行は堅田川を上り、黒沢村（佐伯市青山）で疲れを癒したのち、日向領三河内（宮崎県東臼杵郡）へ越えるため、尾高知の峰を登り中腹で休息していた。その時、大友に内通した新名党と名のる郷民の一団が突然襲ってきた。惟治主従は必死に敵と戦ったが、多勢にとり囲まれて次々に討たれていった。

惟治の最期

惟治最期の様子は、『栂牟礼実録』などからすると、凄まじい形相で「われ、無実の讒言によって今ここに自害する。この恨み三日のうちに必ず思い知らせてくれる」と叫び、武具を敵に投げつけると、脇差しで腹を切割き、その血刀で咽喉を突き、血だるまとなって岩上から落下して壮絶な死をとげた。大永七年十一月二十五日のことで、佐伯惟治、時に三十三歳であった。

惟治の子千代鶴は、三人の従者が守っていたが、彼らは惟治のあとを追って三河内へと向かった。だが、彼らは途中、西野村（佐伯市大字堅田）で惟治討死の知らせを聞き、もはやこれまでと九歳の千代鶴を介錯したのち、三名の従者らは潔く割腹して果てた。ここに佐伯氏の嫡流は滅んだ。

惟治死後、怨霊が荒れ、つぎつぎに異変が起こり、村人たちを恐怖におとしこんだという。また、惟治を騙し討ちした臼杵長景は高熱を出して狂死したというが、長景は享禄元年（一五二八）十二月まで大友家の家老職にあった記録があり、祟りとは無関係と思われ、惟治への同情による付会から伝わったものであろう。その後、惟治の霊を鎮めるため尾高知神社が建てられ、さらに富尾神社をはじめ慰霊の社が建立された。『大友家文書録』には、惟治を正徹入道と入道名で記しているが、「大神系図」には「正徹大禅定名」の法号が記されている。

謀略で相手を騙し討ちするのは卑怯のようだが、戦国の世では勝つためには戦略がわりに行った武将たちが多い。だが、惟治に同情的な地元の人たちは、あくまで讒言によって無実の罪で滅ぼされた悲運の領主と信じている人が多く、騙し討ちした臼杵長景の評判は今も悪い。ところで、大友義鑑は佐伯家を断絶させせなかった。おそらく国衆らの反発を抑えるためであったろう。惟治の跡を甥の惟常が継ぎ、十四代惟定まで大友家に仕えたが、その後、庶流は伊勢（三重県）や博多に移っている。

佐伯惟治、千代鶴親子、家臣の合葬墓（佐伯市西野）

惟治は魔法の修業に精を出し、家中に内紛を起こすなど、領主としては失格であった。魔法の修業よりも領民を思いやる心の修業をすべきであった。名門大神の出という優越感にとらわれ戦国武将としての厳しさを忘れてしまった。佐伯氏滅亡の原因は結局、当主の心構えにあったといえる。

伊東義祐　いとうよしすけ

工藤―伊藤―伊東へ

春は花秋は紅葉に帆をあげて霧や霞に浮船の城

この歌は日向の支配者であった伊東氏の本城都於郡（西都市）城の栄華を偲んで詠まれたものといわれるが、白い城壁が城下を流れる三財川（一つ瀬川の上流）に映じて、鮎がそこから遡ることができなかったという言い伝えがあるくらい、清流に浮かぶ城の雄大さが追想される。

伊東氏の祖は、建久元年（一一九〇）、源頼朝から日向国地頭職を賜わった工藤祐経にはじまる。

祐経ははじめ、平重盛に仕えて武者所につとめ、御所の警備にあたっていたが、同族間に紛争が生じ、伊東祐親に所領を横領されたことを恨み、祐親を傷つけ、その子河津三郎祐泰を討った。祐泰の未亡人は遺児十郎祐成と、五郎時致を連れて曾我太郎と再婚したが、この遺児兄弟が富士の裾野の巻狩で、祐経を討って父の仇を報じたという物語りは、「曾我兄弟の仇討ち」として知られている。

伊東氏は、もともと藤原氏の流れといわれ、伊豆の押領使（警察）となり、伊藤・宇佐美（伊東市）、河津（静岡県賀茂郡河津町）の三荘（現在の伊東市と下田市の一部を含む）を領し、工藤を伊藤に改め、さらに「伊東」と改称した。

祐経は頼朝の功臣でその信頼が厚かった。彼の所領は全国三十三カ所・三千七百町に及ぶもので、『日向記』によれば、日向での所領は県荘八〇町・田島荘三〇町・富田荘一〇町・諸県荘三〇〇町・児湯郡二四〇町とあり、建久四年（一一九三）五月、祐経が曾我兄弟に討たれたのち、その遺領は伊東氏を称した子の祐時に引継がれた。

祐時の代では所領が増え、県荘一二〇町・諸県荘四五〇町・田島荘九五町・富田荘八〇町の「四カ所荘」と、児湯郡二四〇町となった。領主として開発を進めたことが考えられる。

祐時には多くの男子があり、それぞれ伊東氏所領が分与され、彼ら一族は土地の名をとって田島・門川・木脇氏の祖となったが、これら一族の日向進出は伊豆の宗家伊東氏の日向経略の地歩を固めていった。

祐時の死後、伊豆の伊東本家は六男祐光が跡を継ぎ、弟の祐頼（木脇氏祖）を日向に下して地頭職を代行させたという。祐光の死後、祐宗・貞祐と続き、貞祐の子伊東祐持が足利尊氏の配下として児湯郡都於郡を宛行われ、建武二年（一三三五）下向した。日向への直接進出は一族の田島氏らよりも九十年ほど遅れたが、都於郡の地は伊東氏にとって、宮崎平野の中心をなす国富荘や、その背後の穆佐院と、倉岡（宮崎市）を確保するには好条件の地であり、伊東の日向経略をそののち有利に展開させることになった。

山東と伊東義祐の家督

日向伊東氏は、この祐持を初代として南北朝期から室町期へと続くが、その間、山東を本拠にして、対立する財部（高鍋）の土持氏を滅ぼした。土持氏は県（延岡）の一族だけが残った。さらに一族の田島氏を滅亡させ、その所領佐土原（宮崎市佐土原町）の地を収め、門川、木脇らの支族も支配下にとり入れるなど著しく勢力を伸ばした。

一方、薩摩に本拠を置く島津氏もまた、日向山東への進出を図り、伊東氏との間に抗争をつづける。

ところで「山東」とは、宮崎郡と諸県郡の境界をなす山岳地帯、つまり青井岳天神嶺と呼ぶ峰つづきより東の領界を意味し、伊東氏の本拠を指すものであり、伊東氏そのものの代名詞ともなった。

現在、JR日豊線の青井岳駅（都城市山之口町）の背後は天神とよばれる山険が連なり、最高峰が青井岳（標高五六三メートル）であるが、天神嶺の名はこれに因る。

飫肥城址（日南市飫肥）

日豊線は、青井岳の山腹の多くのトンネルをくぐり抜けながら、都城盆地へと走っているが、天神嶺以西を「山西」と呼び、都城だけでなく飫肥や、大隅あたりまでも含めて呼んでいたという。

応仁、文明以後の戦国期に入ると、南九州では肥後人吉の相良・大隅の肝付・真幸（えびの・小林両市を含む）の北原らが一応の勢力をもっていたが、伊東・島津両氏の力が断然強く、他の諸氏を押さえていた。

この強い者同士の対決の舞台となったのが飫肥であった。「飫肥杉」で知られる飫肥地方は、島津領であったが、古来、隣境のえびの、小林方面から霧島火山帯産出の硫黄・明礬などの鉱物資源が集まり、その積出港が福島（串間）であった。

島津にとって飫肥は、日向経略の拠点であり、一族の新納氏をもって治めさせていた。

一方、伊東の領内では米以外の特別な産物がなく、必然的にその欲望は飫肥に向けられ、その結果、飫肥城をめぐる島津・伊東の熾烈な攻防が開始された。

こうして文明十六年（一四八四）、六代伊東祐国の時から始まった飫肥城攻略戦は、十代義祐の代までつづく。

その間、義祐（当時は祐清）の父尹祐（七代）は、大永三年（一五二三）、島津方の北郷忠相の所領三股（都城地方）の要城野々美谷城を攻めていたとき陣中で急死した。『庄内平治記』には、「伊東尹祐手勢を率し、大谷の北に控えて軍の下知して居たりしか城中の精兵に只中を射通され馬より落ちて死にけり」と戦死の様子を伝えている。時に五十六歳であった。

尹祐の死後、長子祐充が跡を継ぐが、天文二年（一五三三）、彼は二十四歳の若さで死ぬ。祐充には、祐清（義祐）、祐吉の両弟がいたが、家督争いが起こり、祐清が家を継ぐまでには多くの波瀾があった。

そのころ、山東の実権を狙う祐清の叔父祐武（尹祐の弟）は、奸智と横暴さで二人の甥を圧迫して遂に伊東家の実権を握ったので、身の危険を感じた祐清・祐吉兄弟は、都於郡を出て、日知屋（日向市）の海岸から上洛を目ざして船出しようとしたところ、主家を思って都於郡から家臣数人が駆けつけてきた。

船はすでに岸を離れていたが、家士のひとりで水練に達者な中村伊予という者が咄嗟に文箱を首に結んで海に飛びこみ、抜手を切って船側に泳ぎついて祐清に会い、城中からの文を渡して、誠心誠意、伊東家の立て直しを泣訴した。

彼らの真情が身に沁みた祐清は、また立ち帰って譜代の老臣荒武藤兵衛らと図って兵を募り、叔父祐武を自害させ、その一族を討って再び都於郡城に復帰した。だが、家中の内紛はおさまらず、謀略、暗闘があり、仏門に入っていた祐清の弟、祐吉を還俗させて、彼を当主にして宮崎城に迎えたので、祐清は弟祐吉と対立するようになる。

飫肥藩末期の学者、平部嶠南は『日向纂記』の中で、

「祐清ハ武略ヲ以テ国中ノ乱ヲ鎮メラレシ処ニ出家セシ弟ニ世ヲ越サレケレバ本意ナクヤ思ハレケン削髪出家シテ富田ノ郷ニ世ヲ遁レ名ヲ可水ト改メ萬歳軒ト号セラル」

と記しているが、祐清（のち義祐）は危難を避けるため富田郷（児湯郡新富町）に遁れ、一時、出家して仏門に入った。ところが、天文五年六月、対立していた祐吉が二十歳で急逝したので、祐清は直ちに還俗して富田郷を出て、七月十日（一説には十月）、佐土原城に入って家督を継いだ。時に二十四歳。

義祐が佐土原に入って間もなく城は失火で焼失したので、彼は都於郡と宮崎の両城を往来し、天文十一年頃、佐土原城が再建されると、この城に入って山東の政令の全てを、ここから発した。また都於郡城にはのちに二男祐益を置いて守らせた。

こうして山東を掌握した祐清は、その後、朝廷に皇居修理費百八貫文を献納して翌天文六年四月、従四位に叙せられ、同八月には将軍足利義晴より一字をもらって義祐と改めた。このとき隣国豊後の大友宗麟はまだ八歳。薩摩の島津義久が五歳、弟の義弘は三歳のいずれも幼少期にあった。

義祐の全盛期

天文十五年十二月、義祐は朝廷に献金して従三位に昇叙されたが、地方の武門としては珍しい高位であった。義祐としては公卿なみの高位に昇り、権威と武力によって生涯の隆盛期に入った。

だが、二年後の天文十七年、溺愛していた嫡子歓虎丸がわずか九歳で早世した。義祐は悲嘆のあまり、幼真寺という一寺を建てて菩提を弔ったが、彼はこれを機縁に三十六歳で再び剃髪して沙門の身となった。いらい、従三位の官位と併せて「三位入道」と称した。

義祐の飫肥進出までには、なお多くの攻防簒奪があった。父尹祐が三股経略に失敗していらい、その戦略は専ら北原氏の所領、真幸地方に注がれ、永禄初年から真幸経略が始まった。

義祐は娘を領主北原兼守に嫁がせ、舅として公然と北原氏の内政に干渉し、永禄三年、北原兼守が三ッ山城（小林市）で死んだのち、子がなかったので、北原一族の者を立て、それに未亡人の娘を再嫁させて三ッ山城に配するなど、強引な手段で真幸七百五十町の地を奪った。

その間、天文十年頃から始まった義祐の執拗な飫肥への出兵は続けられ、以後、二十八年間に八回戦い、永禄十一年（一五六八）一月、二万の大軍をもって飫肥城（日南市）を攻め、遂に城主島津忠親を降し、飫肥千町を手に入れた。

当時、島津氏は大隅の菱刈氏討伐で手がまわらず飫肥救援ができなかった。

義祐は三男祐兵を飫肥城に入れ、佐土原・稲津らの老臣をつけて守らせた。また、都於郡の本城には孫の祐賀（二男義益の子）を置き、自らは佐土原にあって権勢をふるい支配領域は日向五郡におよんだ。

その属城は城主三十九人、領主七人と、佐土原・飫肥を加えて「伊東四十八城」と称され、まさに日向王国を築いたかの観があった。

このほか、祢寝・肝付・伊地知・新納・本田・北原らの諸氏十三人が義祐に好を通じてきた。このころから伊東氏の全盛時代に入るが、義祐の華かな得意の絶頂期であった。それとともに彼の傲岸な横暴さも増大していった。

「三位公威勢自然ト重クシテ三州（日向・大隅・薩摩）ノ太守ト思ヒ入ラレシモ理リナリ然トモ是ヨリシテ益々驕慢ノ行迹モ多カリシカバ国中一筋ニ心服セズ」（『日向纂記』）とあるように、義祐は日向はおろか島津の混乱につけこみ、すでに薩・隅の領域まで併呑して三州の太守になったように思いあがり、佐土原城で豪奢な生活をおくった。

天文二十年、義祐は、佐土原に大仏堂を建立。仏師を呼んで大仏を造らせて安置した。翌二十一年、京都の金閣寺をまねて金柏寺を建て、大鐘を寄進したが、その銘に「日薩隅三州太守藤原義祐朝臣」と「三国一」の夢を独善的に刻んだ。また、銀柏寺も造ろうとしたが、これは実現しなかった。

義祐の「京かぶれ」は、現在も地名に残っているが、佐土原に条坊の制を布き、祇園・愛宕・清水・鞍間・長谷・五条などの名を付し、五条を流れる一つ瀬川支流に架けた五条橋近くに「館」を設け、ここから清流に浮かぶ橋を眺めて優雅な境地にひたったという。この館趾は「古館」と呼ばれているが、このほか城の内外に、小京都まがいの数々の人工を施し、公卿と血縁を結び（二男義益の室は土佐の一条房基の娘阿喜多）、城内で蹴鞠の会を催し、殿上人のように振舞った。

豪壮な佐土原城で優雅な日々をおくる義祐は、家臣や民衆には専制をもってのぞみ、いわゆる「暴君」であったが、反面、文芸にも親しみ、漢字の「四体千字文」の出版をはじめ、『飫肥紀行』の一文を著したほか、数々の和歌・俳句などを残した。

前述の長子歓虎丸が九歳で早逝した時は、悲嘆のあまり仏門に入って仏三昧であったが、彼は海道衆と称する僧侶の一団をつくり、僧たちに笈を背負わせて昼夜、わが子の法名を念じて歩かせた。また、僧たちを集めて終日、仏法の談義をさせ、自ら袈裟を着てこれに座し、国政よりも仏道に耽溺して国費を浪費し家中に動揺を与えた。

そのため、国家の紊乱を憂慮した重臣たちが義祐を強く諫めたので、彼はやっと反省して政務に力を入れるようになり、奇矯も止んだという。

飫肥城を攻略した翌永禄十二年七月十一日、義祐の二男義益が頓死した。まだ二十四歳の若さであった。『日向記』によれば、義益は領内の岩崎稲荷社に十七日間の祈願をこめて参籠中、この日、社内において俄に死去したという。義益は仁愛の心深く、穏和な性格で文道に長じ、諸人から慕われていたから、この突然の不幸は当時、不思議なできごととして話題になったと記している。先の長子歓虎丸につづいて、今また二男義益を失ったことは、義祐にとって大きなショックであったにちがいない。

その後、領内には妖しいできごとが続き、不安で民心は動揺していた。そのため義祐は、島津の出城飯野城を攻めるため配置していた桶平（えびの市田原）の陣地から兵をいったん撤収させねばならなかった。都於郡城には、その後、義益の長子祐賀が在城した。

一方、島津氏は十五代貴久の代であったが、貴久は伊東氏への備えとして永禄七年（一五六四）、二男義弘を伊東領と接する真幸盆地の西方、飯野城に配して国境守備にあたらせた。当時、島津氏は東の飫肥城を伊東氏に奪われていたため、日向へのルートは、この真幸地方しかなかった。島津義弘は、さらに飯野の西、約四キロに加久藤城を築いて、夫人（広瀬氏）に、川上忠智らの部将を付けて肥後の相良勢に備えさせた。

木崎原の戦い

元亀二年（一五七一）六月、島津貴久が没して島津家に動揺が生じると、大隅の肝付氏が鹿児島を狙って島津をおびやかし始めた。この状況を知った伊東義祐は、密使を人吉の相良義陽のもとに遣わして、飯野城への挟撃を約して策動する。

翌、三年五月に入り、伊東軍は再び桶平に進んで陣をしき、飯野への攻勢を開始した。伊東の動員兵力は、それほどの大軍ではなかったと推測されるが、都於郡・佐土原の気力溢れる青年武士たちを選って編成されたいわば「精鋭部隊」であった。

五月四日の早暁、伊東の一族伊東加賀守祐安、同新次郎らが率いる三千余の伊東軍は、二手に分かれ、一隊を

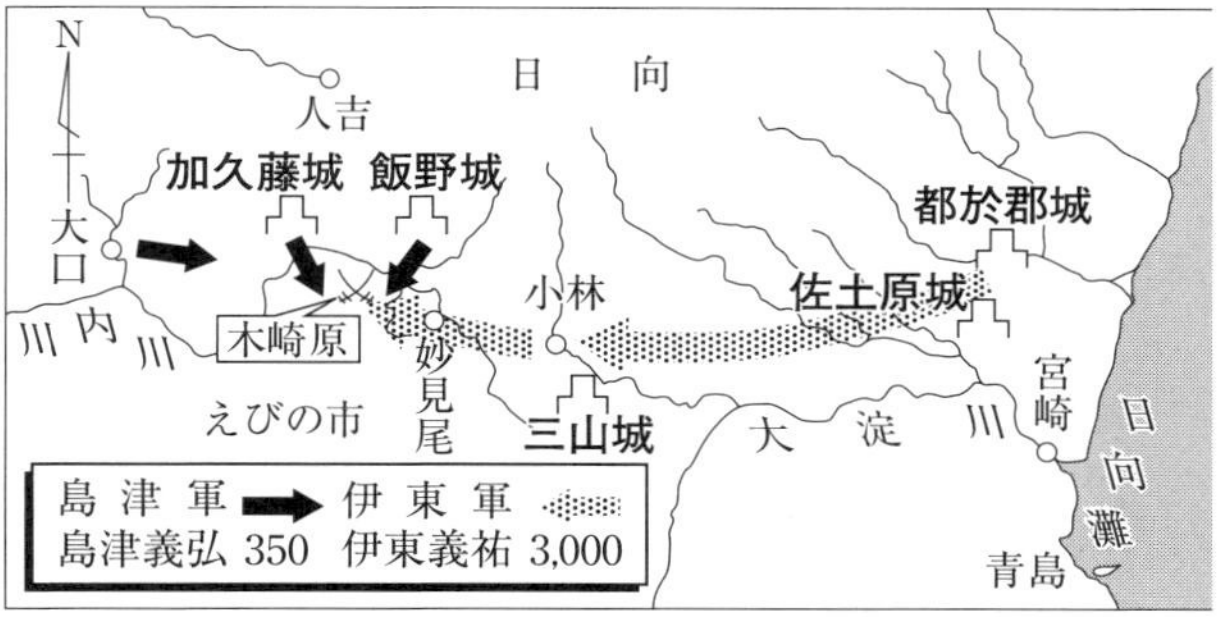

伊東、島津両軍が戦った木崎原合戦略図

もって手薄な加久藤城に押しよせた。伊東の将兵たちは日ごろから「島津の兵など竹竿一本あれば追っ払ってみせる」と豪語していたから、義弘夫人が守る小勢の加久藤に対して、すでに戦勝気分でのぞみ、付近の民家を焼き、城の搦手に通じる鑰掛口へ攻めよせた。

しかし、そこから先は狭隘な山路で多勢では通れず、島津方の周到な誘いにのってしまった。兵力が発揮できなければ烏合の衆にひとしい。そこを城将川上忠智が決死の兵を率いて側面を攻撃して伊東軍を苦しめた。やがて、島津領の各地から援軍が駆けつけて一丸となって戦ったので、伊東軍は小勢の島津勢に翻弄され、遂に隊列を乱して退却した。

そのころ義弘は、加久藤の救援に向かい、途中、援軍を集めながら飯野と加久藤の中間、二八坂に至り、敵状を探らせた。

一方、伊東軍は、飯野の南方、池島まで退いて川原で休息して相良軍の到着を待っていたが、折からのむし暑さに武装を解いて池島川に入り水浴する者が多く、島津の動きに気づかなかった。

義弘は物見の報告で直ちに部下を率いて川原で油断していた伊東軍を襲って戦果をあげ、木崎原の伊東本隊へ突入した。

伊東の将伊東又次郎、落合源五左衛門らは、敵の大将島津義弘が小勢で突撃してくるのを見て、一挙に殲滅しようと多勢で義弘目がけて殺到した。

両軍は、山をも揺がす勢いで激突して一大激戦を展開した。最初は数に優る伊東軍のため、義弘の先陣が破れて後退し、義弘にも危険が迫ったが、そのつど部下たちが身代わりになって護り、ようやく危機を脱した。

その後、島津方は援軍到着とともに、陣形を立て直して伊東軍と戦い、側面と背後から攻撃して態勢を有利にしていった。

伊東軍の大将伊東加賀守祐安は、馬上で指揮しているところを脇下を射抜かれて真逆さまに落下して壮烈な死をとげた。また一族の伊東新次郎祐信は、島津義弘目がけて真向から槍を突き入れたが、その途端、義弘の馬が急に前足を折り曲げたので、槍は義弘をはずれて空をきった。その時、義弘の槍が新次郎の脇腹を突き通し、倒れた彼の首を義弘の部下が打ちおとした。

伊東方で勇猛で知られた長峰弥四郎は、この日、日の丸の前立のある兜を着け、三尺（約九〇センチ）ほどの太刀を振りかざして猛然と義弘に斬りかかっていった。

義弘の従者が、とっさに楯板で防いだが、刀勢強く厚い板を切り通して、なお従者の兜の吹き返しまで斬り裂いていた。だが、義弘を守る側近の士によって討たれてしまった。

伊東方は大将が討たれて動揺し、三角田（みすみだ）での激戦で敗れて崩れ立ち、方向を失って四分五裂の状態になった。伊東軍には経験不足の若い将たちが多く、指揮拙劣であったため多くの戦死者を出したといわれる。

「日州一の槍突き」と称された伊東の勇将柚木崎（ゆきさき）丹後守は、敗走する伊東軍の後尾にいたが、島津勢の急追をうけ、味方を逃がすため、勇士比田木玄斉とともに引き返し、義弘と戦って討たれた。

義弘は、その手記『惟新公御自記』の中で、「猛勢の敗軍の故、易（たやす）く取って返す事叶（かな）はずして、少し成り共、逃（にげ）延（の）びんと欲するに依り、三山（小林）と飯野の間の広野に、討たるる者算を乱すが如きなり。一国の猛勢を纔（わず）か二三百の人数をもって討亡（うちほろぼ）す事は、前代未聞たるべきものか。それより伊東の運命窮（きわま）れり」と記しているが、伊東の将兵はおごり、小勢の敵を甘く見て、敵前での水浴の油断など、島津との士気の相違が敗因といえる。また、背後からの攻撃を約していた相良軍が、義弘の計略によるおびただしい虚旗を見て引き返してしまったことも作戦ミスであったといえる。しかし最大の責任は、京文化をとり入れ、佐土原城で豪奢な生活に耽（ふけ）る伊東義祐にあったといえよう。彼には島津義弘とちがって将兵と苦楽を共にするような気持は少しもなかったであろう。

島津は小勢で、日向の主力軍と戦い、潰滅的打撃を与えたことは、織田、今川の桶狭間戦にも匹敵する戦いであった。

この合戦で伊東方は、大将伊東加賀守をはじめ、雑兵を合わせて約七百人の戦死者を出した。また、島津側の戦死者も二百六十余を数えた。『日向記』には、「都於郡、佐土原ノ若キ衆大方残ラズ御戦死候」と記されているが、伊東氏は加久藤・木崎原の戦いで、多くの中堅武士を失って衰退してゆく。

義祐の日向落ちと晩年

義祐の華かな生活とは逆に、彼の失政によって国政はゆきづまりの状況にあった。

彼は飫肥を手に入れたといっても、直ぐに利権を自分の懐にすることはできなかった。資源の乏しい山東の収入は、領民から租税を取り立てるほかはなかったのである。

義祐に諂(へつら)う佞臣(ねいしん)らは多くの弊害を与え、民衆を圧迫していたが、木崎原の敗戦は、一層庶民に苦しみを味わわせ、山東の武士たちのいらだちと不満をかき立てていった。義祐は勇将ではあったが、決して名将ではなかったといえる。彼は内包する危機を強権によっておさえこんでいるにすぎなかった。

天正五年（一五七七）十二月、義祐の治政に不満をもつ都於郡周辺の武士、農民らはいっせいに蜂起、日頃の鬱

（上）木崎原古戦場碑（えびの市）、（中）木崎原の六地蔵、（下）伊東軍首塚（木崎原鳥越）

憤を爆発させて暴動の輪を広げたので山東の本拠は蜂の巣をついたような状況になった。

伊東配下の野村刑部少輔（諸県郡内山城主）、福永丹波守（諸県郡野尻城主）らは、島津勢をこの方面に引きこみ、島津の手先となった。これをきっかけに、島津氏の侵入が始まったが、義祐は飫肥から駆けつけた子の祐兵らとともに、十二月九日、佐土原城を脱出した。彼に従う者は、近臣、女子供の百余人であったが、一行は雪降りの米良山に分け入り、豊後の大友氏をたよってのがれた。義祐の二男義益の未亡人阿喜多は、大友宗麟の姪であった。義祐一行の冬の米良越えは、島津軍の追跡や農民らの襲撃におびやかされ、寒さと飢えに苦しみながらの悲惨な逃避行であったことが『日向纂記』に記されている。

昨日までの従三位の栄位から一転して、落魄の身となった三位入道義祐は、自分への嘲りともとれるこの歌をのこしている。

　人のいうこともきかぬ入道が竹の杖つく算みつるかな

天正六年、大友宗麟は、義祐の日向の失地を回復するため、宮崎目ざして出兵するが、高城、耳川の両戦で島津義久の軍と戦って大敗、多くの死傷者を出して豊後へ逃げ帰った。

それからの義祐は、豊後にも居づらくなり、翌天正七年四月、祐兵夫婦をはじめ、従者二十余人をつれて伊予の道後に渡り、伝手を得て領主河野道直の一族大内栄運の知行地にある寿玉庵にかくまわれた。このご約四年間、伊予での苦しい生活がつづいた。その間、従者が濁り酒を売ったり、侍女のひとりが木綿の帯を織って道後の町を売り歩いて生計を助けた。

天正十年（一五八二）正月、義祐七十歳、祐兵二十四歳の春を迎えたが、日向落去いらい義祐父子に尽くしていた山伏三部快永の手引きで伊予から播州姫路に渡った。一方、同月、義祐の四女町の上の子で孫にあたる伊東マンショ（祐益）は、大友宗麟の天正少年使節としてローマへの壮途についた。

当時、姫路は織田信長の将羽柴秀吉（豊臣秀吉）が毛利征伐の拠点にしていたところだが、ここで縁あって秀吉にまみえ、祐兵は召し抱えられることになって三十人扶持が与えられた。

義祐は、子の祐兵が秀吉に召し抱えられ、家族の生活にも一応の目途がついてしばらく播州に留まっていたが、天正十二年（一五八四）、従者黒木総右衛門ひとりをつれて中国地方に向かい、十月、周防吉敷郡山口（山口市）をさすらううち氷上山興隆寺の十九歳の中納言という僧に巡り逢った。

名利を離れて、ひたすら慈愛の心で仏道に精進する青年僧のすがすがしい姿に、義祐は心打たれるものがあった。彼は山口で一文を記しているが、その一部を要約すれば、「中納言は、釈迦入山の年と同年の十九歳で心の行を積んでいるが、自分はすでに七十歳を越えているのに、ただこの世になにごともなく生きている。さとらなければならない」という心境を述べている。そして、「最後にこの一文を読む人は、ともに憐れんで、手をうって大いに笑うべし」と結んでいる。それは、人生の地獄を見た者の哀しい自嘲であったろう。義祐はこの記述とともに、次の歌を詠んでいる。

行末の空知らぬとの言の葉は今身の上のかぎりなりけり

この山口流浪中、義祐はひとりの旧臣に出会った。この者は、先年義祐の仕打ちを恨んで日向を去ったが、今はこの地で五百石の知行をとって裕福にくらしていた。彼は旧主義祐への怨みを捨てて漂泊の身に同情し、自宅に迎えて温かくもてなした。傲慢であった義祐も、零落して人の心を知り、過去の振舞いに恥じいる思いであったろう。その後、義祐は、付人の黒木惣右衛門とも離れて、ひとり行方不明になったが、天正十三年（一五八五）七月までは中国地内をさまよっていた。義祐の身体は、すでに老衰と疾病におかされていた。彼は秀吉に仕えていた息子祐兵の留守宅が泉州堺にあることを知って、そこに行こうと便船をもとめて乗船した。ところが、船中で急に病状が悪化したので、面倒になることを恐れた船頭は、義祐を堺の浜辺に遺棄して去った。堺の町で留守居の祐兵夫人らは、老人の行倒れの噂を聞いて、もしやと思い駈けつけてきたら、やはり義祐であった。

夫人らは彼を家に移して介抱したが、快復せず七日余りでついにこの世を去った。『日向纂記』には死去の日を天正十三年八月五日、歳七十三と記している。

日向の暴君であった伊東三位入道義祐は、英傑ではあったが、民衆から見放されて国主の座を追われ没落していった。仁愛のないリーダーには民衆はついてこない。侵略よりも民意に心を注いで山東の足元をしっかり固めるべきであった。「驕(おご)る者は久しからず」の教訓はこの義祐にはぴったりである。

その後、子の祐兵が秀吉によって、旧地飫肥城主として復帰したことが、幸いにも伊東家を大名として明治維新まで残した。

伊東氏系図

祐経―祐時

祐時の子：祐朝、祐盛、祐綱、祐明[1]、祐氏、祐光、祐景、祐頼、祐忠

祐明[1]（田島へ）―祐次[2]―祐是[3]―祐聡[4]―祐直[5]―祐武[6]―祐世[7]―休祐[8]

祐光―祐宗―貞祐―祐持[1]（都於郡へ）―氏祐[2]（祐重）―祐安[3]―祐立[4]

祐立[4]の子：祐堯[5]、祐賀

祐堯[5]―祐国[6]―尹祐[7]

尹祐[7]の子：祐充[8]、義祐[10]、祐吉[9]

義祐[10]の子：義益[11]、祐兵[13]（飫肥藩初代）、町の上

義益[11]―義賢[12]

町の上―祐益（マンショ）

祐景―門川氏祖

祐頼―木脇氏祖

（『日向国史』より）

伊東氏の庵木瓜紋

神代勝利　くましろかつとし

龍造寺隆信

十五～十六世紀にかけて肥前守護少弐氏の配下であった佐賀（古名は佐嘉）の龍造寺氏は、天文十四年（一五四五）、龍造寺家兼（剛忠と号す）の時、中国の雄、大内氏に通じたとして主家少弐氏の怒りをかう。

十五代少弐冬尚の老臣馬場頼周（神埼郡綾部城主）は、主人冬尚と謀り、山内の神代勝利とともに謀略をもって龍造寺一族を城外に誘き出し、手勢を集めて川上（佐賀市大和町）の淀姫社と、祇園原（神埼郡）の二カ所で襲撃。龍造寺一族の主だった六人はじめ家人従者らを討ち、龍造寺家を一時、崩壊寸前に追いこむ。

家兼は不運のうちに翌年、九十三歳の高齢でこの世を去ったが、死期に際し、一族の者に「円月を環俗させて、龍造寺家を継がせよ」と遺命した。円月の父周家（家兼の孫）もまた祇園原で戦死してしまったので、家兼の直系は曾孫にあたるこの円月だけであった。

そのころ円月は、佐賀の宝琳院（佐賀市鬼丸）で修行僧の身であった。時に十八歳。これがのちに「五州の太守」と称され、「肥前の熊」と恐れられた龍造寺隆信である。

天文二十年九月、それまで九州に勢威を振るった大内氏が滅びると、かわって豊後の大友氏の勢力が伸びてきた。すでに環俗して龍造寺家の当主になっていた隆信は、大内派であったため、大友派の老臣から暗殺されそうになり、一時、筑後の蒲池氏のもとに亡命したこともあった。

だが、鍋島清久らの旧臣たちの努力で間もなく復帰し、以後、勇猛果敢な行動でしだいに勢力をつけて領地を広げ、少弐・大友に反抗。とくに一族を殺した旧主筋の少弐冬尚を圧迫しながら、肥前国内統一を目ざし戦国大名への道を突き進んでゆく。

神代氏

隆信のこの国内平定の過程で、彼を最も悩ました強敵が山内の神代大和守勝利である。山内とは佐賀市北方、川上川の上流に聳える脊振山塊南部の山岳地帯をいう。佐賀・小城・神埼三郡の北部に位置し、東西三〇キロ、南北二〇キロに及ぶ重畳たる山々と渓谷地帯であり、三瀬、久保、広滝、杠、松瀬、名尾、小副川、畑瀬、梅野、合瀬、古湯などの二十六カ山からなっている。一山は一村を意味している。神代勝利は、この山内に十四カ所の城塞を配置、もっとも奥地の三瀬城を本城として三千の配下を擁していた。

神代氏は武内宿禰の後裔といわれ、筑後の高良山（久留米市）に垂迹（仏が神の姿で現われる）され、玉垂の宮である高良菩薩は、この武内大臣の化身というが、軍神として知られ、弓矢をとる武士たちの尊崇を集めた。神代という名は、神功皇后遠征の時、武内大臣の武略智謀が神の如き働きをしたので、皇后は御感のあまり「神の代わり」との意味で「神代」の二字を授けられたと伝える。その読み方も、くましろと読ませるが、昔は熊代と書いたのを後に神代と変えた。

神代氏は、代々高良山に住して大宮司として神霊を奉斎したが、文治元年（一一八五）、神代良光の頃、高良山から北へ二キロ、筑後川左岸の神代村（久留米市）に館を建てて移住し、武人となった。

神代村は、筑後川筋における太宰府と筑後を結ぶ交通の要衝であり、神代氏はこの「神代渡し」の通行権を管理していたといわれ、戦国末期の記録『島津家久上京日記』『上井覚兼日記』の中にも「隈代の渡」として記されている。神代氏の用いている「武辺」の別称については、昔、内裏の守護にあたった兵たちを「物部」と言った。後に、これが武士たちを指す「もののふ」となったという。神代氏は、これを武辺の字に改めたが、高良山では今も物部の文字を用いている。

応仁の乱後、天下は大いに乱れて下剋上の世となり、「筑後一の宮」の高良山も、戦争のために利用され、戦乱の渦中に巻きこまれる。その頃、神代の周辺では、蒲池・西牟田・草野らの筑後の有力国人領主たちの勢力が強く、神代対馬守宗元は、彼らの勢威に対抗できず、神代の地を去って肥前に落ちていった。

勝利、山内の領主となる

宗元は、唐津の波多家に少しばかり縁があったのを頼りにして、一族家士ら二十七人をひき連れて上佐賀の千布村（佐賀市金立町）を通りかかったが、あいにく雨が降り出したので、道端の地蔵堂で雨宿りをしていた。

その時、この様子を見ていた村主の陣内大和守が事情を尋ねたところ、神代対馬守宗元の一行で、浪々中であることがわかった。気の毒に思った大和守は、彼らを自分の館に連れて帰り、労わりもてなした。

これが縁で、神代宗元は陣内家の知遇を得るようになった。

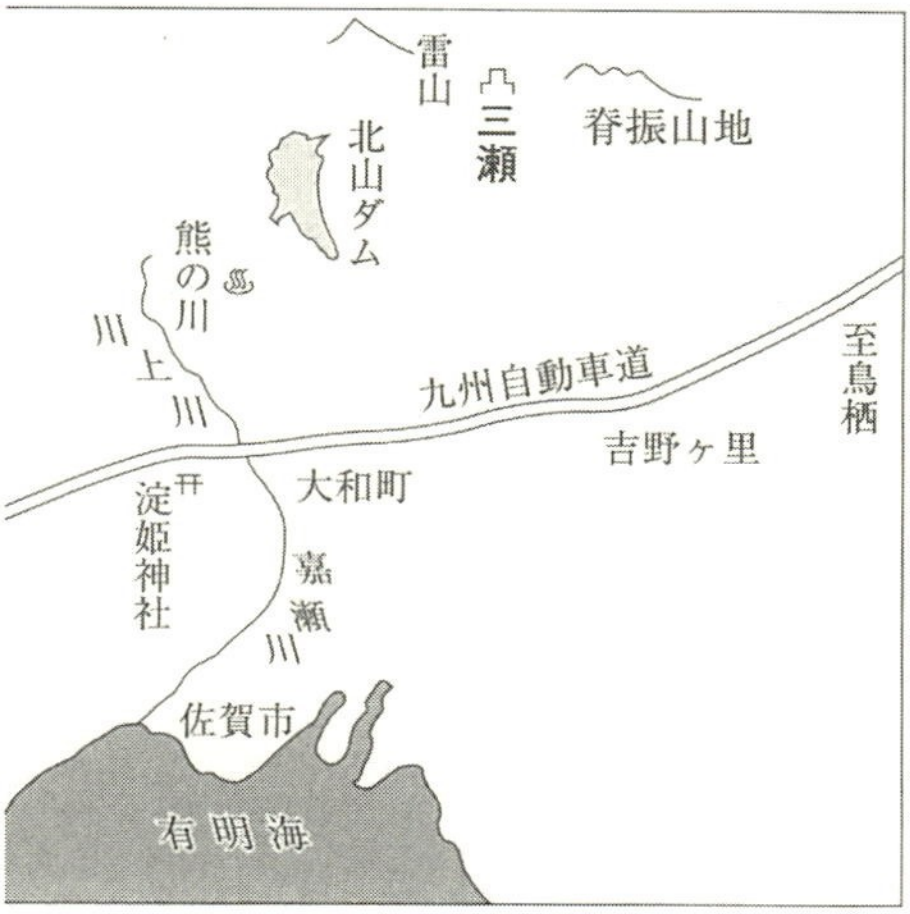

三瀬周辺略図

「中にも対馬守利久（宗元のこと）、弓の名人にて千布の陣内大和守、其芸に目出、頻に望て是を婿としたり」（『北肥戦誌』）と記されているように、弓術に秀でた宗元を自分の娘聟にして領地を与え、千布村に居住させた。

永年八年（一五一一）、この宗元と陣内の娘との間に生まれた子が新次郎で、のちの神代大和守勝利である。彼は若い頃、小城の千葉家に仕えたことがあったが、剣術にすぐれ、各地の剣客と手合わせするなどの手練であった。

『北肥戦誌』は、勝利について次の話を伝えている。千葉の扶持を受けていた頃、江原石見守という朋輩と一緒の部屋に起居したが、ある朝、石見守は不思議な夢を見たといい、自分の身体がしだいに巨大になり、遂には北山を枕にして、南の有明海の水に足が浸(ひた)るほどになった。これは吉夢か、それとも、凶夢であろうか、と新次郎に尋ねた。

新次郎は、この夢が大大吉であることを喜び、これをわが物にしようと考えて、石見守に、頭を北枕にするのは悪夢の最たるものだが、これを人に売れば却って吉夢に転じると聞いている。自分がその凶夢を買い取り、貴公の災難を引き受けてやろう。と、持ちかけた。石見守は、喜んで承知したので、新次郎は夢の代価として、持ち合わせの金の笄(こうがい)を与えて買いとった。

「その後、新次郎、剣術、早わざ鍛錬するに、いちいち妙を得ずという事なく、後には千葉家を立退き、小城、佐賀、神埼の山々へ入りて、上下をいわず弟子とするに随いなびくこと風に草木のふすが如し」とあるように、やがて神代大和守勝利と称して、千布氏の娘を娶(めと)り、山内の有力者、三瀬氏の剣術指南になり、その弟子は五百人に達した。

この夢買いの話は、勝利が単なる兵法家ではなく、非凡な器量の人物だったことを物語っている。一方、夢を売った江原石見守は、のちに勝利の家来になった。

戦国の世では、いつ外敵が襲ってくるかもしれない。そのため山内を統一できる強力なリーダーが必要である。勝利こそ、それに応(ふさわ)しい武将であった。こうして勝利は、三瀬(みつせ)城主、三瀬土佐守宗利らの推挙によって、ついに山内二十六カ山の頭領となり、三瀬をはじめ、松瀬、畑、梅野、合瀬、藤瀬、杠、藤原、名尾らの土豪たちは、勝利に臣従を誓った。

龍造寺氏との戦い

勝利は三瀬城を本城としてしばらく居住し、谷田にも出城を築いて山内の防備を強化した。当時、神代氏は少弐家に属していたが、前述のように、同じ少弐配下だった龍造寺氏の異心から、主家少弐冬尚の命で龍造寺一族を討ち、少弐家のために働いたが、逆に父や叔父たちを殺された龍造寺隆信にとって、勝利は少弐、馬場同様に、仇敵の立場に立たされる。

隆信は、家督となったのち、少弐与党の小田・筑紫・横岳・綾部・犬塚・江上・姉川・八戸らの国人領主たちをつぎつぎに降し、後に、永禄二年（一五五九）には、旧主少弐冬尚を攻め滅ぼすなど、殺戮（さつりく）にあけくれ、国内平定を進めてゆくが、その間、神代退治（たいじ）に執念を燃やす。

その頃、勝利が歌ったという「ノーヤ節」は、三瀬地方の里謡（さとうた）として近代までは酒宴の席で必ず歌われたものだが、これについては次のような話が伝えられている。

弘治元年（一五五五）二月、龍造寺隆信は、山内を攻略できず勝利と一時休戦して和議を結ぶ。この和平会談に誘われた勝利が、多布施館（たぶせやかた）において隆信と会見した時、勝利に従っていた近臣馬場四郎左衛門の機転で、勝利毒殺の陰謀を未然に防ぐことができた。酒宴の際も、神代主従は油断なく気を配り、勝手に馳走になったあげく、勝利は帰りぎわ、隆信の愛馬に、ひらりと飛び乗った。呆気（あっけ）にとられる隆信はじめ側近らに、

「おどま山からじゃっけんノーヤ、お言葉も知らぬヨウ。あとで、ご評判なたのみます」

と、即興で歌い、従者とともに意気揚々と引き揚げた。

この噂は、たちまち山内に広がり評判になった。「さすがは、おん大将、勝利さまよ」と、胸のすくようなその剛胆さに快哉を叫んだ。以後、山内の酒席では、このノーヤ節が出ないと、座が賑わないとまでいわれた。現在では、ノーヤ節を歌える人もいなくなっている。

その後、隆信は「山猿め、いつか必ず退治してやる」と、計略をめぐらせる。だが、兵法に長（た）けた勝利は、神出鬼没の行動で、山内の城を転々として、居所を変えながら、敵に情報が漏れるのを警戒していた。

隆信は密かに間者を使って辛抱強く山内の情報を集め、勝利の所在を内偵させていた。同年十月、隆信は勝利が谷田にいることがわかると、密かに大軍をもって川上口から攻め上り、小副川の谷田城を急襲した。さすがの勝利も、救援を呼ぶ間もなく、わずかな兵を指揮して激しく戦ったが、遂に敗れ、ひとまず妻子をつれて城を脱出、脊振、雷山の峰々を越え、筑前怡土（いと）の高祖城主原田隆種（了栄）を頼って落ちて行った。隆信は、宿敵勝利を討つこ

三瀬城趾の神代一族を祀る祠

とはできなかったが、彼を山内から追放できたので、各所に城番を置いて、佐賀に帰った。

山内へ復帰

一方、原田隆種の領内長野（前原市）で、山内復帰の機会を狙っていた神代勝利は、密かに味方を集め、折から雪の中を山越えして、弘治三年正月元旦、年始で油断していた隆信配下の熊の川代官館を攻めて、代官以下を討ちとって凱歌をあげた。

勝利らは、前夜からの雪中行軍で疲労しきっていた。この時、川上の淀姫神社の社人や村人たちが粥をつくってきて、振舞い力づけたので、勝利らは元気を回復することができた。また、正月の歳餅の代わりに大釜に小豆ごと煮こみ、即製の餅を搗きたてて食い、一同で復帰を祝ったという。以後、山内の人たちは、これを「田どし」または「鍋ほぐり餅」と呼んで、粥とともに、正月には吉例の祝膳として、近世に至るまでこの風習が続いていたという。

復帰した勝利のもとには、山内各地から三千余の神代勢が集まり、気勢をあげて各所の城砦を奪回した。だが、龍造寺の勇将小川筑後守信安が守る春日山城は、山内に対し防備を固めて敵襲に備えていた。『肥陽軍記』には、この小川信安と、神代勝利双方の胆力を物語る次の逸話を伝えている。

その頃、信安は、勝利を討つため計略をめぐらせていた。ある日、彼は勝利が千布城にいることを知ると、供も連れずに一人で闇にまぎれて忍びこみ、勝利の寝所近くに潜んでいた。勝利はその夜、広間で家臣たちと酒盛りをしていたが、たまたま下働きの女が用事で勝利の寝所に入り、灯火の陰に映る信安を発見、肝を潰さんばかりに驚いて広間に走りこみ、このことを知らせた。

勝利は少しも騒がず、「龍造寺の家中で、この俺を狙って一人で忍び入るような大胆な奴は、小川筑後ぐらいだろう。そんな狭い所で待たれるより、出て来て一緒に酒を呑まれるように伝えよ」と言って、近習の者を信安の潜んでいる場所へ呼びにやった。

信安は悪びれずに出てきて挨拶し、酒盛りの座に加わった。勝利は、信安の悠然たる態度に感じ入り、酒肴をすすめて彼をもてなして帰したという。単身、敵の寝所に忍び入った小川筑後守の豪胆さと、彼を討たずにかえって一緒に酒を飲んだという神代勝利の態度には、戦国武将の敵味方を超越した心情を感じる。

その後、勝利は春日山城を攻め落とした。城将小川信安はこの時、佐賀にいたので弟左近大輔が城兵を指揮して戦ったが、神代勢に討たれ、残兵は佐賀をさして逃れた。

弘治三年十月十六日、神代勝利と小川信安は、春日山城から六キロ北の鉄布（かなしき）（金鋪、鉄布とも書く）峠で遭遇する。信安は弟左近大輔の弔い合戦とばかりに、龍造寺軍を率いて出陣。この日、自ら敵状偵察のため、神代領に足を入れた。一方、勝利は、忍びの者の通報で、佐賀勢の動きを知り、山内の軍勢三千を二手に分け、嫡子長良に一手をさずけ、自ら一手を率いて敵の進路に向かった。

三瀬城趾の石垣

勝利は、龍造寺軍の動きを探ろうと自ら斥候に出たが、峰の細道を登ってきた信安と山中でばったり出合った。勝利は信安に、「やあ、筑後守、よい所で出合った。二人で勝負を決したい」と言って、従者に持たせた槍をとった。

信安も「元より願うところ、この合戦の雌雄は汝と我等只二人が勝負にあるぞ、いざ参り候」（『北肥戦誌』）と、これも従者から槍をとって互いに突き合った。そのうち勝利は一の腕を突かれたが、ひるまず突き返した。信安はこれを受け損じ、頬より右の小鬢（こびん）にかけて槍先が貫いた。

勇将として知られた小川信安も、この傷を受けてうつ伏せに倒れたところを、勝利の従者が首を斬り落とした。大将を討たれた佐賀勢は神代方の勢いに押され、多くの犠牲者を出し、後陣の隆信も遂に全軍をまとめて撤退した。

和睦と勝利の死

龍造寺隆信は、この敗戦に懲りて、以後、山内への出兵を中止して、勝利を平地に誘き出そうとする。大切な将小川信安を失った隆信の心中には、「今に見ておれ山猿め」と怒りの炎が燃えていたであろう。

永禄四年（一五六一）九月上旬、隆信は山内に使者を遣わし、勝利に対して今までの宿怨に決着をつけるため、互いに山と里との境、川上（河上）で決戦をしたいと挑戦状を送った。もちろん勝利は、これを受けた。期日の九月十三日、朝から両軍は川上川の流域で戦闘を開始したが、神代軍中に謀叛がおこり、前後に敵をうけて勝利らは大敗し、血路を開いて山内へ逃れた。だが、龍造寺軍の探索が始まり、勝利・長良父子や家族らは、ひとまず大村領の波佐美（波佐見）へと移り、隠住した。

その後、旧臣たちの働きで隆信の代官を追い出し、神代父子らは百日足らずで、再び山内に帰ることができた。山内は、勝利父子の帰山を喜び合った。二度の復帰は、山内の住民が勝利にいかに馴染んでいたかがわかる。

勝利が山内復帰後、隆信は彼の暗殺を図ったが失敗、その上、小弐滅亡後、大友方となった領主や龍造寺に反抗する諸城を攻略するのに寧日なき状態だったから、老臣納富但馬守の進言を入れ、永禄五年、神代との間に誓約を交わして和睦が成立した。この時、勝利の四歳の孫娘と、隆信の三男鶴仁王丸との縁組契約が行われた。

永禄七年、勝利は、新たに畑瀬城（佐賀市富士町大字畑瀬）を築いて隠居、家督を嫡子長良に譲った。勝利五十四歳、長良二十八歳であった。長良は千布の高橋に城を構えて在城したが、この時まで神代氏は龍造寺氏と対等の立場にあった。

勝利は、隠居後、それまでの軍労からか、年末ごろから患い、ついに翌永禄八年三月十五日の夜、五十五歳の生涯を畑瀬城で終えた。病名は膈疾（今の胃癌）であったという。勝利の遺体は、城の南西にあたる畑瀬の宗源院

かつての宗源院にあった勝利の墓

（曹洞宗）に葬られた。法号は「前和州太守覚誉賢利大禅定門」である。現在、ここは、ダムが建設され、勝利の墓は湖底に沈んだ。

武士道書として知られる『葉隠』に、神代勝利遺言として「長良事我に劣らぬ大将なれども龍造寺の威勢追日強大になり候へば終始家を抱え候事成り難かるべく候。我が死後に龍造寺に合体して、龍氏の子を養ひて家を相続すべき由なり。長良つらつら思惟して『隆信威ありといえども仁心なし家長久すべからず。鍋島飛騨守勇智兼備して慈悲探し、子孫繁昌すべし』と、直茂公の御弟小川武蔵守の三男を隆信公の子として養ひ家良と申し候なり」と記されている。

後に九州を二分する大勢力に成長する龍造寺隆信は、この時、三十七歳であった。この隆信が恐れた肥前の最大の難敵であった神代勝利は、物部氏の誇りを貫き、山内の信望を集めた。彼の墓前に立つ時、この静かな山内に軍鼓や法螺貝が鳴り響いた当時が偲ばれ、今、平和で近代的な家屋が増えたこの山内の情景を見ると、感慨一入（ひとしお）なものがある。勝利の死後、神代家は力尽きてか、日を経て鍋島直茂の配下となったが、直茂が佐賀を支配するようになると、鍋島本藩親類格として四千三百石の知行を受けている。なお同家の家紋は立龍木瓜である。

神代氏略系図

1良続 — 2良勝 —（33代略）— 35良忠 —（2代略）— 38良基 —（10代略）— 49勝元 — 50利久 — 51勝利 — 52長良

神代家の家紋
立龍木瓜

新納忠元　にいろただもと

新納氏

戦国末期、薩摩（鹿児島地方）の島津氏は、九州統一を目ざして北進。目的達成の直前、豊臣秀吉の中央勢力とぶつかり、総力をあげて抗戦したが敗れる。しかし、敗れはしたが、独特の薩摩士風を世に知らしめた。

その島津家の中で、〝鬼武蔵（おにむさし）〟と呼ばれた新納武蔵守忠元（にいろむさしのかみただもと）は、島津忠良（ただよし）（日新斎）、貴久（たかひさ）・義久・義弘・家久の五代に仕え、主家の発展と安泰に生涯を捧げた柱石（ちゅうせき）であった。

忠元の生家新納家は、島津の支族で、四代忠宗の四男時久が、日向児湯郡新納院（こゆぐんにいろいん）（宮崎県児湯郡木城町一帯）の地頭に任ぜられ、新納の姓を称したのが始まりといわれる。忠元は、大永六年（一五二六）、志布志城で生まれ、父は加賀守祐久（すけひさ）。幼名を阿万丸と名づけられ、さらに次郎四郎と名乗り、長じて忠元と改名、のちに武蔵守と称した。

天文七年（一五三八）、忠元十三歳の時、父祐久は同族の内乱を避けて忠元とともに伊作（いざく）（日置市吹上町）に行き、祐久の叔父新納忠澄の斡旋で、島津忠良（日新斎）に仕えた。日新（じっしん）は戦に強く、しかも歌道に秀れた慈悲深い名将であったから、忠元はその薫陶を受け、文武の道を励んだ。天文九年、日新と嫡子貴久（たかひさ）は、加世田に移ったので、祐久・忠元父子も、これに従った。その後、さらに貴久が伊集院に移ると、忠元もその旗下に入った。

天文十四年八月、島津貴久は渋谷一族で驕慢の振舞い多い入来院重朝（いりきいんしげとも）を討つため郡山城を攻めたが、敵勢強く苦戦となった。

忠元は援軍に加わり、敵将山口左右衛門と壮絶な一騎打を演じて、これを倒し、味方を勝利に導いて武名をあげた。時に十九歳であった。後、多くの合戦に出て戦功を立てたが、永禄十二年（一五六九）、菱刈隆秋の拠る大口城を攻略後、大口地頭に任ぜられた。忠元は小柄な身体であったが、胆力非凡で、どこからそんな勇気が湧くのかと思われるほど勇敢で強く、智略に秀れていた。また、歌道や俗謡など文事にも通じていた。

光なき深谷かくれの夏草は高根の松に身こそ及ばね

などの歌があるが、天文二十一年、二十七歳の時、中国、三国時代の、蜀漢の丞相諸葛孔明の三顧の故事を想い、次の七言絶句一詩を作った。

今朝二十七歳春風　吹入旧叢花亦紅
豈無二三分割拠略一　英雄不レ顧草廬中

今朝、私は春風の中に二十七歳を迎えた。暖かい風とともに去年の草むらからは、また赤い綺麗な花が咲き出ているが、自分はちっとも変わらない。自分と同じこの年に、あの諸葛孔明は、劉備から三顧の礼をもって迎えられている。私にも、孔明のような天下三分の智略をもっているが、残念ながら未だその機会に恵まれず草廬（仮ずまい）の中にいる、という意味で、忠元の人生の気概を感じる詩である。

永禄十二年（一五六九）九月、忠元は大口地頭職に任ぜられた。四十四歳であった。彼はこの時主君義久が大口一帯を地行に与えようとしたのを固辞して、木之内といわれる荒蕪地をもらって開墾させ見事な美田にして成功させている。彼の居城であった大口城址は大口小学校東側の丘陵地にある。

歴戦の勇将

元亀三年（一五七二）五月、島津義弘（義久の弟）は、日向の伊東義祐の軍と、木崎原（えびの市）で戦った。島津にとっては、日向進出の足がかりになる大事な戦いであり、また、伊東にとっても国境線を守るため、絶対に譲れぬ「九州分け目」の戦いであった。

激戦場となった木崎原、三角田（みすみだ）の死闘で、島津勢は、伊東軍の猛攻をうけて一時は危機におち入ったが、義弘の部下がつぎつぎに身代わりになって討死。楯となって防ぐ間に態勢を立て直して、ようやく危地を脱した。そこへ、大口から忠元が援軍を率いて三里（約十一キロ）の道を駈け走り、吉松川を渡って到着。丘上で陣形を整えていた敵勢に攻めかかり、伊東権介はじめ名ある勇士を討ちとり、義弘を助けて伊東の残兵を敗走させた。

天正十二年（一五八四）、島津義久の末弟家久は、島原半島で龍造寺軍の来攻にさらされている有馬晴信を救援するため、島津軍三千を率いて島原に渡り、隆信の大軍と戦った。

この時、新納忠元は、薩軍の将として兵を指揮して戦ったが、彼は「ただ一直線に切り通れー」と、部下を叱咤（しった）して敵本陣に突入させ、大将龍造寺隆信を討ち取る原動力となった。

このように、歴戦の勇将であった忠元の顔は、美事な髭（ひげ）で覆われ、家中の者は「鬼武蔵」「髭武蔵」とか呼んで敬慕した。鬼とは強いという意だが、後に島津家の大指（親指）と称された。

大指武蔵

天正十五年（一五八七）、豊臣秀吉は、二十万の大軍を率いて島津征伐のため九州に入り、島津方の諸城を攻め降し、薩摩本国へ迫った。力尽きた島津義久は頭を丸めて五月八日、川内（せんだい）（川内市）の泰平寺に出向いて秀吉に降伏した。ところが、島津の当主が降伏したというのに、大口城の忠元は、降伏をがんとして聞き入れず、あくまで抗戦の構えを崩さなかった。彼は、主人義久に対しても「ぜひ、いま一度の決戦を」と迫った。

義久は、すでに一族の老臣伊集院忠棟と、娘の亀寿を人質として差し出し、秀吉に恭順を誓っていたから、使者を遣（や）って、忠元に開城して降るように説いた。それでも彼は折れなかった。忠元も、秀吉と戦って勝てるとは思っていなかったであろう。天下は、すでに秀吉を中心に回りつつあることも、忠元ほどの男なら知っていたはずである。

それでも頑（かたく）なに対決姿勢を崩さなかったのは、ひたすら島津家を守るためだった。完全な和議締結まで、油断なく戦闘態勢をとり続けたのである。

秀吉は、大口城を攻撃しなかった。敗戦の島津に対して、天下人として寛大な態度でのぞんだ。

忠元は、同じ決戦論者であった島津義弘が投降することになって、やっと、秀吉の軍門に降った。

五月二十六日、大口城を見おろす天堂ケ尾で、秀吉の引見が行われた。この時、秀吉は忠元に対して、「どうだ忠元、まだ戦（いくさ）する気か」と言った。

忠元は、自慢のひげを捻（ひね）ると、「主人義久さえ、その気になれば、ただ今でも」と臆することなく言った。

秀吉は、平然と言ってのける彼の態度を見て、「義久は、良き家臣をもたれた」と言って、忠元の抜群の器量に深く感心したという。そして和議の引出物として、秀吉から忠元に、道服と刀が与えられた。

また、この座に居合わせた細川幽斎が、忠元のふさふさした見事な髭を見て、即興に歌を申しかけ、「上髭（うわひげ）をちんちろりんとひねりあげ」と、詠（よ）んだところ、忠元は即座に、「鼻の下にて鈴虫ぞ鳴く」と、下の句を付けたので、秀吉は彼の機智に大笑したという。

忠元は、このころ拙斎と号したが、のちに義久が秀吉の命で上京の時、彼に為舟（いしゅう）と改めさせた。彼をもって、島津家の舟と為すという意味であった。『盛香集』（明和七年、清水盛香が義久から綱貴まで五代の間の嘉言、善行などを記録したもの）には、

忠元を大指武蔵と申たる義御座候由是は秀吉公武蔵守へ我勢の如レ斯大成を見ても又弓を可引と存立義可レ有か

と上意有しに、畏て如何でか以後野心を差挟(さしはさみ)可レ申(もうすべき)乍レ然義久存立於レ申は幾度も為レ臣道無二是非一候か、然ども義久天性正直にして一度御旗本と成て主従の御契約仕候上は世間には如何成不思議候共、於二義久一御不審を蒙るべき者に非ず始終能御味方に候由、秀吉公の猛威にも不レ恐何(なにはばかる)無二憚所(ところなく)一言上しける。其気量抜群なるを見て、薩摩の武士を数へば此者を社(こそ)一番に指す可レ折と為レ申より異名とは成とぞ。

と記されていて、忠元を「大指(おおゆび)武蔵」とか「親指武蔵」と異名をとるようになったわけを伝えている。大指・親指は同じで、共に島津家にとって一番大切な人という意味である。

新納忠元画像（大口市大田福雄氏所蔵）

忠元の誠忠

秀吉は島津降伏後、筑前箱崎に於て九州国割りの大綱を定めて帰京したが、島津兄弟のうち、兄義久には薩摩一国、弟義弘には大隅一国が与えられた。そして義久には参勤上洛が命ぜられた。秀吉は義久の在京料として一万石の地を与えた（「霧島神社文書」）。続いて翌天正十六年五月、義弘もまた入京した。国主二人までが国を留守にしてしまい、島津領内は不安で暗い空気に包まれた。

忠元は、京都に使僧を遣わして義久の機嫌を伺い、慰め勇気づけたが、さらに秀吉の信任厚い細川幽斎に義久帰国の斡旋をたのんだ。義久も大坂より、しばしば忠元に書翰を送り、国境守備の厳重や、留守中の国政についての依頼をした。また、義弘からも、不在中の飯野領内の巡見や、公役などに関する忠元への一任がなされた。

この年九月、義久は秀吉から帰国を許され、一年四カ月ぶりに鹿児島の土を踏んだ。薩摩領内は、国主の帰国を喜び合って迎えた。しかし、翌十七年、義久は秀吉の命で琉球王の入貢を促し、使者を伴って上洛した。この時、弟義弘は帰国を許されて帰り、居城飯野から大隅の栗野（鹿児島県姶良郡湧水町）に移った。

忠元は、義弘の命で、この栗野移城の選定から準備までを取り仕切るため、大口・飯野・栗野間を往復した。

豊臣秀吉は大名統制の一環として、天正十九年十月二日、薩隅両国の義久、義弘兄弟に対し、在国中における人質の定めを発令した。

義久・義弘・義弘の子久保（ひさやす）の三人のうち、一人ずつが在京し、人質に指定された島津一族、重臣ら九名と、それらの子・孫・親類・年寄のうち、各二名ずつを加えて、これを一から三番に分けた。一番は、大口地頭新納忠元と、伊集院忠棟（肝付領主）、北郷忠虎（都城領主）の三人であり、いずれも在京の常詰を命ぜられた。

その頃、秀吉は朝鮮出兵の大規模な準備を命じ、肥前名護屋に本営を築造させ、諸国の大名に出陣が下命されたが、薩隅に対しては義久・義弘・久保の三名とともに、新納忠元にも特に出陣が命じられた。だが、義久・忠元は老齢のため出役を免除され、義弘・久保父子が出征することになった。

文禄元年（一五九二）三月三日、征途につくため栗野を発って大口に着いた義弘父子を忠元は城中に迎えて、父子の壮行の宴を張って別離を惜しんだ。出船の時、忠元は義弘に次の献歌をした。

あじきなや唐土（もろこし）までもおくれじと思いしことも昔なりけり

これに対して義弘は、

唐土ややまとを掛けて心のみ通ふ思いぞ深きとは知る

と返歌した。

歌と智略と教育

文禄三年四月中旬、忠元は京都常詰めのため、大口の居城を発し、五月、伏見に着き、太閤秀吉に謁した。時に六十九歳であった。彼は以後、三年間を京洛の地で過した。この間、忠元は細川幽斎や、公家の近衛家などとの交遊を通じて、詩歌文芸の境地を深め、島津家随一の詞藻家（しそうか）として、その名を知られた。そのころの歌に、次の二首がある。

晴れくもる光は空に定まらで夕日ぞわたる村時雨かな
いく春をかけてや香う糸桜君がよはいも花もひかれて

翌文禄四年、義久は大隅富隈城に隠退（のち国分へ移る）。弟義弘が島津家十七代当主として、薩摩・大隅・日向諸県郡五十五万九千石（蔵入分を除外）を襲封した。この年、忠元は清敷（入来町）に移封され、三年間を過し、慶長二年（一五九七）、飯野（えびの市）に移った。

慶長三年八月、豊臣秀吉が死去すると、徳川・石田の政権争いが起こり、遂に天下分け目の関ヶ原へと発展する。慶長五年、東西両軍による関ヶ原戦が起きると、島津義弘は西軍石田方に属して出陣したが、留守中、東軍徳川方の肥後の加藤清正が、西軍小西行長の宇土城を攻めた。留守を守る小西美作守（みまさかのかみ）は、島津に援助を求めたので、義久は援軍を出して援けた。

関ヶ原合戦で西軍は大敗し、義弘は敵中を突破して苦難のすえ、残兵五十余人とともに帰国した。勝者徳川家康の島津への問責が始まった。この年十月、忠元は再び大口地頭を命ぜられ、飯野から移った。その頃、肥後勢の来攻が伝えられ、薩摩は緊迫して防衛対策に追われていた。

七十五歳の忠元は当時、十五里（約六〇キロ）隔てた鹿児島に詰めて、国事の相談を受けていたが、加藤の軍勢が葦北に侵入してきたことを聞き、前線基地の大口に帰城して自ら警備を指揮した。

そして、清正を揶揄してわざと間者に聞かせるように、数え歌を作って領内の者に唄わせ士気を鼓舞した。歌は十番まであるが次の一番の歌が最もよく知られている。

一つとや
肥後の加藤が来るならば
煙硝さかなでだご会釈
弾丸はなにだだご鉛だご
それでもきかずに来るならば
首に刀の引出物〱

新納忠元居城、大口城趾（大口小学校校庭から撮す）

煙硝（火薬）を肴に、弾丸会釈（弾丸で挨拶）をするぞ、という意味であろう。薩摩隼人の意気ごみが感じられる。のちに頼山陽は、この歌をもとに有名な「前兵児謡」の七言詩を作った。

関ヶ原敗戦後、島津氏は一時、苦境に立たされたが、兄の義久が専ら徳川家との外交にあたり、義弘はひたすら謹慎の態度を示して動かなかった。

慶長七年、ついに徳川・島津の和解が成り、家康は島津の旧領を安堵した。十八代藩主となった義弘の子忠恒は、上坂して家康に謁し、徳川との主従関係を結び、家康から「家」の一字をもらい、家久と改めた。

その間、忠元は大口を守り、民心安定につとめた。彼には多年の功

忠元神社（大口市大字原田）

で、千石の加増があった。

忠元は薩摩における真の教育実践者であった。彼が家中の青少年を対象に行ったといわれる「郷中」という地域ごとの結社による特別な教育法は、若者の同志的結合を図り、互いに武術、学問を切磋琢磨し、心身を鍛練して愛国心を養い、士風錬成の基本になった。

忠元が、これら子弟のために作った「二才咄格式定目」十カ条の教訓は、薩摩の二才（青年）たちに強い感化を与えた。抜萃すると、

一、第一武道を嗜むべき事（心身鍛練）

一、万一用事に付きて咄外の人に参会致し候はば、用事相済み次第早速罷帰り、長座致す間敷事（礼儀）

一、朋輩中無作法の過言互に申懸けず、専ら古風を守るべき事（礼儀）

一、第一は虚言など申さざる儀士道の本意に候条、専らその旨を相守るべき事（誠実）

一、山坂の達者は心懸くべき事（心身鍛練）

ざっとこんなふうで、心身を鍛練して武事を心がけ、忠孝の大道に背かぬよう戒めている。

妻の死と忠元の最期

忠元は、大口に移り、老齢になって戦乱が治まると、それまでの妻の苦労を謝して労わったが、慶長十三年ごろから彼女は、それまでの疲労からか病床に就くようになった。彼女は種子島家の娘で、忠元に嫁いでからは、島津家の三州統一への戦いをはじめ、九州制覇の戦い、秀吉軍との対戦、朝鮮の役、関ヶ原戦と、外征、留守をとわず多忙な忠元を支えて家を守り、夫に後顧の心配をさせなかった。

忠元は、この病妻の回復を神仏に祈り、できるだけ側にいて彼女を慰め、励ました。彼女は夫の優しい心遣いに涙をうかべて感謝したという。夫婦の間には男子二人、娘ひとりがいたが、長男忠堯（ただたか）は天正十二年、島原深江で戦死。二男忠増（ただます）も慶長九年、山田地頭在任中に病死した。娘は伊勢雅楽介任世（うたのすけただよ）の妻になっていた。親より先に逝った二子への思い出を忠元は妻の病床で語り合ったことだろう。

慶長十四年二月十四日、忠元の妻は静かにこの世を去った。年齢ははっきりしないが、八十に近い歳であったと思われる。忠元は妻の死を悼み、次の一首を献じた。

弥陀（みだ）たのむ心さやけき有明の月もろ共に西へこそ行け

翌慶長十五年冬、忠元の身体は急に衰え、師走を迎えて高齢の彼は弱り、遂に危篤状態におち入った。急報を受けた義久・義弘・家久の歴代藩主は、各自神棚に灯明を点じて、忠誠、清廉な名将の平癒を祈った。しかし、忠元は再び起つことができず、同年十二月三日、大口城において八十五歳の生涯を終えた。次の歌は死去の年（慶長十五年）春に詠んだものである。

さぞな春つれなき老とおもうらんことしも花のあとに残れば

大口市にある忠元神社は、新納忠元を祀っているが、神前の灯籠には家紋の輪違い十文字が刻まれている。忠元夫婦の墓は大口市大字原田の畑地のなかにあり、霊舎の正面右が忠元、左が夫人のものので両側は殉死者のものである。

新納忠元（右）と夫人の墓（大口市大字原田）

新納氏家紋、輪違い十文字

甲斐宗運　かいそううん

宗運・御船に入城

天文十年（一五四一）十一月、阿蘇家の重臣御船行房（御船城主）が、島津氏に通じて謀反を企てていることを知った阿蘇惟豊は、御船討伐のため、嫡子惟将に智将甲斐親直を添えて、御船城を攻めさせた。

阿蘇勢は、矢部を経て御船城を見下す軍見坂（苦見坂とも書く）に陣し、親直は多くの兵を前方の木倉原一帯に配して一隊が囮となって行房はじめ守兵を城外におびき出した。御船の兵たちは、弱々しく退いてゆく親直の軍勢を追って木倉原へと迫った。この時、親直が吹く法螺貝の合図とともに、四方から伏兵が起こって、一斉に襲いかかり、御船勢をさんざんに撃ち破り、大将御船行房はじめ四百八の首を討ちとった。阿蘇惟豊は、甲斐親直の軍功に対して「御船千町」を与え、御船城主にした。親直時に二十七歳、のちに宗運と号したので、一般には「甲斐宗運」の名で知られている。

宗運が入った御船城（熊本県上益城郡御船町）は、現九州自動車道の御船インターを出て東へ約四キロ、御船町に入り、城山と呼ばれる高さ約三〇メートルの丘上にあった。広さ約三三〇〇平方メートル（約千坪）、南北に長い地形で、現在は公園になっている。今も城趾の周辺には、上囲、下囲の字名が残る。御船城は、北に熊本平野をひかえ、東は矢部、高千穂に通じ、南は八代・人吉の相良領を経て島津の領国と対する戦略上の要衝であり、阿蘇家にとって大事な城であった。

当時、阿蘇家は、肥後に勢力を伸ばす豊後の大友氏と通じていた。阿蘇神社の大宮司職惟豊は、先に兄惟長と争い、兄を追放して矢部の本拠を回復していらい、祭事、軍事を掌握し、戦国大名として活躍、阿蘇・益城・宇土三郡のほか、肥後国外にも領地を有し、その実勢高は三十万石といわれた。一方、守護菊池氏が分裂衰退後は肥後には守護がなく、隈本（熊本）の鹿子木・南肥の相良氏らとともに、阿蘇氏は肥後国内の旗頭として重きをなした。

阿蘇家を支える

御船城主となった宗運は、熊本平野に進出する足がかりを固めるが、阿蘇家の重臣であった父・親宣死後は、筆頭家老として軍・政両面に手腕を発揮、父子二代にわたって主家ひと筋の忠誠心によって阿蘇家を支え、勢威をのばした。宗運の家系甲斐氏は、もともと菊池氏の流れである。菊池氏十二代、武房の子武村は一族の紛争から一時、甲斐国（山梨県）に逃れて住んだ。

武村四代の孫重村は、南北朝期、手兵を率いて足利尊氏に属し、肥後守に任じられ、宗家の菊池武重討伐に従った。重村は、ここで改めて甲斐氏を名乗り、大友の援軍とともに肥後へ進攻した。しかし、菊池軍と戦って敗れ、重村は日向へ走り、国人土持氏をたよった。以来、甲斐の子孫は日向の鞍岡（宮崎県西臼杵郡五ヶ瀬町）に居住していた。

阿蘇惟豊も兄惟長との争いから、一時、高千穂に逃れていたが、宗運の父親宣の援助で鞍岡から出撃。遂に本拠の矢部に復帰している。

天文十八年（一五四九）八月、阿蘇惟豊は宗運らの働きによって家運隆盛の中、朝廷の御所修理費、一万疋（一疋は十文）の献金をして、従二位に昇叙、勅使下向を迎えるという破格の栄誉に浴した。例のない恩賞で阿

甲斐宗運画像
（上益城郡御船町、東禅寺所蔵）

蘇家は絶頂期にあった。

宗運は御船に入城後、城を中心に武家屋敷を配し、城下を整備して東禅寺をはじめ、神社仏閣を建立・再興し、今日の御船町の基礎を築いた。宗運が御船城の長久を祈って、城の四方に天神を祀ったという「四方天神」の一つが、現在の県立御船高等学校の校庭にある社といわれている。

永禄二年（一五五九）、阿蘇惟豊が六十七歳で世を去ると、嫡子惟将(これまさ)が大宮司職を継いだが、阿蘇家は宗運がいるため安泰で微動だにしなかった。永禄七年、宗運は、辺田見村（御船町辺田見）に日ごろ帰依していた大慈寺洞春和尚を開山として東禅寺を建立し、戦陣のあい間をぬって参詣したという。現在、東禅寺には宗運の画像が残されている。

永禄八年三月、宗運は女婿の隈荘の城主甲斐守昌が島津に通じて阿蘇家に背(そむ)いたので、守昌を攻めて討ち滅ぼしてしまった。このように、主家に弓引く者は、たとえ一族身内といえども容赦なく成敗した。宗運は用兵に秀れて戦が強く、部下思いであったが、また領内の民政にも心を配り、民心を大切にした。

彼は主家二代（惟豊・惟将）に仕えたが、阿蘇勢力を代表して大友氏と結び、隣国の相良義陽(さがらよしひ)と盟約して外敵に当たるなど、ひたすら阿蘇家を守り、その舵(かじ)をとり続けた。そのため、島津をして「甲斐宗運のいる限り、肥後への進攻はできぬ」とまで言わしめた。だが、阿蘇家の後楯(うしろだて)だった大友氏は、天正六年（一五七八）、日向で島津氏と戦って大敗。多くの将兵を一挙に失い衰退する。以後、九州の勢力図は、薩摩の島津義久と、肥前、筑後を掌握した龍造寺隆信の二強に集約され、それに斜陽の大友宗麟・義統父子が豊後を維持し、辛うじて筑前方面に数城を保っていた。

阿蘇家ひと筋

翌天正七年以降、島津義久は隣境肥後への侵攻を企図し、葦北・宇土方面に兵を入れて相良領を脅(おびや)かした。相良義陽は、宗運との盟約を守って島津軍と戦い、屈服しなかった。肥後の国人領主たちは、大友氏を離れ、南進を図る龍造寺氏と北上する島津勢力との間にあって左右に揺れていた。この間、阿蘇家のみが義を守って大友氏への信義を変えなかった。

天正八年三月中旬、城・合志・隈部・川尻・宇土・名和・鹿子木ら反大友の城主たちは、連合して阿蘇家討滅の行動を起こそうとしていた。これを探知した宗運は、機先を制して彼らを撃滅するため隈本へ向かって出撃する。宗運は、御船・甲佐・矢部・砥用・阿蘇・南郷・菅毛・小国などの兵八千余を率いて北上・竹宮原に布陣した。一方、連合側も宗運らの動きを知り、白川の渡河地点である旦過の瀬（熊本市世安町）の北岸に陣を布した。また、宇土・川尻らの熊本西南部の軍勢は、阿蘇軍の背後から挟撃するため、土河原村（飽田町）付近に待機した。

三月十七日の夜から雨となったが、宗運は忍びの者の報告で、城・合志・隈部らの諸陣では、酒盛りをはじめて油断しているという。宗運は、十八日未明、配下の将兵に出撃渡河を命じ、軍勢は喚声を挙げて水中に入り、人馬とも敵陣に迫った。この大喊声で連合軍は狼狽し動揺した。川岸へ進んだ一隊が河中で阿蘇勢を迎えて戦ったが、かえって討たれ、そのまま切り崩されて退却、宇土・川尻らの兵も蹴散らされて敗走し、宗運は、さんざんに連合軍を破って大勝した。この合戦は、『宗運記』『宗運軍物語』などには三月十七日とし、『拾集昔語』『肥後史話』などでは三月十八日となっている。

宗運は、このように兵略に秀れていただけでなく、負傷した兵士を自ら手当てしたり、化膿しかけた傷口の血をすすって治療してやるなど、部下を大切にして労わり励ました。その反面、たとえ肉親、一族でも阿蘇家に背く者は討つという主家ひと筋の潔白な生き方であったが、そのため長男の嫁の舅を謀殺したり、二人の子を手にかけるなど冷酷非情な面もみせている。宗運にとって阿蘇家を一枚岩に団結させるためには、私情を捨て一族への粛清も止むをえなかったのであろう。当時、南に島津・北から龍造寺の二大勢力の間にあって、衰運の大友氏ひとすじに尽くす阿蘇家は苦境に立たされていたが、宗運懸命の智略と勇気によって支えられていた。

御船町、永寿寺にある甲斐宗運の墓

響野原合戦

天正九年九月、肥後へ侵攻した島津義久は、葦北郡に大軍を送り、相良の重要拠点水俣城を攻め落とした。八代にあった相良義陽は、島津との和を願い、葦北全郡を割譲し、降伏の証に二子を人質に出すことで和議が成立した。水俣城の落城は、相良氏の戦国大名としての自立を絶ち、島津の先陣に立たされることになる。この時から相良は、宗運との固い盟約を破らねばならなくなった。

島津義久は、さらに肥後中央部へ進出を図り、途中に立ちはだかる御船の甲斐宗運を撃滅するため、降伏した相良義陽に島津の先陣として討伐を命じた。昨日まで盟友であった宗運と戦わねばならない身の不運を歎き、義陽の苦衷は測りしれないものがあった。

戦国とは非情なものである。勝者にとって敗者の盟約など何の価値もない。負ければ従うほかはない。それでも滅亡するよりは、まだましという考えがあった。島津から阿蘇攻めの厳命をうけた義陽は、同年十二月一日、相良勢八百余を率いて八代の居城を出発。約五里（約二〇キロ）北の阿蘇領との境にある娑婆神峠を越え、山崎村（下益城郡豊野町）に進入した。この時、遅れて集まる軍士二百余を加え総勢一千余の軍勢となった。

義陽は村内の響野原に本陣を置き、一隊は阿蘇氏の出城甲佐城と、堅志田城に向かい、両城を攻め落とした。宗運は、物見によって義陽が響野原に陣をとったことを聞くと、「それは義陽の陣法とは思えぬ、彼ならば娑婆神から鬼沙川を渡らず糸石あたりに陣を布くはずである」と言って、さらに物見に確かめさせたところ、正しく相良義陽であった。「さては相良の命運も尽きたか。響野は防戦しがたい所であり、自ら死地を選んだとしか思えぬ」と言って、義陽の心中を思いやった。

彼は決戦の場所を響野原と決め、嫡子宗立(そうりつ)に命じて、響野を見おろす飯田峠に農民を動員し、多くの虚旗を立てさせ本陣と見せかけた。そして甲佐城が落ちたことを知ると、直ちに配下に出陣を命じ、十二月二日未明、鉄砲隊を先手にして本隊を率い、敵斥候(せっこう)に気づかれぬように、密かに迂回して間道を抜け粛粛と響野原へ向かった。

その日、小雨が降り、霧が戦場に立ちこめていたという。『肥後国誌』に、「響原北ハ高岸ニテ其岸下ハ糸石村ナリ、岸ニハ大竹生茂(おいしげ)リテ大ナル藪(やぶ)ナリ」と記されているが、広い丘陵地の中を一段と低い農道が岸ぎわの藪陰に沿って通っていた。この時の甲斐の兵力は約五百余といわれるが、このうち二百は宗運配下の田代宗伝が指揮して甲佐方面から迂回してきた。彼らは敵陣からは遮蔽されて見通しのきかないこの藪陰を利用し、背後に廻りこんで、どっと襲いかかった。相良側は、宗運の本隊はまだ飯田山にあるものと安心していただけに、霧の中から突如わき起こった軍鼓、法螺貝や喊声に仰天した。

響野原はたちまち銃声が響きわたり怒号と喊声の中で、白刃が斬り交う修羅場と化した。だが、宗運の奇襲戦法で相良軍は応戦態勢が遅れて敗れ、遂に大将相良義陽以下、三百余が戦死、相良勢は総崩れとなって残兵は八代方面へ敗走した。

宗運は義陽の首を見て涙して合掌した。心ならずも島津の命に従わざるを得なかった彼の立場に同情し、死して盟友に詫びていった義陽を哀惜してやまなかった。島津の兵を御船領内に入れさせなかったのは、相良という突っかい棒があるためであった。その突っかい棒が外れてしまったら敵勢の侵入によって、阿蘇家もまた三年以内に滅びるだろうと言って嘆息した。響野原の凱歌は、まさに阿蘇家滅亡への弔鐘(ちょうしょう)でもあった。

宗運の死と阿蘇家滅亡

宗運は、この二年後の天正十一年七月五日、七十五歳で没したが、彼の死は、武将として戦場での死ではなかった。彼の嫡子親秀（宗立）の妻が実家の父を宗運に殺されたことを恨み、娘に命じて祖父の宗運を毒殺させたという。娘は、この祖父を赤井（益城町）の湯に招待した。宗運は孫娘の誘いに喜んで出向いていった。彼は茶が大好きだったので、彼女が点じた茶を飲んだ。そのうち気分が悪くなり、急いで御船に帰城したが、間もなく死去したという。実の孫娘がすすめた一服の茶が、肥後随一の名将といわれた甲斐宗運の命を奪った。法名は「宗運蕉夢」と号し、木倉の永寿寺に葬られた。

宗運は生前、「われ死せば薩軍必ず北上するであろう。つとめて鉾(ほこ)をおさめ、外城を捨て矢部の要害に集まり、民心を得て三年余りを防げば天下定まるであろう。そのご死生を決せよ」と言って、軽々しく兵を用いることを厳しく戒めた。だが、宗運死後、子の宗立には父ほどの器量なく、遺戒を破って島津の出城を攻め落としたため、たちまち島津軍の報復攻撃をうけて敗れ、宗運が主家のため営々として備えた阿蘇家二十四城は、ことごとく奪われてしまった。

宗運が言ったように、彼の死後、阿蘇家は三年を経ずに滅亡した。そして、甲斐氏もまた終わりを告げた。

宗運の墓は、御船町木倉の永寿寺（浄土真宗）にあるが、「わが墓に銘記すべからず」と遺言したという。そのため、墓石には何も記されていない。なお、甲斐氏の家紋は藤原氏の出自から、「下り藤」を伝えているが、子孫である永寿寺住職の甲斐宗秀氏の家に伝わる家紋は、菊池氏と共通の「丸に違い鷹の羽」である。

甲斐氏略系図（『肥後国史』所収）

菊池武本（藤原）―重村―（八代略）―綱―親宣―親直（宗運と号す）―親秀（宗立）

甲斐氏家紋、下がり藤と違い鷹の羽（下）

大友宗麟　おおともそうりん

義鎮家督と二階崩れの変

豊後の大友氏は、鎌倉以来の守護大名から、室町期の戦国大名へと脱皮しながら、近世初頭まで生き続けた数少ない名家である。初代は、源頼朝に近侍して「無双の寵仁」といわれた左近将監能直で、建久七年（一一九六）頃、豊後守護に補任されたといわれる。この能直から数えて二十一代目が、戦国大名の大友義鎮（宗麟）である。彼の全盛期は九州六カ国を支配して勢威を振ったが、晩年衰退し、キリスト教に傾斜したので、キリシタン大名としても知られている。

義鎮は、父大友義鑑の長男として、享禄三年（一五三〇）、府内（大分市）で生まれた。この年生まれの武将には、上杉謙信・吉川元春（毛利元就の二男）らがいる。

彼の幼名は塩法師丸といい、天文八年（一五三九）十歳で元服、五郎（のちに新太郎）と称した。翌年、将軍足利義晴の片諱を受けて義鎮と名のる。そして永禄五年（一五六二）以降は、入道して宗麟と号したので、一般には大友宗麟の名で知られている。彼は一時期、秀れた治績をあげたかと思えば、一転して暗愚な時代があって、好、不調の差が激しく屈折した表裏を見せている。

宗麟については、これまで多くの研究が試みられているが、いまだにその人物像については、勇将、知将、開明的大名と見る者、また、大友家を滅亡させた大馬鹿者の愚将と見るなど、評価が分かれて断定できず、疑問点を残している。

大友宗麟画像（京都・瑞峯院蔵）

彼の奔放不羈な性格、行動は、知・情・意のバランスを崩し、自制できずにしばしば愚行を生むが、その原因は、彼の生い立ちにあるといえよう。当時、九州一の勢威を誇る大友家の御曹子として生まれ、何不自由ない身分を約束された彼は、甘やかされ、苦労しらずで育ったため、わが儘にして移り気で、おだてにのりやすい性格になり、国主としての資質に翳を投げかける。

初祖能直いらい豊後大友氏は、三百九十余年の歴史の中で、宗麟時代はわずか三十七年にすぎない。宗麟は、この在世中に、大友家の人的、物的財産をほとんど使い果たしてしまう。

その彼のエネルギーが最も燃え上ったのが、戦国酣の天文年間の末期から永禄、元亀、天正初期にかけてであり、大友家は財産というべき、多くの人材に恵まれ、吉岡宗歓、戸次鑑連、吉弘鑑理、臼杵鑑速などの良将たちが協力し合い宗麟を助けて働いたから他を凌駕して九州一の勢力となった。

だが、天正六年（一五七八）、宗麟・義統父子は無謀な戦いを起こしたすえ、島津氏と戦って敗れ、宗麟は一転して栄光の座からどん底へとすべり落ちてゆく。その激しい落差は、宗麟の人物像を浮き彫りにしたようなものであり、彼が当主となる家督継承時からして、すでに劇的であった。

大友義鑑には三人の男子がいた。長男は、正室坊城氏（大内氏ともいう）との間にできた五郎義鎮（宗麟）で、次男は同腹の八郎晴英である。晴英は後に大内氏の家督を継ぎ、大内義長と名乗る。そして、三男が側室腹の塩市丸である。

長男の義鎮は、若い時から気性が荒く、乱暴で学問には身が入らず武術を好んだ。『西国盛衰記』によると、彼は当時流行していた体捨流の剣法を学び、荒馬に乗ることを好んだという。また、家臣には武術の試合に真剣を用いて立ち合わせたので、相手にされた家来たちは疵を負う者が多く嫌がったという。その上、気に入らないと、罪なき者まで手打ちにしたり、気に入れば新参者でも寵愛し、これを諫言する忠実な家老を遠ざけるといった無軌道ぶりだったという。

『大友興廃記』は、「この御行儀にては、代々御連続の家、五郎御曹司の御代に如何とぞ申しあわれぬ」と記している。さすがの義鑑もたまりかねて、意見を加えると、少しは改まるが、しばらくするとまたもとに戻るというふうであったから、父もしぜんにこの長男をうとむようになった。一方、塩市丸の方は、性格もおとなしく、利発で学問好きの子だったという。

こんな状態だったから、義鑑は嫡子に決定していた義鎮を嫌い、塩市丸を愛した。彼は大友家の将来を考え、義鎮を廃して末子の塩市丸を跡継ぎにしようと決める。もちろん彼にこの決意をさせるまでには、塩市丸の母である側室の強い働きかけと、これを支持する老臣入田丹後守親誠らの擁立工作があったからとみられる。

しかし、義鑑とて凡庸な将ではない。彼が肥後の菊池家乗っとりや、南蛮との貿易面に示した手腕はなかなかもので、果たして女色で国政を籠絡されるような無分別な人物であったかどうか。見方を変えれば彼は、当時対立する重臣たちの政争を一掃して、当主の独裁権確立を図ったからとも考えられる。

天文十九年二月、義鑑は塩市丸を家督にするため、義鎮に勧めて別府の浜脇へ湯治にやった。湯治といっても体のいい放逐である。

義鑑はこの留守中に事を運ぶため、斎藤播磨守・小佐井大和守・津久見美作守・田口蔵人佐ら四人の老臣たちを府内の大友館（屋形）に集めて、塩市丸の家督決定を申し渡した。

これに対して老臣たちは、「長子相続の秩序をみだせばお家騒動の因になる」として猛反対し、また「この暴挙は入田親誠の策謀によるもの」と口をそろえて彼を非難した。結局、四人は承知せず退席した。老臣たちに反対されては、いくら義鑑が当主といっても独裁権を振りまわすわけにはいかない。彼は怒りを押さえた。こうなっては、塩市丸の家督実現のため、邪魔者を除くしかなかった。義鑑は使いをやって再び四老に登館を命じたところ、斎藤・小佐井の両人がやってきたので、待ち伏せさせていた刺客をもって謀殺してしまった。

一方、津久見、田口の二人は、病気と偽って登館しなかったが、斎藤・小佐井横死の悲報を聞くと、いずれ自分たちも殺されるだろうと思い、「どうせ斬られるのなら、逆に討ち入り、潔く死のう」と覚悟し、一族、家来を引きつれ、二月十日の夜半、西山の大友館を襲撃した。

屋形の裏門から侵入した彼らは、そのまま二階の間に駆け上り、まず津久見が塩市丸を一刀のもとに斬り倒した。田口もまた側室を殺害し、娘や侍女らを次々に惨殺した。

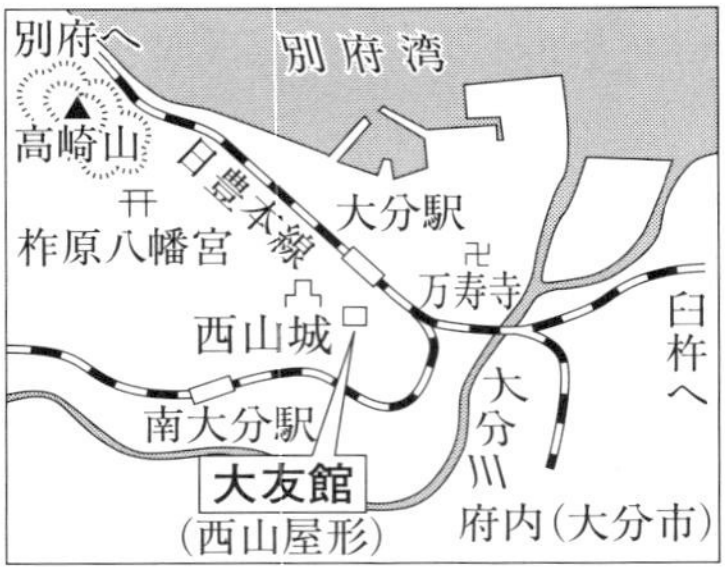

大友館（西山屋形）所在地略図

さらに、両人は義鑑のいる部屋へと乱入した。義鑑は気丈にも抜刀して立ち向かったが、津久見の兇剣をうけて重傷を負った。しかし、近侍の者や、駆けつけてきた大勢の家臣によって津久見、田口をはじめ、従者たちはことごとくその場で討ちとられた。

この事件については、『大友興廃記』『大友記』『豊筑乱記』『九州治乱記』などに記されているが、ほぼ大同小異の記述である。

大友館の二階で起こったこの日の惨事を「二階崩れ（にかいくずれ）」といっている。義鑑の傷は深く、二日後の二月十二日、四十九歳をもって死去した。彼は死ぬ前、義鎮の家督継承を認めて（あるいは認めさせられて）、十一カ条にわたる置き文（遺言状）を残した。

現在、館があった場所（大分市上野丘）には、「西山城大友屋形趾」の碑が立っている。

この事件で国中は騒然となった。次は「大友家文書録」の記述である。

十九年（天文）庚戌（かのえいぬ）二月十二日、義鎮為湯療、在州日生（べふ）（別府）（訓同）聞府内劇逆、大驚而赴之……

義鎮は、別府浜脇でこの知らせをうけると危険を避けて、急いで立石へ退き、情報を集めた。そして、妻一人だけが助かったことを知る。

この事件の原因は、入田親誠が塩市丸の母（側室）から頼まれて、義鎮廃嫡に動いたからであり、この時をもって親誠の謀反（むほん）が明かになった。だが、事件の裏には、肥後で大友家の転覆をはかる、義鑑の弟（義鎮の叔父）菊池義武（よしたけ）が親誠をあやつって起こしたとの見方もある。事実、義武は、この騒乱を利用して、同志を集めて大友家への反抗を画策していた。

義鎮は直ちに戸次伯耆守鑑連（べつきほうきのかみあきつら）・斎藤兵部少輔鎮実（さいとうひょうぶしょうゆうしげざね）らの腹心の部将たちに、入田の討伐を命じた。親誠は、戸次、斎藤軍に攻められて肥後へ逃れ、舅（しゅうと）の阿蘇惟豊（あそこれとよ）を頼ったが、事情を知った惟豊はかえって親誠の謀反を憎んで首を撥（は）ね、義鎮に献じた。首は豊後で獄門に晒されたという。

これによって国中の騒ぎも収まり、義鎮は二月二十日、西山の館（やかた）に入り、家督を継いだ。時に二十一歳であった。ところで、義鎮は事件後、この「二階崩れ」で奇跡的に助かった夫人を離縁する。

キリスト教との出会いと毛利対決

義鎮は十六、七歳のとき、この夫人と結婚した。彼女は、足利氏一門の一色左京大夫義清の娘であったが、父義鑑がむりやり押し付けたこの夫人とは気が合わず、子もいなかった。彼女と離婚後、つぎの妻を迎えた。この女性が長く正室の座を占めた奈多（なだ）夫人である。ちなみに、義鎮と奈多夫人との間には、長男義統（よしむね）、二男親家（ちかいえ）、三男親盛（ちかもり）の男子三人と、娘四人が出生している。

義鎮が当主となった翌年（天文二十年）八月、山口滞在中のキリスト教宣教師フランシスコ・ザビエルが、義鎮の招きで豊後に来た。

義鎮は、ザビエル一行の美しい府内乗り込みを見、また随行のポルトガル船の船長や商人らが、ザビエルをあたかも神のように尊敬しているのを眼のあたりに見て、彼への敬意を抱き、心から鄭重な待遇をした。ザビエルの方も、この若い大名に対して親しい愛情を感じ、大友とは「偉大なる友」と思い、義鎮の援助で、その後、府内や領国内で布教を始めるが、義鎮はザビエルが日本で得たまさに大いなる友となった。

ザビエルが府内で布教を広めている頃、彼が一カ月ほど前にいた山口では、大事件が起きていた。

天文二十年九月一日、周防の国主大内義隆が、家臣陶晴賢（当時は隆房）の叛逆にあって、山口を追われ、長門深川（長門市）の大寧寺で、自害して滅んだことである。

陶晴賢は、主人大内義隆を自滅させたあと、豊後から義鎮の弟大友晴英を大内家の後継に迎える。「大内系図」では、義鎮、晴英兄弟の母を、大内義隆の姉としている。系図上、晴英は義隆の甥である。

一方、義鎮は陶の要請で、弟の大内入りに対して、「結局は晴賢に利用されるだけで、先主義隆の二の舞になるのは必定」と言って、強くこれに反対したという。

しかし、晴英は「大内家の当主となるのは、武門の名誉であり、たとえ将来に不安があっても、何ら後悔はしない」と進んで山口入りを希望して義鎮を説得したという。

晴英は山口に入り、大内義長と名乗る。しかし、この青年の意気も陶晴賢の実力の前には思いどおりにいかず、しょせんロボットであり、やがて義鎮の言ったことが現実となって起こる。

それは大内義隆の遺臣毛利元就の存在であった。元就は大内義長を大内氏の正系とは認めず偽主と見なして、陶晴賢に対して、義隆の仇を報じようと機会を狙っていた。

一方、豊後の大友義鎮は、家督となってから治政の初期はまだ国情不安な状況にあった。

「二階崩れ」の事件三年後の天文二十二年閏正月には、服部右京亮・一万田弾正忠・宗像民部ら三人の重臣が義鎮殺害の目的で叛き、府内は大変な騒擾になった（ルイス・フロイス『日本史』）。この時、府内の商人・武士の家三百戸が類焼したが、この叛逆は短時間で鎮圧された。『九州治乱記』は、義鎮が一万田弾正忠を殺して、その美人の妻を自分の側妾にしたと、記している。

義鎮の代始めの錯綜する政情の中で、当主権確立までに彼を悩ました人物がもう一人いた。肥後の菊池義武（当初は重治）である。義武は、義鎮の父義鑑の弟で、義鎮には叔父にあたり、永正十七年（一五二〇）、肥後の名家菊池家の乗っとりを図る兄義鑑によって、菊池に入嗣し、肥後守護職となった。大友の肥後支配は、義武を使って意のままになるはずであった。ところが、義武は実家の大友氏の思い通りにはならなかったばかりか、かえって大友本家の家督をねらって反抗的行動をとり、敵対するようになる。

彼はその後、兄義鑑に追われて肥前高来へ逃れていたが、なお大友家の転覆を図り、画策していた。「二階崩れ」の変も入田親誠の背後には、菊池義武の影が色濃く描出される。

義武は、甥義鎮との対決姿勢を強め、肥前から渡海。国人田嶋・鹿子木（かのこぎ）氏らに守られて隈本（熊本の古名）城に入り、肥後・筑後の国人たちに廻文を発して味方を募（つの）り、反大友体制をつくった。

義鎮は直ちに肥後討伐のため小原鑑元・佐伯惟教を先発させ、さらに戸次鑑連・志賀親守らの有力部将たちをもって攻めさせたので、天文十九年八月、隈本城は陥落した。義武は、城を脱出、姻戚の相良氏を頼ってのがれた。義鎮の迅速な作戦効果で、菊池に協力していた肥後・筑後の国人衆は、つぎつぎに降り、肥後は平定された。

天文二十三年、義鎮は、蟄居（ちっきょ）中の叔父菊池義武に偽りの和議を申し入れて誘（おび）き出し、義武が府内へ向かう途中、直入郡木原（竹田市城原）で、配下に命じて殺させた。義鎮は、自分を取り巻く危機を迅速な処置で切り抜けた。

一方、安芸（あき）の毛利元就は、陶晴賢、大内義長らの偽主政権に対し、密かに兵力を蓄（たくわ）え対戦の準備を進めていた。こうして義長が入国してから四年後の弘治元年（一五五五）十月一日、元就は安芸厳島（いつくしま）の神域において、陶の大軍と戦って撃破し、大将晴賢を討って大勝した。元就は、さらに陶の傀儡（かいらい）であった大内義長の討伐にかかろうとしたが、防長一揆（いっき）が起こり、一年ほど鎮圧に費した。やがて一揆を平定した元就は、弘治三年（一五五七）四月三日、大内義長を長府（下関市）の長福院（功山寺）に追いつめて自害させ、名実ともに大内の後継者になった。当初、義鎮が心配していたことが現実となった。

『萩藩閥閲録（はぎはんばつえつろく）』（「小寺文書」）によると、すでに元就は家臣を豊後に遣わして、大友義鎮との間に海峡をはさんで、互に支配圏を認め合い、手を出さないという不可侵の密約を結んでいた。

義鎮は、防・長二州に対して、全く野心のないことを示し、毛利との約束を守った。だから弟義長（晴英）からの救援要請をうけても何ら援助せず、見殺しにしてしまったのである。

だが、乱世の辛酸をなめ尽くし、人世の経験を積んだ六十過ぎの老獪な元就と、二十七、八の坊ちゃん育ちの義鎮とでは、政治手腕においても大きな開きがあったことは当然であろう。大友、毛利の密約は、戦争を避ける一時的方便であった。元就は、義鎮との密約の蔭で、こっそり豊・筑の国人たちと通じ、大内の遺領だった北九州回復のため、大友支配奪回の策謀を講じていた。

元就の豊前・筑前への策動によって、弘治三年、古処山城主・秋月文種、勝尾城主・筑紫惟門らが大友に反旗を翻(ひるがえ)して蜂起したが、義鎮の将戸次鑑連・臼杵鑑速らに攻められて文種は討死。惟門は降伏して鎮圧された。義鎮は約束を破った元就のきたないやり方に激怒し、のちに「毛利きつね」と言って罵倒した。ともあれ、豊・筑領内は義鎮の支配下に入った。しかし、元就は執拗に北九州への介入を図り、永禄二年（一五五九）十二月、門司城を攻めてこれを奪取し北九州への足がかりをつくった。

六国の守護と門司敗戦

義鎮は、それまで幕府への莫大な献金工作によって、永禄二年六月、豊前・筑前両国の守護職を与えられ、続いて十一月には九州探題職に補任された。肥前については、永禄二年正月、守護筋の少弐氏が龍造寺氏によって滅ぼされたので幕府は義鎮に肥前守護職を与えた。幕府はその後も大友家の財力に頼った。

これにより義鎮は、本国の豊後をはじめ、豊前・筑前・筑後・肥前・肥後の九州六カ国の守護職を独占、九州一の大大名となった。翌三年三月には、将軍足利義輝は義鎮に「桐の紋」を許し、官位を「左衛門督(さえもんのかみ)」に任じて破格の栄誉を与えた。まさに大友家始まって以来の盛事であった。

義鎮は、大内政変後、山口から避難してきた宣教師トルレス神父らを温かく迎えて保護し、布教を許したので、府内のキリシタンがしだいに増えはじめた。また病院が建設され、アルメイダ神父による外科・内科の治療が行われた。永禄五年九月、宣教師サンチェズの報告によると、当時、百人を越える入院患者がいたという。

布教活動とともに、教会が建ち、ミサの時、オルガン伴奏で聖歌が歌われ、合唱隊までできた。そして領内から選ばれた少年たちに、ビオラ（バイオリンより大きな弦楽器）奏法が教えられ、義鎮が住院を訪れたとき、少年たちがビオラを演奏して喜ばせたという。

そのころ、安芸の毛利元就は、山陰の尼子義久を攻め、石見に出陣中であった。義鎮はこの機をのがさず門司城奪回を図り、田原・吉岡・臼杵・戸次らの諸将に命じて、大規模攻勢をかける。その兵数は一万五千から二万といわれた。これに対し、元就は小早川隆景（元就の三男）に一万八千余の兵をつけて海陸から救援させた。

両軍は、内裏（門司区大里）・めかり（同めかり公園一帯）にかけて激戦を繰りひろげた。しかし勝敗つかず、その後数度の合戦をくり返しているうちに、毛利配下の来島・村上などの水軍が、大友方の水軍を捕捉して、後方遮断を始めた。

戦況不利を知った大友軍は、永禄四年十一月五日の夜、遂に撤退を開始した。これを知った毛利水軍は、海路先廻りして、翌六日、黒田原（京都郡みやこ町）・国分寺原（京都郡みやこ町）付近で待ち伏せして襲撃したので、大友方は多くの死傷者を出して退却した。

なお義鎮が、この門司城奪回作戦に自ら出陣したことを証するものに「立花文書」がある。同文書の天正三年六月十八日付、戸次鑑連（伯耆守、道雪）の、娘誾千代への立花城督譲り状の中で、刀一腰（作一文字）拝領の軍忠とともに、「永禄五年十月十三日、鑑連が苅田陣に於て之を拝領した」と記されている。とすれば、義鎮が苅田（京都郡苅田町）まで出陣したことがわかる。

宗麟の臼杵移城

義鎮は、同年七月ごろ、突然、三十三歳の若さで出家、剃髪して「瑞峰宗麟」と号した。「立花文書」の記述が事実ならば、彼は宗麟と名乗って間もなく、法体で出陣したと考えられる（以後、義鎮を宗麟で統一する）。

それまで負けを知らなかった宗麟には、この門司作戦の敗北はショックだったにちがいない。頭を丸めた動機も敗戦にあったことは確かであろう。「大友家文書録」によれば、宗麟は、府内（現在の大分市周辺）を嫡子義統に譲り、永禄六年、臼杵（丹生島）に城を築いて隠居する。しかし大友家の実権はあくまで彼が握っていた。

宗麟は敗戦によって、しょげてばかりはいなかった。実戦の不足は外交戦でとばかり、将軍義輝へ献金して毛利の「悪逆」を訴え、幕府の仲介で和議を有利に進めようと図った。このため将軍家は、大友・毛利・さらに尼子への三者講和を命じた。だが和平工作は難航し、幕府は大友・毛利の実力者、戸次鑑連や小早川隆景らに、それぞれ説得を頼むほどであった。その結果、永禄七年七月、大友・毛利の講和がようやく成立。宗麟の娘と、元就の孫幸鶴丸（当時十一歳）との婚儀を約し、毛利は占拠していた豊筑の松山・香春岳その他の諸城を大友に返し、また破却に同意した。これによって元就は尼子の撃滅へ全力を傾注できることになった。

ところで、宗麟がこれまでの居住地府内を捨てて臼杵丹生島に移住したのは、先の弘治二年、小原鑑元らによるクーデタのとき、ここに避難したという経緯があり、この地が臼杵湾に抱かれて、要害と良港の両面を兼ね備えていたからであろう。ここからは、伊予・日向・豊前方面へと海上交通の便がよく、貿易基地としても府内よりはるかに秀れていたからであった。

宗麟は、門司戦における毛利水軍の強さを知らされたから、これに対抗するため、臼杵で水軍力の増強を図ったとみられる。

そして彼の臼杵丹生島城移住には、もうひとつの理由があった。それは宗麟の私行に関するもので、放埒な女性関係により、正室奈多夫人の猛烈な嫉妬を買ったからであった。

宗麟の好色は有名なもので、『大友記』には、「国中を尋ね、廿前後の女、おどり子をめしいださるゝ事限りなし。いかなる野人にても、いろよき女をさしあげ候へば、御気嫌よく御前に召出され、財宝をあたへるぞ、都より楽の役者をめされ酒宴乱舞、詩歌、管弦にて日を送り、ひとへに好色に傾き給ひけり」とあり、また『鎮西要略』にも、家臣の美貌の妻を奪って「七妾の最」としたと記されているなど、彼の猟色は夫人にとっては耐え難い苦痛であったと思われる。夫人は奈多八幡宮（大分県杵築市）の大宮司家の娘で、気の強い性格だったらしく、夫宗麟のあまりの色欲に歎き怒り、その所業を憎んだ。

「義鎮公不行儀、御簾中（奥方）深く御にくみあり、調伏あるこそおろかなれ。国中の社僧山伏等こ、かしこに相集、昼夜のさかひもなく祈る事おびたゞし」（『大友記』）

夫人は夫の浮気にノイローゼになって、僧や山伏たちに調伏を命じて呪い殺そうとした。

宗麟はこれを聞くと激怒して、一人も残らず処罰するように命じたが、老臣吉岡長増（宗歓）の諫めで中止した。

ある日、宗麟は突然、城から失踪する。驚いた家臣たちが八方手分けして捜したら、府内のはずれの茅屋で、ただひとりぼんやりしている主人宗麟を見つけた。彼は、紅葉の美しさに誘われて、つい浮かれ出たのだと言い、城へ連れ戻そうとする老臣たちに、夫人の居る城へは帰りたくないと言ってきかなかった。

老臣たちは、しかたなく臼杵の城へ連れていった。自ら招いた家庭騒動とはいえ、妻から逃れるため、自分から城を飛び出してしまった戦国大名は、この義鎮宗麟ぐらいであろう。しかし、その後、夫人は子どもとともに丹生島城に移っている。

永禄七年、大友・毛利の講和後、毛利元就は、尼子氏への対戦に全力を注ぎ、同九年十一月、遂に尼子義久を滅ぼした。元就は、後方の心配がなくなると、大友との和平を破棄して、再び九州出兵を企図し、北九州の国人や、大友の有力部将らに離反を働きかける。

臼杵城址にある大友軍が使ったという南蛮砲、「国崩し」

毛利対戦と異教をめぐる内紛

永禄十年六月、高橋鑑種（宝満城主＝太宰府市）や、秋月種実（古処山城

主＝朝倉市秋月）、原田親種（怡土城主＝前原市）、筑紫広門（勝尾城主＝鳥栖市）、宗像氏貞（蔦カ岳城主＝宗像市）らが相次いで挙兵。翌十一年、立花城で立花鑑載（あきとし）が宗麟に反旗を翻す。大友・毛利の和平は、三年余りで破れた。

　宗麟は、筑前方面の擾乱鎮圧のため戸次鑑連・吉弘鑑理・臼杵鑑速の豊州三老に、出陣を命じ、斎藤・志賀らの部将たちにも兵を率いさせて筑前へ急行させた。毛利の支援をうけた反大友方は、攻めよせる大友軍と戦った。この間、佐賀の龍造寺隆信も毛利に通じて兵を挙げたので、肥・筑の内乱は拡大していった。宗麟は自ら高良山（久留米市）まで出陣して将兵を督励する。

　しかし、これらの反乱も、戸次・吉弘・臼杵らの三将をはじめ、大友諸将の働きで、秋月種実が降伏、肥前の龍造寺隆信も大友と一時講和した。一方、毛利軍は筑前に進出、博多の要衝立花城を占拠した。永禄十二年五月から約半年に及ぶ立花城をめぐる攻防戦が続いたが、勝敗がつかなかった。宗麟はこの時、宿老吉岡宗歓の策を用いて敵の後方撹乱を図り、山口への逆上陸作戦を展開した。これが思わぬ効を奏し、同年十一月、毛利元就は全軍を立花城下から撤退させ山口防衛にあたらせた。

　毛利軍が去ったあと、反乱の中心人物、高橋鑑種は小倉に移され、筑前の反大友勢力は崩壊し、宗麟に降伏した。この二年後に、宗麟の宿敵毛利元就は安芸の郡山（こおりやま）城で死去した。

　その後、大友氏は三老をはじめ家臣らの協力で九州一の勢力となって全盛時代がつづく。だが、その内部では、しだいに内訌（ないこう）の火種が生じつつあった。その原因の一つは、宗麟がキリスト教を保護することによって生じた正妻奈多夫人との確執である。夫人は奈多八幡の社家の出であり、キリスト教を猛烈に嫌い、夫と宣教師らとの離間を図り、妨害するが、宗麟はかえって宣教師らを保護するようになる。宗麟夫人は、宣教師たちからキリスト教でいう悪女の代名詞「イザベル」と呼ばれて敵視される。

　天正元年（一五七三）ごろ、宗麟は大病を患った。フロイス『日本史』には「宗麟は元来健康がすぐれず痩（や）せていて、虚弱であった」と記されているが、同年十二月、宗麟は博多商人島井宗室に「養生気ゆえ、無音の様に候、漸く本復し候」と言って病気回復を告げている。彼の病中、嫡子義統が加判衆（家老）の補佐により政務を代行した。

その後宗麟は、それまでの禅道から離れてキリスト教へと心を向けはじめる。彼は二男親家を出家させて臼杵の寿林寺に入れようとしたが、親家は僧侶になることを嫌い、遂には自決すると言い張って、寺入りを頑強に拒んだ。宗麟は、親家のことを心配して、カブラル神父に相談し、臼杵の教会に彼をつれてゆくようになった。そのうち親家は、しだいにキリスト教に心を動かされ、天正三年十一月、十四歳のとき受洗し、ドン・セバスチャンの教名を得た。夫人は激怒して息子に棄教を迫るが、宗麟がかばったので、親家は自分の意志を押し通すことができた。

それまで下層階級が主だったキリシタンは親家受洗後、大友家中から入信者が相つぎ、武士階級に及んできた。宗麟夫人の兄田原親賢（紹忍）の養子親虎までも洗礼を受け、ドン・シモンとなった。相つぐ一族の受洗で夫人の怒りは激しく、夫宗麟と対立し、夫婦の溝は深まるばかりであった。その後、親虎は養父田原親賢によって廃嫡され、田原家を去って京都の実家に帰った。

妻との間に深い対立を生じた宗麟は、彼女との離婚を真剣に考えていたが、実行するには障害があった。なにしろ三十年近い結婚生活であり、夫婦の間に七、八人の子供もいるし、離婚には老臣たちが反対するから、へたをすると大友家崩壊の危険を含んでいた。宗麟は熟慮のすえ、国政を長男義統にまかせ、四十九歳の身で妻のいる丹生

大友氏略系図（大分県郷土史料集成大友系図（其二）数字は代数）

1大友能直 — 2親秀 — 3頼泰 — 4親時 — 5貞親 — 6貞宗 — 7氏泰 ／ 8氏時

9氏続 ／ 10親世 — 11親著 ／ 12持直 ／ 14親隆 — 13親綱 ／ 15親繁 — 16政親 ／ 18親治 — 17義右 ／ 19義長 — 20義鑑 — 21義鎮

22義統

大友氏の家紋、杏葉

大友宗麟花押

永禄２年から元亀元年頃までの大友氏勢力図

島城を出る決意をする。

彼が五味浦と称する海辺の場所に新居を造って移ったのは、それから間もなくであった。彼はこの家で新しい妻を迎えた。再婚の相手はそれまで奈多夫人の侍女頭をしていた四十過ぎの柔順な女性であった。彼女は、二男親家の嫁の母でもあった。

宗麟のこの仕打ちは城に残された前夫人を激昂させた。昨日までの名誉と栄光の座をいっぺんに失ってしまった彼女の屈辱と怒りは想像に余るものがあったろう。絶望した彼女は自殺を図ったが、発見が早く未遂に終わり、以後、自殺防止の監視のもとに置かれた。

宗麟の子女や、重臣たちは前妻奈多夫人のために言葉を尽くして宗麟に復縁を懇願し、翻意を迫ったが、もはや、いかなる説得にも彼は動じなかった。宗麟は再婚した新夫人と、その連れ子の娘に洗礼を受けさせ、夫人は「ジュリア」、娘は「キンタ」と教名が与えられた。

大友家は、このようにキリスト教をめぐって内紛の危機にあったが、宗麟はこれを回避するため、日向出兵を企図する。

この南進の契機となったのは、日向中央部（宮崎平野）を支配していた伊東義祐が、薩摩の島津義久に攻められて日向を追われ大友家を頼って豊後に逃れてきたからである。義祐の子義益の妻は宗麟の姪であった。

大友は、それまで伊東という島津への防御楯があったから、直接島津の圧力を受けることはなかった。伊東が敗れたことで防衛線が崩れた。さらに大友方であった日向北部の県（延岡の古名）の国人領主、土持親成も島津へ寝返ったため、今度は直接南からの脅威にさらされることになった。これは大友家にとって由々しき一大事で、宗麟は直ちに子の義統に土持征伐を命じ、大友の諸将がこぞって出陣した。

こうして三万の大友軍が南下・県に攻め入り、土持の出城を破り、親成の本城松尾城（延岡市松山町）を落としてまたたく間に耳川以北の日向北部を平定。ひとまず豊後の防衛線を確保し第一次作戦は成功した。戦勝の大友軍は豊後へ意気揚々と凱旋した。

宗麟の受洗と耳川敗戦

日向出征は、ここまでで止めておけばよかったのだが、宗麟は勝運に乗って第二次出兵を命じた。九州の覇者としての驕りが彼を危険な賭（かけ）へと踏み出させていった。

宗麟の目的は、日向に進出してきた島津義久を敲（たた）き、伊東の旧領を奪回してやることだった。だが、この第二次遠征には斎藤鎮実ら老臣らの反対が強かった。先の土持征伐とはちがい、相手は手ごわい島津である。宗麟が考えるほど容易に事が運ぶとは思われなかった。出兵よりも国内充実に力を入れるべきである。こんな声も宗麟には通じなかった。

とくに、前夫人奈多氏の兄田原親賢（紹忍）が宗麟に賛成して開戦を強く主張した。親賢は宗麟夫人であった妹が離婚され、強力なバックを失ってその地位も危くなっていたから、宗麟の肩をもち、失脚を免れようとしたといわれる。宗麟は日向での総指揮を田原親賢に命じた。

第二次日向出兵前の天正六年七月二十五日、宗麟は臼杵の教会で受洗、ドン・フランシスコの教名を受けた（フロイス『日本史』）。フランシスコ宗麟は、このとき次の三つの約束、(一)、一度入信したら絶対棄教しない、(二)、神の教えを守り神父らの訓戒を守る、(三)、夫婦の貞節を守る、を誓って「三非斎」と称した。彼の入信は国の内外に驚きと動揺を与えた。

一方、宗麟に離婚された前夫人の奈多氏は、国主義統の実母として、いぜん臼杵城内において侍女たちの奉仕をうけていた。義統は父フランシスコ宗麟と実母との板ばさになって心が揺（ゆ）れていた。信仰に没頭しようとする宗麟に対し、義統はキリスト教を憎む母の影響をうけて信念がなく、日和見（ひよりみ）で母に賛成したかと思うと、こんどは父側に付くというふうで、彼の性格の弱さをそのまま露呈していた。国政を司るには義統では荷が重すぎた。

天正六年九月四日（フロイス『日本史』）、宗麟は嫡子義統を国内に留めて、物資調達や兵站（へいたん）業務に当たらせ、自ら四万余の軍勢を率いて海陸二方面から日向へ向かった。

『大友記』によれば、陸路軍は府内出発の時、柞原（ゆすばる）八幡宮へ弓、鉄砲を放ち、十字架の旗を立てて進み、進軍の途中、目につく社寺を焼き打ちにして通り、住民の怨みをかったという。

宗麟は、新夫人ジュリアや、カブラル神父らの宣教師を伴い臼杵湾から船で出発。県に入り、務志賀（むしか）（無鹿＝延岡市無鹿町）に本営を置いて留まった。現在、「いなり山」と呼ばれる所が本営跡といわれている。彼は、ここに教会堂を建てて宣教師らと毎日祈りにふけった。

務志賀に集結した大友軍は十月下旬、田原紹忍が総指揮をとり、宮崎平野の咽喉元（のどもと）にあたる高城（たかじょう）（宮崎県児湯郡木城町）目ざして進撃した。大友の主力は途中、耳川南岸で待ちうけていた島津家久（義久の弟）の小部隊を破って敗走させ、さらに名貫（なぬき）川を渡り、島津の将山田有信が小勢で守る高城を囲んだ。高城は、宮崎進出の鍵を握る要衝であったが、もともと伊東氏四十八城の一つであった。

大友軍は、高城の麓を流れる小丸（おまる）川と、その支流切原川を挟んで相対する広い台地に布陣した。現在、「カンカン原」とか「宗麟原」と呼ばれているが、この一帯は茶畠が広がっている。大友の諸隊は、小勢の高城を数度にわたり猛攻したが、城兵の善戦で落とすことができず、いたずらに日数を費していた。

一方、島津義久は弟義弘らとともに自ら三万の軍を率いて高城救援に向かい、小丸川を挟んで大友軍と対陣した。十一月十二日、大友軍によって戦端が開かれたが、総指揮官田原紹忍の指揮拙劣から宗麟の将たちがめいめい勝手な渡河戦を演じ待ち構えた島津軍の術中にはまり激戦のすえ、一度に数千の死傷者を出すという、前代未聞の敗戦で終わった。

島津軍は逃げる大友軍を追って北上、耳川付近で捕捉、さらに攻撃してここでも甚大な損害を与えて大勝した。

世にいう「耳川の戦い」である。

宗麟は務志賀でこの敗報を聞くと、家族、従者をつれて命からがら豊後へ逃げ帰った。置きざりにされた宣教師たちは、飢えと寒さに苦しみながら、みじめな逃避行を味わわされた。敗戦の全ての責任は、無謀な戦を起こした宗麟にあった。

一方、戦場で総指揮をとった田原紹忍は、一時、行方不明になったが、敗戦一カ月後に帰還した。彼は帰国するや、その責任をキリスト教に転嫁して宣教師らを責め、保身のため責任のがれにきゅうきゅうとするが、その後、失脚してしまう。

耳川戦後、大友家は急速に衰退していった。敗戦の翌天正七年正月、義統は二十二歳で大友家二十二代の家督をついだ。だが、大友領の各国では反乱が続発しているのに、当主になった義統は何事も優柔不断で独自の決定ができず家臣たちを嘆かせ失望させた。遂に彼らは義統を見限り、宗麟に再度国政を見てもらうことを要請した。宗麟は、二つの条件（一、義統が自分と一緒に行動をとること。二、自分の命令に服従すること）を付けて再び国政の場に戻った。

そのころ龍造寺・原田・秋月・筑紫・宗像らが蜂起し、大友家は内憂外患の状況となるが、そんな中で立花道雪（立花城主＝戸次鑑連のこと）や、高橋紹運（宝満城主＝高橋鎮種のこと）、立花統虎（宗茂）ら筑前大友支族らの活躍が始まり、斜陽の主家を支えて奮闘する。

宗麟原供養塔（児湯郡川南町）

また、豊後国内でも大友支族の田原親宏（国東郡安岐城主）が、女婿秋月種実と組んで虚脱状態の府内を襲って豊後を支配しようとしたが、親宏の病死で挫折する。しかし、養子の田原親貫が遂に謀反を起こし、また有力支族の田北紹鉄も挙兵した。

宗麟・義統父子は、南郡衆（南部の志賀・戸次・田北らをいう）や、配下の残存勢力にたよってようやくこれを鎮圧した。そのころ宗麟は、国内の諸問題に忙殺され、心身の疲労から、しばしば床に臥すことがあった。まだ五十歳を過ぎたばかりの彼は、既に老衰状態であったと宣教師の報告に記されている。

宗麟と遣欧少年使節

耳川敗戦後、豊後のキリシタンは火の消えたように沈滞するが、巡察使ヴァリニャーノの来日によって再び活況を見せるようになる。彼は、日本布教長のカブラル神父の日本語も覚えようとしない偏狭な布教のやり方を厳しく批難して、日本の言葉や風習にとけこむように指導方針を示した。

宗麟は、ヴァリニャーノに協力して、臼杵に宣教師養成のためのノビシヤド（修錬院）と、府内にコレジオ（学校）を建てることを許可し直ちに工事に着手した。天正十年、宗麟は、津久見に礼拝堂を建て、晩年の安息を得るため、ここに移り住んで祈禱に励んだ。

この年六月、中央では天下統一を進めていた織田信長が「本能寺の変」で倒れ、彼の大業は羽柴秀吉によって受け継がれる。同じころ、宗麟の三男親盛（田原家の養子になる）も洗礼を受けて、ドン・パンタレオンの教名を名乗った。

その頃、行われた少年使節ヨーロッパ派遣については、巡察使ヴァリニャーノの思いつきから派遣が実現したという。ヴァリニャーノは、日本の少年たちにヨーロッパを見せて啓蒙するということと、ローマ法王やポルトガル国王らに日本での布教成果を認知させ、イエズス会への資金援助をしてもらうのが目的であった。

これに賛成して派遣に協力した三人のキリシタン大名が大友宗麟・有馬晴信・大村純忠だが、実は宗麟はこれを知らなかったという。ヴァリャーノがこの計画を思いついたのは有馬において、天正九年十二月になってという。翌年一月下旬の船の出港までには時間がなかった。彼は急いで有馬・大村の二大名の賛同を得たが、ヨーロッパで一番知名度の高い宗麟の参加いかんが派遣成否の鍵を握っていると考え、使節の少年を宗麟に選んでもらおうと決めていた。だが、巡察使として余りにも仕事が多く、豊後へ行って宗麟に計画を打ちあけて相談する余裕がなかった。もちろん宗麟のことだから、この計画を聞いたら喜んで賛成していただろう。

ヴァリニャーノは自分が安土のセミナリオに入れた宗麟の姪の子伊東ゼローム（祐勝）を使節にと考えたが、ゼロームを、有馬に呼びよせる時間がなかったから、ゼロームのいとこマンショに代え、彼を正使として宗麟が派遣したようにした。

選ばれた伊東マンショ・千々石（ちぢいわ）ミゲル・中浦ジュリアン・原マルチノの四少年は、マンショが宗麟、ミゲルが大村・有馬のいずれも血族にあたり、ジュリアンとマルチノの二人は肥前の有力武士の子としている。

このとき宗麟がローマ法王らに宛てた親書十六通は、ヴァリニャーノが偽造させたものであった。宗麟に詳しい渡辺澄夫氏（故人・元大分大学教授）は、宗麟の日本語書状の一通を検討してみて、署名と花押の間違いから偽文書と断定している。また、この時の花押は、十年前に使われたものであった。花押の知識がない者がヴァリニャーノの依頼を受け、時間に迫られて急いで写したものであった。

宣教師ペトロ・ラモン（臼杵修錬院長）は、天正十五年（一五八七）十月十五日付の、イエズス会総長宛の書簡で、少年使節たちが日本の王公貴族として待遇されたと聞くが、彼ら少年たちは実は貧しく哀れな者たちで、とくに伊東マンショは、豊後の屋形（大友義統）の甥ではなく、父親がいなく乞食同然の身を教会が引きとり、有馬のセミナリヨに入れたのであり、宗麟はこの伊東マンショに会ったこともなく、何のために小供たちをヨーロッパへ送るのかと聞き、そんな書状も認めていないと言ったと記し、ヴァリニャーノの独断の行為を告発している。

つまり天正少年遣欧使節は、世上、宗麟が計画して実現したものといわれていたが、彼は何も知らず、ヴァリニャーノが独断で宗麟の名声を利用して打った見事な虚構であったというのが真相のようである。もちろんヴァリニャーノに悪意があってのことではなかった。日本にも良かれという気持があったからであろう。

天正十年一月二十八日、少年使節はヴァリニャーノに伴われ長崎を出港。インドで管区長を命ぜられたヴァリニャーノと別れ、喜望峰を廻ってポルトガルのリスボンに着いた。長崎を出港して二年半が経過していた。彼ら一行は、ポルトガルやスペインの都市で歓迎をうけ、一五八五（天正十三）年三月二十三日、ついにローマ法王に謁見し盛大な歓迎をうけ、親善の目的を果たして大成功を収めた。ヴァリニャーノの思いつきから出た少年使節派遣は結果的には壮大な夢を実現したことになる。

フランシスコ宗麟の信仰はますます深くなり、天正十二年ごろでは、彼の影響もあって豊後で新たに三千五百四十人の受洗があった。由布岳の麓、由布院にも布教所がおかれた。

宗麟の死

戦国も末期になり、各地で変革が起きていた。大友の耳川敗戦をきっかけに、九州三強のひとりに伸(の)し上がった佐賀の龍造寺隆信は、肥前の覇者として筑前・筑後・肥後へと兵をくり出し、北へ勢力を伸ばす薩摩の強雄島津義久と衝突するようになる。すでに大友衰え、九州では島津・龍造寺の二強時代に入っていたが、この両雄はやがて戦う宿命にあった。

天正十二年三月二十四日、龍造寺・島津の両軍は島原半島沖田畷で激突、激戦のすえ、龍造寺軍は大敗。大将龍造寺隆信は敗死した。その後、島津は勢力を強めて肥後へ進攻、豊後へも圧力をかけ、九州制覇を目ざす。

天正十四年、九州最強の島津義久は、配下の将たちに北進を命じ、島津軍は同年七月、筑前岩屋城を攻めて城将高橋紹運以下七百六十三名を玉砕させた。またこの前年、「大友の魂」といわれた立花道雪が病没、両将の死で大友家の衰運はさらに早まる。

一方、豊後の城主たちも島津へ寝返りはじめ、今や自立不能となった宗麟は、老衰の身で自ら大坂城に赴き、天下統一を進める羽柴秀吉改め豊臣秀吉に謁見、島津征伐を嘆願して秀吉の家人となった。翌天正十五年四月、秀吉は全国から二十万の大軍を率いて九州に渡り、反抗勢力をつぎつぎに降し、五月、島津義久を降伏させて九州平定を終えた。

これより前、府内は島津軍によって約半年間占領され、義統は豊前龍王城（宇佐市安心院町）へ逃れていた。しかし宗麟は、秀吉の援軍が来るまで丹生島に籠城して、臼杵に侵入してきた島津軍を迎えて勇敢に戦い「国崩し」と呼ばれる南蛮砲を発射させて敵を驚愕させ、ついに撃退している。

豊後は一時、島津の兵によって蹂躙（じゅうりん）され、その結果、コレジオ（学校）や、キリスト教施設など全て灰燼（かいじん）に帰した。豊後には疫病が流行して、宗麟の前夫人（奈多氏）もこれにかかって死去したといわれる。また、宗麟も熱病に冒されていたという。彼は快復しないまま臼杵から津久見の住居へ帰ったが、病状が急変して、帰館三日後の天正十五年五月二十三日、（一説に五月六日）五十八歳で波瀾の生涯を終えた。

彼の葬儀は、キリスト教の儀式にのっとって荘厳に行われたという。墓はキリシタン墓と、仏墓の二基が津久見市内にある。宗麟の死後、秀吉による伴天連（ばてれん）（宣教師）追放令が発せられた。

上、臼杵にあるキリシタン墓（臼杵市掻懐）、下、大友宗麟のキリシタン墓（津久見市）

龍造寺隆信　りゅうぞうじたかのぶ

若き日の隆信

「分別も久しくすればねまる」

肥前の強雄、龍造寺隆信の言葉である。良い考えも実行する機会を失えば、ねまってしまうという意味で、「ねまる」は、「腐る」の方言である。熟慮、良策も機を逸すると、空慮となってしまうことがある。戦いに勝つために、思考――決断――行動というパターンの連続であった当時の状況を簡潔に表わしている。

隆信は、九州屈指の戦国猛将だが、彼は肥前佐賀（古名は佐嘉）から起こり、天文年間（一五三二～一五五四年）の後半から戦歿する天正十二年（一五八四）までの三十数年間に、肥前一円を平定し、筑前・筑後・肥後へと大きく勢力を伸ばした。その間、南北にひかえる強豪と戦う隆信にとって、積極果断の行動は各地に恐怖の旋風を巻き起こしていった。

龍造寺氏のおこりは、先祖の藤原季清、季喜（季慶）父子が近衛天皇久寿元年（一一五四）、九州で猛威を振るっていた鎮西八郎為朝追討の監使（観察官の意カ）となって下向、佐賀郡小津郷龍造寺村（佐賀市周辺）に居住し、在地有力者の高木季経の二男季家が季喜の養子に入って、龍造寺氏を名乗り祖となってからという（『龍造寺記』）。隆信は、この十九代目にあたる。

隆信の曾祖父にあたる龍造寺家兼は、龍家（龍造寺家の略称）の基礎を固め、土豪鍋島氏を世に出して今日の佐賀の土台を築いた人である。彼は剃髪して「剛忠」と号したが、天性慈悲深く家中から慕われ、龍家の家運を開いてのちに中興と仰がれた。この剛忠は、兄の十五代龍造寺家和の村中本家に対し、新たに水ケ江分家をおこした。隆信は、享禄二年（一五二九）二月十五日、剛忠の孫龍造寺周家の子として水ケ江城内の東館（佐賀市中館）において生まれ、幼名を長法師丸といった。母は村中本家の龍造寺胤和（剛忠の甥）の娘（慶誾）である。彼女は双いとこにあたる水ケ江分家の龍造寺周家に嫁いで、隆信ら三人の男子を生んだ。隆信は、少年期から既に勇武穎才の資質あり、八歳の時、侍女が読む平家物語を聞いて「自分の家は源氏か平家か」と問うた。

侍女は「ご当家は藤原氏の末裔です」と答えた。すると彼は「源平両氏と比べて藤原の武勇はどうか」と尋ねた。そこで侍女は、藤原氏歴世の武勇について語って聞かせたところ、彼は大いに喜び、壇の浦の軍物語など、たちまち覚えてしまったという。また剛忠から所望されて壇の浦合戦の項をすらすらと読み聞かせたので、剛忠はその非凡さに驚き、早くも、ただ者ではないことを感じたという。

龍造寺隆信甲冑姿画像（佐賀市、宗龍寺蔵）

剛忠は、この子を仏門に入れたなら、九族（自分を中心に祖先四代・子孫四代までの九代の親族）天に生じて、仏の果報を得るであろうと言って、周家に勧めて隆信の叔父（周家の弟）にあたる宝琳院の住職豪覚和尚の弟子として出家させた。仏道に入った彼は、円月と名づけられ、また中納言と称していたが、眼光あくまで鋭く腕力、才智あり、十二、三の頃は、すでに二十歳くらいの者と肩を並べて遜色ないほどの逞しさであったという。

円月が十五歳のころ、一緒に修業していた宝琳院の寺僧が、ある日近所の村人と喧嘩して逃げ帰り、寺の門を閉ざしていたが、村人たち数人が押しかけてきて、門をこじ開けようとしたので、円月が出てきてひとりでこれを支えようと力を入れた。ところが、力あまって門を押し倒し、村人たちの上にのしかかった。この勢いに恐れて彼らはほうほうのていで逃げ散ってしまった。こんなことが多かったので、寺の老僧や小僧をはじめ、村の者たちがしだいに円月を恐れて畏敬の念を抱くようになったという。

隆信家督後の危機

やがて彼の運命を大きく変える事件がおきる。

天文十四年（一五四五）、龍家の自立を恐れる主家小弐冬尚の謀略により、慶誾の夫周家ほか龍家の主だった親

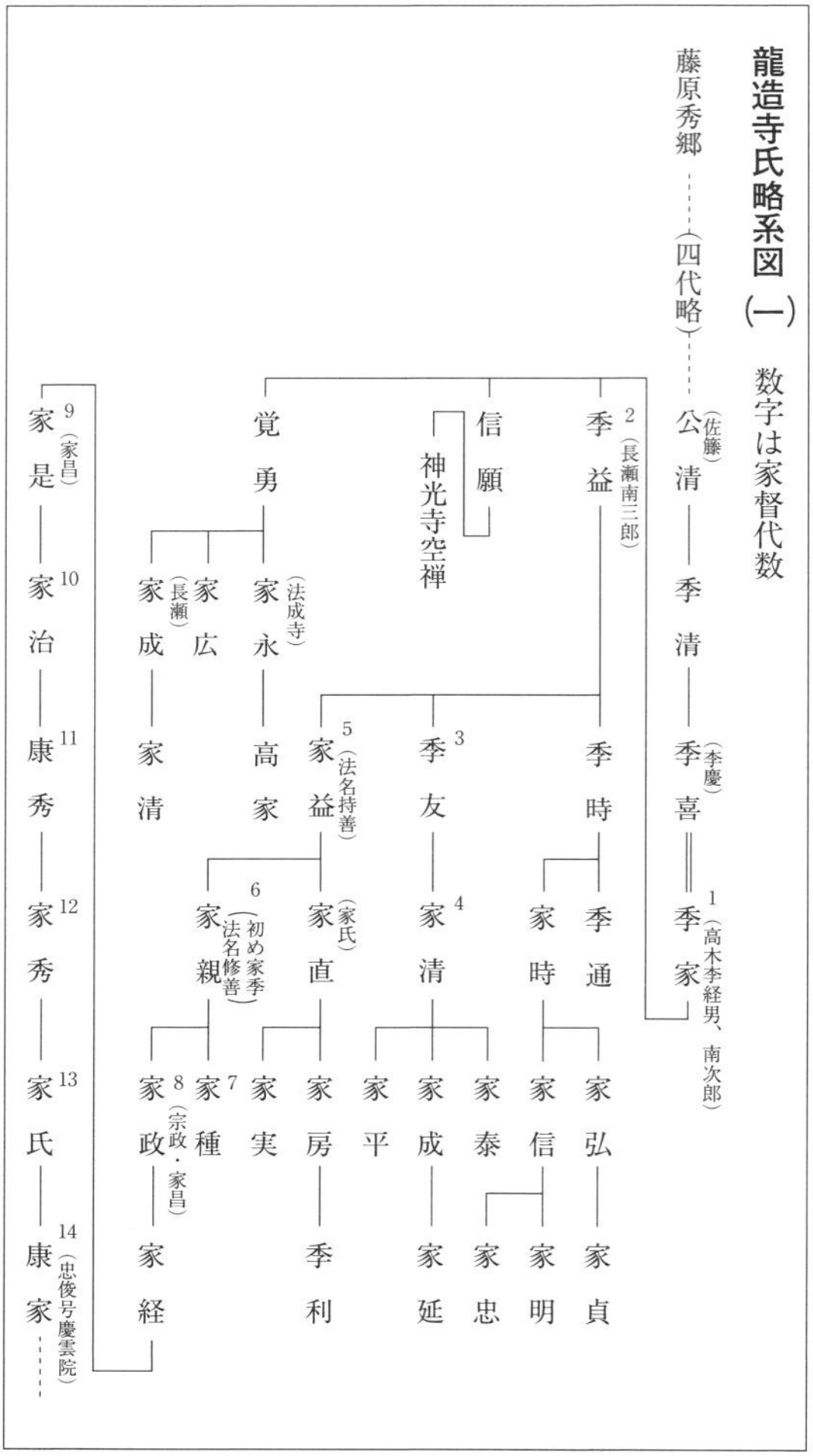

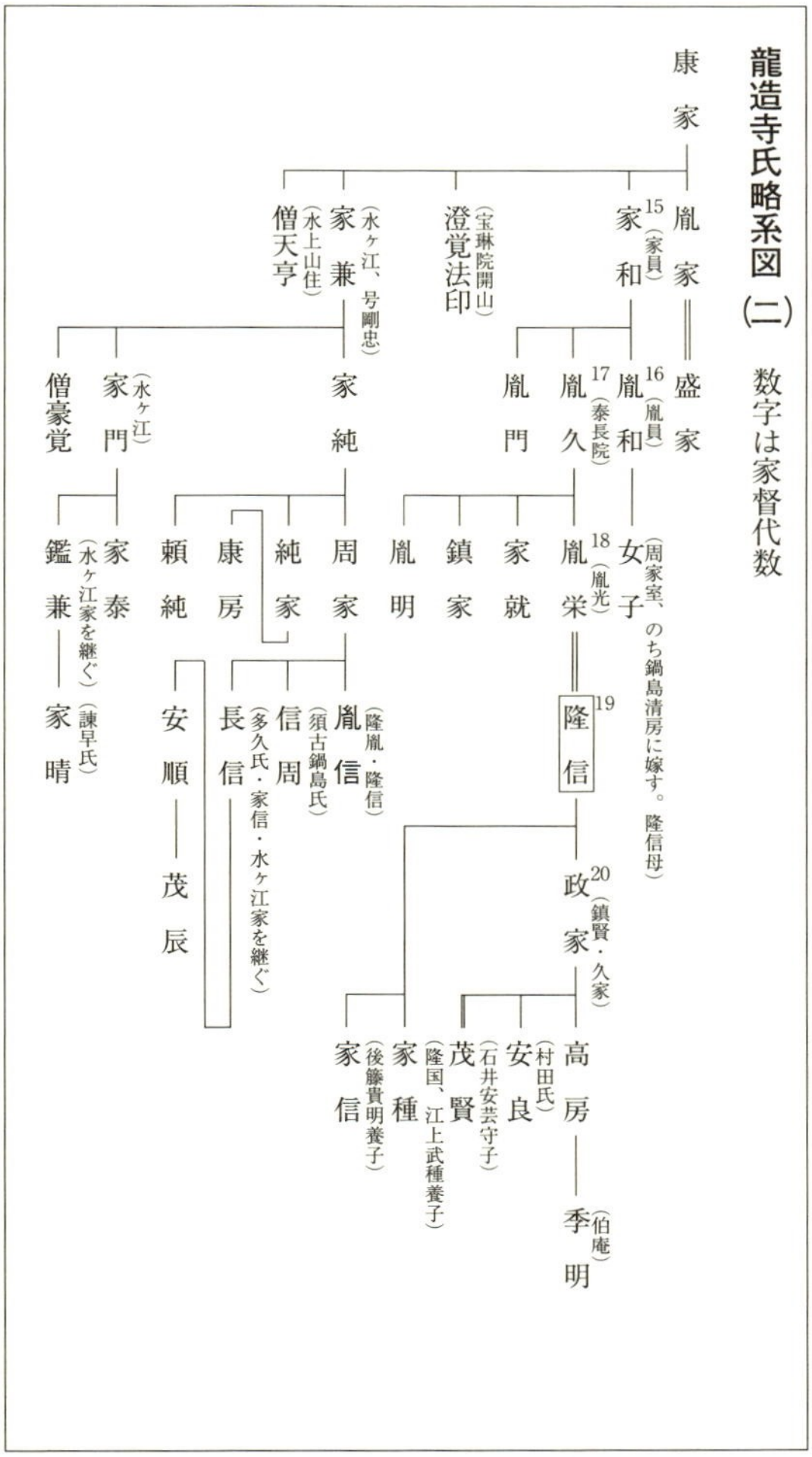

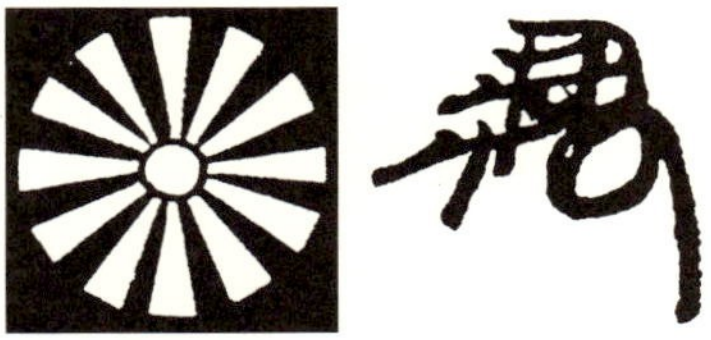

龍造寺氏家紋、十二日足、龍造寺隆信花押（右）

族たちが謀殺されるという悲運にあう。慶誾三十七歳、円月（隆信）十七歳の時である。

この事件で、隆信は父や祖父、叔父たちが戦死したので翌天文十五年、剛忠の遺命を奉じた一族老臣らの要請で還俗して分家を継ぎ、胤信（たねのぶ）と改める。だが、間もなく本家の龍造寺胤栄（たねみつ）が病死し、一女あるのみで嗣子がいなかったので、家中相談のすえ胤信を家督と決めた。

天文十七年（一説に同十八、十九年）、胤信は村中、水ケ江両家を合わせ、龍造寺家の当主となり、胤栄の未亡人を妻室にして、遺された一女安子を養女とした。

『隆信公御年譜』によれば、この時の龍家の所領は、与賀千町はじめ、合計七二三〇町、十八万五千石余であった。彼には老臣鍋島清房が後見となり、小川信安、納富信景、福地主計允らが胤信を補佐した。

胤信は、父周家らの一族を殺した少弐への恨みを忘れず、中国の雄、大内義隆に付きその一字をもらい「隆信」と名乗った。これが戦国大名龍造寺隆信の誕生であった。時に二十二歳。

天文二十年九月、それまで九州に大きな影響を与えていた周防の国主大内義隆が家臣陶晴賢の反逆によって長門（山口県）で滅びると、晴賢は豊後の大友義鎮の弟晴英を大内家の当主に迎えて大内義長と名乗らせる。

このことは九州の大内方の国人諸城主たちに大きな驚きと動揺を与えるが、豊後の大友義鎮は弟が大内家当主となったのを好機に、勢力の拡大を図って、北九州に進出し、博多掌握を目ざす。

一方、隆信の家督を喜ばぬ龍家の老臣土橋栄益は、同年九月ごろから大友に通じて隆信追放を策し、大友寄りの龍造寺鑑兼（家門の子で隆信とは双いとこ）を擁立しようとして、これに同意する神代勝利、高木鑑房、小田政光、八戸宗暘、江上武種、馬場鑑周その他の城将を糾合し、大挙して、村中城（佐賀城）に押しよせて包囲し、城からの逃げ道を塞いで連絡路を絶った。

「城中には龍造寺同名の一族、鍋島を初め、納富・小川・福地・江副・安住以下、譜代の輩相集りて取籠りしかども、中々無勢なりしかば、防ぎ戦ふべき行もなく、討ち破り通ることも叶難く、唯網に懸りし魚の如くなり。斯かりし程に、今は早隆信を初め、城中の老若男女、皆自害あるべきにぞ極まりける」（『北肥戦誌』）

隆信はじめ城内の者は、潔くこの城で自害しようと決めたが、十月二十五日、包囲の将小田政光の家臣深町理忠が、丸腰で城に入り、熱誠をもって開城を説いたので、隆信は遂にこれに従い、母慶誾、妻子、弟ら家族はじめ二百余を引きつれて同日夜、城を去ることになった。この深町理忠は後年隆信が小田の蓮池城を攻めた時、戦死する。

龍家の落人たちは、女子までが皆槍の柄を短く切って手に手に提げ、大軍包囲の中を虎の尾を踏む思いで通っていった。

『北肥戦誌』によれば、隆信一行は、そのご川副郷の井尾村（犬尾カ）から、寺井の堤津（三潴郡堤津）に着いた。一行の中から帰農する者や、他国へのがれる者などが出たため、隆信に従って来た者は半分近く減っていた。

彼らの窮状に同情した柳川（古名は柳河）城主蒲池鑑盛は、大友方であったが、「龍造寺は武門の家である。武士は相身互いである。いたわってやれよ」と言って、家臣らに命じて援助の手を差しのべ、隆信ら一行の男女百余人を領内三潴郡一木村（大川市一木）に住ませ、食糧、衣類などを贈り手厚く庇護した。隆信の曾祖父龍造寺剛忠も、かつて少弐氏に追われて筑後に落ちのび、蒲池氏の情をうけたことがあり、龍家にとって二代にわたる恩顧の地となった。

隆信は流寓中、佐賀の旧臣・土豪らと密かに連絡をとり合い、帰国の機会をうかがっていたが、二年後の天文二十二年七月二十五日、遂に一族家来を率いて一木村を発った。蒲池鑑盛は、隆信の復帰に協力して二百の援兵を出して彼の出陣を祝った。

隆信らは味方の船で鹿江（佐賀市川副町）に上陸、鹿江兼明の案内で同地の威徳寺に着陣した。かねての計画どおり、鍋島清房、小河筑後守、納富左馬助、福地長門らの譜代の重臣をはじめ、鹿江兼明、同久明の父子、石井和泉守、同石見守、同参河守、南里左衛門大夫以下の一族、そのほか村岡、副島、久米、徳久、御厨、古賀・犬塚・末次らの諸士が馳せ集まり、一千を越す軍勢となった。

隆信は、直ちに高木鑑房の討伐を進め、進撃してきた高木軍を若村（佐賀市嘉瀬町）で撃破して敗走させ、続いて弟長信に八戸の八戸宗暘を攻略させ、早くも佐賀城攻撃の態勢をとった。佐賀城を守っていた小田政光は、隆信来攻の前に自領の蓮池城（佐賀市蓮池）に撤退したので、隆信は佐賀城奪回に成功して、二年ぶりに復帰を果たした。

その後、江上武種が降伏、隆信は十月八日、蓮池城の小田政光、賢光父子を攻めて、激戦のすえ、小田父子を降した。以後小田父子は隆信の配下になる。また元兇の土橋栄益を捕えて誅殺し、栄益に擁立された水ケ江の龍造寺鑑兼の領地を没収して彼を小城（小城市）に蟄居させ、水ケ江家を弟長信に継がせた。

だが鑑兼は何といっても隆信夫人の兄であったから、彼の前非を悔いる歎願をうけて、隆信もついに罪を赦して佐賀に帰して所領を与えた。鑑兼の子家晴は、武功も多く隆信に忠貞を尽くしたので、のちに柳川城代となり、さらに諫早領主となった。

その後隆信は、勇猛ぶりを発揮し、しだいに勢力をのばして仇敵少弐氏の与党綾部・姉川・犬塚・横岳・東・江上・馬場らの諸士をつぎつぎに降し、天文から弘治、永禄年間にかけて東肥前平定の軍を進め、永禄二年（一五五九）、ついに少弐冬尚の拠る盛福（せいふく）（勢福とも書く）寺城を攻めて冬尚を自害させた。鎌倉期以来の九州の名家少弐氏はここに滅亡した。また、この勢福寺の城攻めで蓮池の小田政光は、隆信の命で出陣していたが、戦闘中、苦戦となり、本陣の隆信に救援を請うた。だが、隆信は援軍を送らずこれを見殺しにしたうえ、小田氏への猜疑心から蓮池城に兵を差し向けて一挙に攻め落としてしまった。政光の二子は筑後へ落ちのびていった。隆信の残忍さが、ようやく諸人の口にのぼるようになり、恐怖を与える。

神代勝利との抗争

この勇猛果敢な隆信を苦しめたのが、山内（さんない）の神代勝利である。山内とは、佐賀の北部を流れる川上川の上流に聳える山岳地帯をいい、佐賀・小城・神崎三郡の北方に位置し、東西七里（約三〇キロ）、南北五里（約二〇キロ）に及ぶ深山幽谷の地で、二十六の山々に囲まれた要害の地である。勝利は三瀬の本城をはじめ、十四カ所の城塞を構えて外敵に備えていた。

一方、平地とはちがい山地の戦いに不慣（ふな）れな龍造寺軍にとって、神代討伐は難渋を極めた。うかつに山地に攻め入って神出奇没の神代勢に手痛い反撃をうけて口惜しい思いをしたことがしばしばあった。

弘治三年（一五五七）、隆信の重臣小川信安は弟左近を勝利に討たれて弔合戦のため、金敷峠（かなしき）（名尾）に出陣したが、かえって勝利に討たれるという悲運が重なった。隆信は、龍家の魂ともいえる信安を失って痛憤やるかたなく、山内の情報を集めて勝利が居た谷田の城を急襲したが、勝利は峰伝いに筑前国内に遁れていた。だが、翌年、再び勝利に山内を奪回され、勝敗がつかなかった。

そのころ隆信の母慶誾は、夫周家の死後尼となり、家中から「尼御前」と呼ばれていた。彼女は、わが子隆信を励まし、時には戒め、夫亡きあとの家中をまとめて龍家の発展につとめ、隆信の将来に心をくだいていた。

弘治二年、慶誾は家臣の鍋島清房のもとへ自ら押しかけ再嫁して、人々を驚かせた。清房の亡妻は、慶誾の亡夫周家の妹であったから、清房の嫡子信昌（のぶまさ）（のちの直茂）と、隆信はいとこ同士であった。

信昌は当時十九歳であったが、智勇に秀れ、思慮分別があり、しかも仁愛の心をもった器量抜群の若者であった。慶誾には深い読みがあった。ある日、登城してきた清房に「ご辺（貴男（あなた））妻室を亡くし、さぞ寂しいことであろう。自分が相手を見つけて媒妁してあげよう」と約し、吉日を選んで慶誾は、自らが花嫁姿になって鍋島家に乗りこんで、清房や周囲を仰天させた。このことは『肥陽軍記』『普聞集』などにも記されているが、『歴代鎮西志』は、「今国家擾々トシテ定マラズ時ニ当タリテ隆信ヲ相（タス）ケテ家ヲ興ス者ハ唯（タダ）御辺ノ子左衛門太夫信昌ノミナリ。是ヲ以テ隆信、信昌兄弟ノ因ヲ結バシメンタメ我ココニ来（キタ）ルト」（原漢文）と述べている。

慶誾は、家中でいちばん信頼できる鍋島家と龍家の仲をしっかりとり結び、隆信と信昌を兄弟の関係にして、隆信の欠点を補わせて家の興隆を図ろうとしたのである。

彼女の考えは正しかった。後年、信昌は信生（のぶなり）・直茂と改名してゆくが、その間、義兄隆信を助けて龍家の勢威を内外に伸ばした。

永禄四年（一五六一）、隆信は、神代勝利と雌雄を決すべく、使者を山内に遣って勝利に、山内の入口にあたる川上において決戦することを申し入れた。勝利もこれを受けて、両者は九月十三日、川上川（川上峡）を挟んで戦闘を開始したが、勝利の軍中に裏切る者が出たため、戦況変じて神代軍は敗れ、勝利は山内に隠れたのち、隆信の追撃を恐れて大村領の波佐美（波佐見）へ落ちのびた。その後、勝利は再び旧臣らの手引で山内に復帰したが、翌永禄五年冬、隆信の老臣納富但馬守の計いで、両家は縁を結んで和睦した。

小田への謀計と今山の大勝

しかし、これは隆信の計略であった。攻防をくり返す神代への憎怒は、心底に燃えたぎり、隆信はじっと、その機会を窺っていた。

永禄八年三月十五日、龍造寺との二十年に及ぶ抗争の終末を見ないまま、神代勝利は病床につき畑瀬の城で死去した。五十五歳であった。その後、二十九歳の嫡男長良が山内の支配者となるが、勝利没後の翌月、長良の二人の子が疱瘡（天然痘）にかかって急逝するという不幸が起こる。長良夫妻は悲歎にくれ、家中は愁傷に包まれていた。この時、隆信は神代家の不幸を好機とばかり、不意に兵を差し向け、長良の居城、千布城を一気に攻め落としてしまった。長良らは筑前へ逃れ、鷲ケ岳（那珂川町）の大鶴宗周をたよった。だが、百日余りで再び山内に復帰して、本城の三瀬に入った。

一方、中国地方では大内義隆の遺臣毛利元就が、義隆を滅ぼした陶晴賢を仇敵として、討伐の機会を狙っていたが、弘治元年、安芸の厳島において陶の大軍を撃破し、晴賢を討って大勝した。また、二年後の弘治三年には、陶に擁立された大内義長（大友晴英）を長府に追いつめて自害させ、毛利の主権を内外に表明した。

隆信は、家督継嗣いらい、一族を謀殺した少弐、それを後押しする大友への反抗姿勢をとり、遂に少弐を滅亡させたが、一方、防・長両国で勢威を伸ばす毛利元就に通じて大友義鎮（宗麟）に対抗する。

その間、隆信は国内の反抗分子らを亡ぼし、あるいは家を乗っ奪(と)るなど容赦なく武力をもって制圧し、凄まじい殺戮(さつりく)に明けくれ、近隣を凍らせて恐怖を与え、また反感を抱かせる。なかでも、蓮池の小田鎮光、賢光兄弟は、隆信に追われて一時、筑後に落ちていたが、その後とりなす者があって帰参を許され、再び蓮池城に戻ってきた。小田兄弟は勇猛な武将であったから、隆信は味方の戦力にしたかった。永禄五年、隆信は義理の娘安子を政略に利用して鎮光に嫁がせる。以来、小田夫婦は蓮池で仲睦しく幼児と暮らしていた。ところが永禄十一年、鎮光は突然、隆信から多久（多久市）への移住を命じられた。安子の歎願も聞き入れられず、一家は永年住み慣れた蓮池を去り、多久へ移っていった。父祖の地を奪われた小田鎮光の恨みは、炎のように彼の胸中に燃えさかっていたであろう。

元亀元年（一五七〇）三月、九州一の勢力を誇る大友宗麟（義鎮は永禄五年、宗麟と号す）は、肥前で反抗をくり返す龍造寺隆信を討つため、自身高良山に本陣を置き、戸次・臼杵・吉弘らの部将たちに、三万の軍勢をもって肥前に攻め入らせ、佐賀城を包囲した。隆信を恨む小田鎮光、賢光兄弟は真っ先に大友軍に参加し、また筑紫・神代・馬場・犬塚・横岳らの東肥前の国人領主や、西部の有馬・西郷・大村・松浦党の諸氏も加わり、大友方の軍勢は膨れあがり山野に充満した。

一方、佐賀城に籠城する龍造寺軍は、大将隆信はじめ鍋島信昌（直茂）や、一族家臣、味方を合わせて五千余に過ぎず、大友軍とは比較にならぬ小勢であった。……和睦して開城か、それとも城を死守して戦うべきか。隆信は苦慮するが、信昌の決死の進言と、母慶誾の励ましによって、十死一生の覚悟で戦うことを決意する。

同年八月二十日夜、鍋島信昌が率いる龍造寺勢は、密かに城を発って北へ向かい、未明、宗麟の名代、大友八郎親貞が布陣する今山（佐賀市大和町）の敵本陣を襲い、大将親貞を討ちとって大勝し、大友軍を敗走させた。敗戦した小田鎮光らは、筑後へ落ちのびた。

信昌は、この戦勝を記念して、大友家の家紋「翹葉（ぎようよう）紋」を自家の紋として使うようになり、それまでの家紋「剣花菱」を替え紋として使用したという。

今山古戦場跡の大友大明神の供養碑（佐賀市大和町）

この戦いは隆信にとって、織田信長が今川義元を敗死させた桶狭間や、毛利元就が陶晴賢を討った厳島合戦にも匹敵する家の興亡を賭けた記念すべき一戦であった。現在、今山古戦場付近はミカン畑がつづき、本陣跡には「大友大明神」と刻まれた供養碑が建っている。

肥前から筑後、筑前へ

その後、隆信は勢いを強めて、杵島郡武雄の後藤・須古の平井らを降し、神埼郡の江上武種と和して、隆信の次男を養子に入れて江上家種と名のらせ、江上の所領二千五百町を手に入れた。

一方、筑後へ落去していた隆信の女婿小田鎮光と、弟賢光兄弟を彼は謀略をもって佐賀に誘きよせ、騙し討ちにして女（むすめ）安子を悲歎させる。安子は、のちに隆信の政略によって、唐津の波多三河守鎮（しげし）のもとに再嫁させられる。

また、龍家と永年抗争を続けてきた山内の神代氏とは、鍋島信昌の働きで和議が成立。信昌の甥犬法師を長良の養子にして、神代家良と名のらせ、鍋島の血族によって継承される。このとき神代側は、佐賀中部の所領五百町を隆信に返還したという（『神代家伝記』）。

隆信は、天正三年（一五七五）初め、平井経治の居城だった杵島郡須古城を接収し、自分の隠居城に改築していたが、同十二月ごろ完成した。隠居城とは名目で彼の勢力拡大の拠点にする城であった。

こうして肥前一円の平定にのり出した隆信は、まず東部の筑紫・横武・馬場らを降し、東松浦の草野や怡土（いと）の原田らを従え、西部の鶴田・波多・有田・伊万里・西郷・松浦・大村・有馬らに降礼をとらせ、天正六年春ごろまでには、ほぼ肥前国内を平定した。

天正六年十月、豊後の大友宗麟・義統父子は、日向中央部に進出してきた薩摩の島津義久を討つため、三万の大軍を南下させる。大友軍は、宮崎平野へ向かって進撃したが、かえって島津の猛反撃にあって大敗し、北へ敗走中、耳川付近で追撃をうけて、さらに多くの犠牲者を出して豊後へ敗退した。世に「耳川の戦い」といわれる豊薩分け目の合戦後、さしもの大友氏は衰退し、逆に薩南の雄島津義久の勢いが強大となって、九州の勢力図を塗りかえる。

一方、龍造寺隆信もまた、肥前一円を平定後、急速に勢力を伸ばし、大友敗戦の好機をとらえて筑後へ出兵。高良山座主をはじめ、蒲池鎮並（波・漣とも書く＝柳川城主）、田尻鑑種（山門郡鷹尾城主）の有力領主を味方につけて兵を進め、三潴郡の酒見・城島・安武・草野・堤・西牟田らを降し、生葉（浮羽）郡に攻め入り星野・黒木・河崎らの諸城を攻略。さらに大友方の上妻郡山下城主蒲池鑑広や、三池・邊春（へばる）、和仁（わに）らを討ってほぼ筑後一円を掌握した。隆信は、つづいて肥後北部へ侵攻して大津山・小代・永野・赤星・隈部・城らを慴伏させるなど他国にも猛威を振るい、南の島津とともに九州の二大勢力を形成しつつあった。

天正八年、隆信は鋒先を転じて筑前に出兵。龍造寺軍は、三瀬の険を越えて早良郡に侵攻、大友方の荒平（安楽平とも書く）、鷲ヶ岳等の諸城を攻め落とした。既に筑前最大の秋月種実（古処山城主）も、隆信に誼を通じて、筑紫広門（勝尾城主）と連合して宝満・岩屋・立花などの大友諸城に攻勢をかけていた。

この年、隆信は筑紫広門の仲介で筑前立花城督の立花道雪（本名戸次鑑連）と和議を結んだ。『北肥戦誌』によれば、この時、筑前十五郡を二つに分け、東北六郡を大友領とし、西南九郡を龍造寺領と定めたとある。衰運の大友方では、旭日の勢いにのる隆信との和平には、領地割譲の条件も呑まざるを得なかった思われる。

七月半ば、隆信は博多湾にのぞむ生の松原（福岡市西区）において、絶景を賞しながら酒宴を催した。このとき怡土（糸島郡）の原田隆種（了栄＝高祖城主）が、孫の信種を伴い、草野鎮永（了栄の三男＝鬼ヶ城主）とともに、酒肴をもって参賀に来たので、隆信は喜悦して義弟鍋島信昌らと大いに興じたという（『北肥戦誌』）。

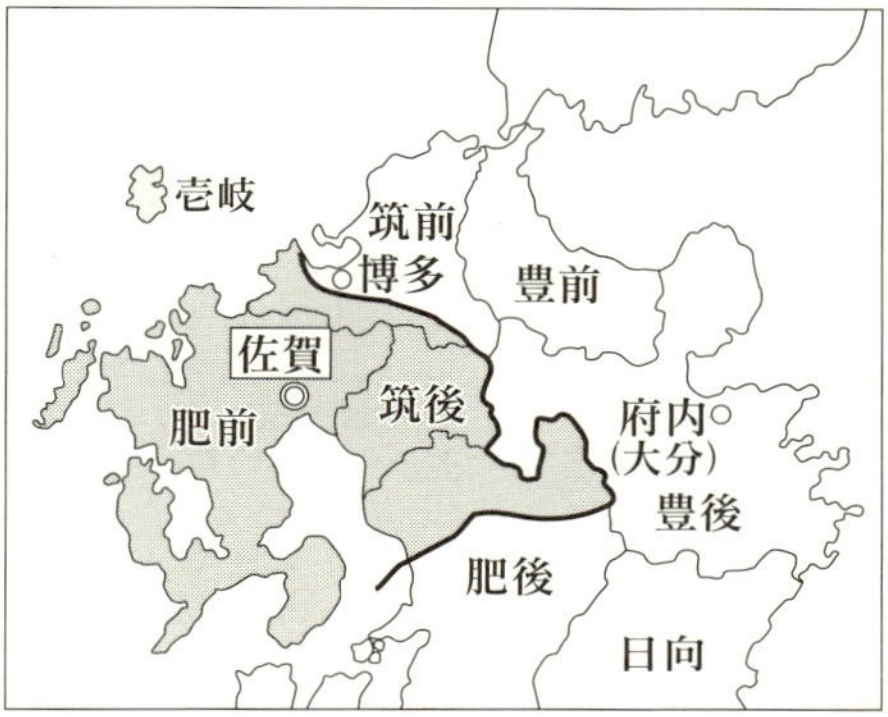

天正６年（1578）から天正11年までの龍造寺氏の最盛期の勢力図

隆信が佐賀城を嫡子政家に譲り須古に隠居した時期については『肥陽軍記』『普聞集』などは天正八年とし、『隆信公御年譜』『歴代鎮西志』などは同九年としていて一定しないが、隠居とは名のみで実権はいぜんとして彼が握っていた。

この頃から隆信の全盛期に入り、肥後への進出を果たした彼は「五州の大守」と称された。富と権力を得た隆信は酒色の生活を享楽するようになり、戦いは義弟の鍋島信昌や部将たちにまかせて、自分は管絃、猿楽などをして楽しんだ。また平井氏時代の「須古おどり」を復活させて城中で踊らせて興じたという。彼の人生は征服欲と驕りの両極にあった。

蒲池謀殺と島津との対立

天正九年、隆信に反感をもつ柳川の蒲池鎮並が島津に通じて謀反を起こした。隆信は計略をもって鎮並を佐賀に誘きよせ、従者もろとも謀殺してしまった。『北肥戦誌』は、「この時柳川勢の討死百七十三人」と記している。

当時の宣教師ルイス・フロイスは、隆信の蒲池謀殺事件について、「隆信は鎮並の前に、大村純忠（教名ドン・バルトロメウ）を佐賀に呼んで、その一行五百人余に多大の名誉や歓待を施した。これは次に呼ぶ鎮並を安心させるためであった。鎮並はこれを信用して隆信の求めに応じて佐賀行きを決心した」と記している。

その後、隆信は柳川周辺の蒲池一族を討伐して、龍造寺家晴を柳川城の城代として守らせた。

彼は、大恩ある蒲池氏を滅ぼしたが、筑後国内では蒲池への同情とともに、残忍な隆信への怨嗟の声があがり、民心はしだいに離れていった。翌天正十年には、それまで筑後の最大協力者であった田尻鑑種も隆信に反抗して挙兵、一年有余籠城して佐賀の大軍と戦うが、武門の家田尻家の滅亡を惜しむ鍋島信昌の働きかけで和睦する。

また、これと前後して上妻郡木屋の猫尾城主黒木家永や、同郡邊春城主の邊春紹真、三瀦郡蒲船津城主の蒲池益種らが龍造寺に反旗を挙げたが、結局は和を請うて降り、または討たれて落城する。

その頃、薩摩の島津義久は、耳川戦後、勢力を強め弟義弘らをもって肥後へ進攻させ、大友、龍造寺の諸城を攻略していた。そのため肥後中南部の相良・阿蘇・甲斐らの有力領主らは島津軍と戦ったが、天正十年秋ごろには、この方面の諸士の多くが島津の軍門に降った。

一方、隆信も子政家をして肥・筑の軍勢三万余をもって出陣させ龍造寺軍は肥後南関に本営を置き、玉名、合志、高瀬・山鹿の周辺に布陣して島津に対抗する。

同年九月二十九日、隆信は与賀ノ宮（佐賀市）に参詣したが、その時、注連(しめ)縄竹が折れかかった。不吉と側近の者たちは心配したが隆信は、「日も暮るる齢も暮るる世の中に心まかせに有竹の宮」と詠んで竹が折れかかったのはごく自然のことであると悠然としていた（『歴代鎮西志』）。肥後国内の風雲は急を告げ、島津、龍造寺両軍は南北を挟んで睨みあう。

しかし、両者の危機は筑前の秋月種実の仲介によって回避された。島津の部将上井覚兼が記した『上井覚兼日記』の天正十一年十月九日の条に、「秋月（種実）中媒にて龍造寺と和平之儀被申候、去春夏已来度々懸引共候、彼是御損もなき事にて候間、先々秋月殿中媒のことく無事可然被思召候」とあり、同廿二日の条に「龍造寺と和平の儀被仰組上者、無用之由相定候」と記されているので、この間に和議が成立したと推測される。

文中の「組上者、無用之由相定候」とは、島原半島の有馬鎮貴（晴信）から隆信との手切れによる援助要請に対して、龍造寺との和議成立で有馬への赴援は行わないことになったという意味である。

龍造寺政家の妻は有馬家の出であるが、晴信は、もともと有馬家の所領だった藤津・杵島（きしま）・彼杵（そのき）の三郡の土地を隆信に奪われ高来一郡のみに縮小させられた父祖の恨みを忘れず、旧領奪回を図って、島津に付いて離反する。『上井覚兼日記』の記述は、翌年起きる沖田畷戦の伏線をなすものであった。

島、龍和議の結果、高瀬川を境に島津はその東南、龍造寺は西北を領界と定め、両家による肥後分割の領有が決まった。だが、隆信は島津と一戦もせずに講和したことを喜ばず政家の弱腰に立腹したという。このような状況の中で、隆信はまたも残虐非道な磔刑（たく）（はりつけ）を行って新付の諸将や民衆の怒りをかう。

赤星兄妹の処刑と怒り

彼は、肥後の赤星統家に佐賀への参礼を命じたが、統家が参上を渋ったことを怒り、反心ありとみて見せしめのため質として預かっていた赤星の子、新六郎十四歳と、八歳の娘の兄妹を、肥後と筑後の境、竹の井原（みやま市高田竹飯）に引きずり出して、はたもの（磔）にかけて虐殺した。

新六郎は処刑の前に、立会いの武士に「自分の故郷はどの方角か」と尋ねた。武士は「これより南の方だ」と教えてやった。

新六郎はじっとその方向に目をやっていたが、やがて「わが面（おもて）西にな向けぞ赤星の親に後（うしろ）を見せじと思へば」と一首を詠じて妹とともに刑を受けた。故郷の両親に、せめて最期だけは背を向けずに故郷の方に向いて死んでゆきたい。という意味だが、命に背いた見せしめといっても、あまりにも残忍極まる暴挙であった。これを見聞した人たちは涙を流して同情したという。隆信の非道な行為に、新付の諸将は動揺し、多くの民衆が慟哭、憤激したのは当然であった。『筑後将士軍談』には、二子を殺された赤星の怒りを次のように記している。「赤星是ヲ聞ヨリモ、忿怒ノ気天ヲ衝キ、悲歎の涙血ヲ注キ、歩跣ニテカケ出シ、八代ニ至テ嶋津ニ見エ、シカジカノ次第ヲ語リ出テ、且ハ悲ミ且ハ怒リ、隆信討テ玉ハレト一同ニコソ頼ミケレ」。

赤星はこれ以後、島津の幕下となり、龍造寺への報復を誓うようになる。

隆信は、さらに筑後高良山の大祝職鏡山安実の叛心を怒り、人質の若い妻女を高良山麓の川辺で磔殺するなど残虐を重ねた。

鍋島信生（信昌から信生と改名）は、人望を失ってゆく義兄隆信に対して、「このような残酷な刑罰を続ければ諸人が自然と離れてゆき、ひいては家の滅亡にもなりかねません」と言って、しばしば諫言した（『歴代鎮西志』）。しかし隆信は、信生の直諫にも耳をかさずかえって彼を煙たがり、筑後・肥後の押さえと称して柳川に移してしまう。

島原出陣と沖田畷の敗戦

天正十二年三月十八日、隆信は島津に走った有馬晴信を討つため、須古の居城を出発した。

彼は前年、晴信の変心を怒り、嫡子政家に有馬征伐を命じたが、戦の相手がなにしろ妻の実家であり、政家の鋒先もついつい鈍り、一向に成果があがらず隆信を苛立たせた。隆信は、はっきりしない息子の優柔不断さに声を荒げて「婦家のため戦に手加減するなど、武将にあるまじき振舞」と立腹し、遂に政家に代わって自らの出陣となったのである。この時、鍋島信生は柳川城から駆けつけて隆信に、大将自らの出陣を思い止まらせようと諫めるが、隆信はこれを聞かず、やむなく従うほかはなかった。かくて隆信は、肥前・筑後の軍勢三万余を率いて島原半島北端の神代海岸に上陸。三会村に進んで、三日間滞陣して作戦を練った。

『隆信公御年譜』には、全軍を山手・中央・浜手の三方から進撃させ、鍋島信生を中央に、二男江上家種、三男後藤家信を浜手に、そして隆信自ら旗本を率いて山手を進むことを決めたとある。

龍造寺軍はそのまま南下して、二十三日には島原近郊に達した。隆信は有馬の防衛線、島原を一挙に踏み潰して奥地の有馬へ攻めこもうとしていた。

一方、島津義久は有馬晴信からの救援要請をうけて、末弟家久を救援軍の大将として三千の精鋭を派遣したが、この中には隆信に二人の子を殺された肥後の赤星統家の一党も加わっていた。

だが、島津・有馬両軍合わせても兵数は約六千。龍造寺の兵力はその五倍である。そこで作戦が練られ、平野を避け、大軍の力を発揮できない場所に誘いこむことになった。その条件に適した場所が「沖田畷」であった。当時の島原は、前山（眉山）の山麓から海までの約三キロは沼沢が多く、葦が茂った湿地帯で、その中央を細い道が海岸に沿って長く続いていたという。

島原市沖田畷の龍造寺隆信戦死跡の碑

隆信は、鉄砲千挺、槍、刀、弓矢、大鉄砲（大砲）を備えた八千の軍を中核にして、自ら旗本を率いて山手から攻めることにしていたが、合戦当日の未明、突然、陣替えして中道の鍋島信生と入れ替わったため、各陣中は騒がしく動揺した。

三月二十四日早朝、隆信は全軍に進撃を命じた。有馬の前衛拠点、森岳城を破って一気に有馬へ押し寄せるつもりであった。ところが、隆信の先鋒太田兵衛の隊が森岳付近にきた時、島津の旗印が動くのを見て驚くが、既に島津軍は布陣を終えて待ち伏せしていた。だが、これを敵斥候の小勢と思い、そのまま物見も出さずに銃撃して進み、引き退く島津勢を蹴散らしながら中道の柴垣目ざして殺到した。

島津得意の「釣野伏（つりのぶせ）」の戦法とは知らず龍造寺の軍勢は、次から次に狭い道に押し出されていた。そこを狙って島津の銃弾が浴びせられ、先鋒の太田兵衛の隊が全滅状態となり、隊将太田も頭を打ち抜かれて戦死。助けようとする二陣も道が狭くて素早く動けない。

そこへ後続が押しあげてきて退くこともできず島津・有馬両軍の激しい銃撃の標的となって、たちまちパニック状態になった。

隆信は、こんな味方の惨状を知らず、進まぬ隊列に立腹し、側近を遣って様子を見させたが、その使者が「先手が進まぬので、後陣が閊えて大将がご立腹である。ただ、しゃにむに前進されよ」と触れ廻ったので、先陣の諸将はいきり立ち、一挙に死を決めて兵を叱咤して突き進み、自ら敵弾を浴びて倒れていった。

やがて決死の島津軍は一斉に抜刀して龍造寺軍に襲いかかった。この中には赤装束に縄襷をかけた肥後の赤星統家らの一団があった。

龍造寺軍はしだいに苦戦に陥り、戦況を不利にした。島津方は、さらに新納・伊集院の両将率いる二千の伏兵をもつて横間から襲撃したので、龍造寺の将兵は収拾のつかぬ大混乱におち入り、敗走に移った。

「此外龍造寺の士卒に中道へ向かひし者、凡そ生きて帰るは稀なりけり。されば其死骸、或は泥土に觸れ或は野径に横たわり、算を乱すに異ならず」（『北肥戦誌』）とあり、隆信の旗本もすでに敗れ、山手の鍋島勢も崩れて離散、浜手とともに三方、全て島津、有馬の連合軍に断たれて大敗した。

隆信の最期と遺書

『陰徳太平記』には、隆信の四天王のひとり成松遠江守は部下を指揮して隆信を守っていたが、群がる敵を支えきれず敵刃を受けて戦死。危険とみた側近のすすめで畦道伝いにのがれたが、農家の庭先に馬を乗り入れ、まごついているところを島津の部将川上左京亮忠堅が追いつき、馬上の隆信に姓名を名乗って一瞬早く下から隆信の脛を斬り払ったので、彼はどうっと馬から落ちた。そこへ島津の兵が群がるようにして首を奪った。と記されている。

また『鹿児島外史』（原漢文）の記述では、「川上左京亮忠堅、死士を募り敵軍に入り切に隆信を索む。已にして紫鎧擐き金箭を負う大将百余騎を繞らし疾く遁れ行くを見て而して之を尾す。隆信馬逸駭及ぶこと克たず（中略）忠堅槍を以て隆信が髀を刺し竟に之を馘す」とある。

一方、『肥陽軍記』は、隆信はすでに運命極まったことを覚悟して鎧の上に袈裟をかけ、床机に腰をかけていたところ、薩将川上左京亮が近づき、隆信に「如何なるか是劔刃上の一句」と禅学の考案を投げた。隆信は即座に「紅爐上一点の雪」と返して、静かに首を与えた。と述べている。ところが、宣教師ルイス・フロイスの書簡には、隆信は肥満体であったため、馬には乗れず六人舁の駕籠に乗って指揮していたと伝えていて両説に分かれる。

隆信の最期は、あっけないものだった。およそ戦国大名で戦場で首をとられたのは、今川義元と、この龍造寺隆信ぐらいであろう。隆信、時に五十六歳。その時刻は午後二時ごろだったという。

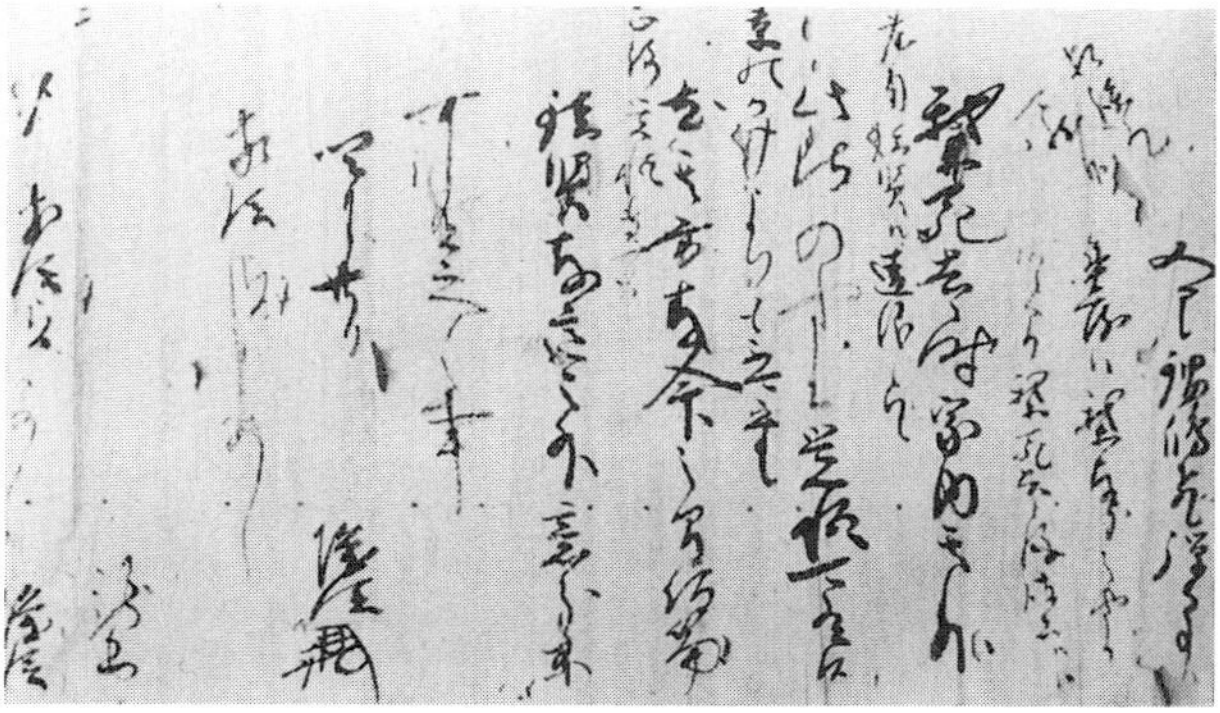

龍造寺隆信遺言状（武雄市教育委員会所蔵）

フロイスは「沖田畷より三キロに至る平野に二千を超す屍あり」と報告している。仏門の出でありながら武を好み、慈悲の心を忘れた隆信には、驕と征服欲だけが彼の心を満たしていたと思われる。民衆への思いやりもなく、「肥前の熊」と恐れられた彼は、多くの国人領主たちを残忍な手段で次から次に抹殺し、大恩ある蒲池氏を滅ぼし、罪もない肥後の赤星の子らを磔殺するなど、諸人の恨みをかい信望を失っていった。武力にたよる戦国とはいえ、仁愛のない非道な国主は民衆に見放されて自滅するしかない。隆信は、そのいい例であろう。

だが、彼の暴戻も義弟鍋島信生（直茂）によって、幾分緩和されたことがせめてもの救いであったろう。

隆信には訓戒を含めた次の遺書がある。この遺書は彼が戦死する四、五年前に書いたもので、天正八、九年ごろ須古城に隠居してからのものと考えられるが、三男で後藤家の養子になった後藤家信に宛てたものである（『武雄鍋島文書』）。

龍造寺隆信の墓（佐賀市本庄町、高伝寺）

我等死去之時、家内其の外此の比のやうに覚悟有る可く候、尤も其の方存命之間、何扁鎮賢（政家）存意之外、意分之れ有る可からざる候之事、
又申し候、鍋島飛騨守（信生＝直茂）事、卒度は我等存分之やうに候之間、我等死去之後彼の者え相談候て然る可く候、莵角鎮賢え違ふ儀候はば、草のかげよりも、守るべからず候、正路覚悟専一に候

四月二十日　　　　隆信（花押）

家信まいる

文意は、自分が死んでも家内や家来たちまで、日ごろ元気な時と変わらない覚悟を持ちつづけることが大事である。つまり主人がいつ死んだとしても、決して慌てることなくふだんと何ら変わったことはない。其の方（家信）が存命の間は、何にしても兄鎮賢（政家）の存意にまかせ、異心を抱くようなことがあってはならぬ。と諭し、返し文には、鍋島飛騨守（信生）も内心はわれらと同じ考えのようであるから、自分の死後のことは、信生に相談せよ。ともかく当主である鎮賢の命に反するようなことがあれば、草場の蔭からも守りはしないぞ。正しい心がけの覚悟こそいちばん大切である。と記している。

この中で、「我ら死去の時、家内その外、この比のように覚悟あるべく候」は、人生に自信がないと言えぬ言葉であり、生死の危機を経験した者が到達し得た境地であったろう。隆信は名将ではなかったが、やはり屈指の勇将であったことはまちがいない。

彼の首は、島津義久の本営に送られ、首実検後、高瀬（玉名市）の願行寺に葬られたが、その後佐賀の高伝寺（本庄町）に改葬されている。

戸次鑑連　べっきあきつら

知勇の将器

戸次（へつぎとも読む）氏は、中世の豊後（大分県）守護であった大友氏の一族である。一族の中でも古い分かれで、大友家二代親秀の子、重秀を祖とし、大分郡戸次庄（大分市）の地頭職となり、同地に住したことから、戸次氏を称するようになった。

代々、豊後大野市大野町と、大分市（旧野津原町）の境に聳える鎧ヶ岳城主として、宗家の大友氏に仕えてきた。鎧ヶ岳城は、峻険な山頂（八五九メートル）にあったので、日常の居館は南麓の藤北にあった「藤北館」で居住した。

鎧ヶ岳山頂（大分県大野郡）

戦国の争乱が激しさを増す永正十年（一五一三）三月十七日、この館で男子が誕生した。父は、戸次常陸介親家、母は、由布家の出である正光院である。

子に恵まれなかった夫婦は、男子出生を由原八幡宮に祈願し、その甲斐あって生まれたので「八幡丸」と名づけられた。だが、母の正光院は八幡丸を生んだ翌年夏、この世を去った。母の命と引きかえに生まれてきたような赤子は、頭や眼が大きく、尋常ではない容貌をしていたという。

八幡丸は、幼時から物おじせず、気性が激しかったと伝えられるが、少年期になって孫次郎と称した。

大永六（一五二六）年三月、孫次郎は十四歳で元服、主家大友義鑑の一字をもらい「鑑連」と名乗り「伯耆守」と称した。

その後、間もなく鑑連は、主君義鑑の命で敵対する大内方の城を攻めるため、家中の武士たちを率いて豊前へ出陣した。彼は、この時、頑強に抵抗する敵城を攻略して、早くも武略の才を發揮した。鑑連は、少年時から将器が備わり、知勇に秀れ、十四歳で初陣の功を立てた後も、主家のため戸次勢を率いて敵地へ出陣して戦った。

この年四月、父親家が四十九歳で死去すると、家督を継ぎ、当主となった。彼は、のちに丹後守、紀伊入道・麟白軒・道雪などと称し、戸次鑑連、戸次道雪の名で知られた。後年には「立花」の姓を名乗るようになる。

天文十九年（一五五〇）、豊後の守護大友義鑑は、側室の子塩市丸をかわいがり、嫡子義鎮（後の宗麟）を廃して、塩市丸に家督を譲ろうとした。だが、これに反対する義鎮派の家臣に襲われ、同年二月一日、塩市丸や、その母の側室らは、府内（大分市）の大友館において殺害され、義鑑もまた重傷を負い、二日後に息を引きとった。世に、「大友二階崩れ」といわれるこの事件は、義鎮が大友家の当主の座を獲得するにあたり最大の内紛であり、試練であった。

この時、義鎮は素早く戸次鑑連、斎藤鎮実らの有力部将に命じて、重臣入田親誠らの塩市丸派を粛清して国内の動揺を封じた。時に、義鎮二十一歳。鑑連三十八歳であった。

翌天文二十年九月、それまで北九州に勢威を振ってきた中国の雄、大内義隆が家臣陶晴賢に滅ぼされると、大内氏に従っていた筑前・豊前・肥前などの国人たちは、いっせいに大友氏になびいてきた。

同二十三年十一月、戸次鑑連は義鎮の命で肥後で反抗する菊池義武を討伐して、肥後経略に活躍、大友家の武威を耀かせた。

義鎮は、大内義隆の死によって、それまで大内氏に奪われていた失地を回復し、勢威をのばす。この間、鑑連は義鎮の腹心となり、また最有力部将として、義鎮を支え、内外の難局に対処して粉骨の働きをした。

そのころ大友家には、吉岡長増、戸次鑑連、志賀親守、一万田鑑実、吉弘鑑理、臼杵鑑速らの智勇の良将多く、人材に恵まれていた。とくに戸次・臼杵・吉弘の三将は「豊州三老」と呼ばれて大友家の代表的部将であった。彼らは加判衆（国政に参与する家臣団の最高クラス）であり、国主義鎮を補佐し、また地域を管轄する「方分」として、軍事、行政面を担当した。これら大友庶子家の出身である重臣たちが、協力しあって主家を守り立てたので、大友家の勢力は強大となった。

鑑連の誠忠

永禄二年（一五五九）、大友義鎮は、九州六カ国の守護となり、さらに「九州探題職」に任ぜられ、名実ともに九州一の戦国大名となった。

戸次鑑連（立花道雪）画像（柳川市福厳寺蔵）

この大友家を支えた老臣たちの中で、鑑連の活躍は常に目ざましかった。一方、当主義鎮は九州の覇者となってから驕りが生じ、政務に倦き、金を惜しまず諸方から美女を召しよせ歌舞遊宴に溺れていた。

彼は、御殿の奥から出ようともしなかったので、伺候してくる老臣たちも主君に会えずに仕方なく退出してくる始末であった。この時、鑑連は一計を案じ、京都から美しい白拍子（踊り子）たちを呼びよせ、日夜酒宴を開いて派手に振舞った。勇将戸次鑑連の遊びが評判となり、たちまち義鎮の殿中にも聞こえた。

義鎮は、「あの武骨者の鑑連が、これはまたふしぎなことよ。どんな踊りか、ぜひ見たいものだ」と言って使者をやって所望した。

鑑連は、さっそく踊り子たちを引きつれて登城し、「三ツ拍子」という舞いを義鎮の御前で踊らせたので、義鎮は非常に喜んだ。

さて舞いが終わると、鑑連は容を正して「遊興を止め、武備を図り有為な人材を登用して国政に精励されるように」と、熱誠をもって諫言した。

さすがの義鎮も鑑連の誠忠に感じて、それからは重臣たちと会い、政務に身を入れるようになったという。現在、大分県無形文化財になっている郷土芸能「鶴崎踊り」は、鑑連が上方から呼んだ白拍子たちの踊りが起源になったといわれる。

鑑連の活躍は、その後の対毛利戦においても遺憾なく発揮された。

安芸（広島県）郡山城主、毛利元就は、亡主大内義隆の仇敵陶晴賢を討ったのち、防・長両国を平定しながら、大内の後継者として勢力を伸ばし、内外に実力を示す。その後、毛利氏は、北九州の拠点門司城を確保して、九州最強の大友氏と同城をめぐり奪ったり奪られたりの争奪戦をくり返す。

永禄四年、大友義鎮は、北九州から毛利勢力を一掃するため、門司城に対して大規模な攻勢に転じた。大友の将戸次鑑連は、吉弘・臼杵・斎藤らの諸将とともに、二万余の大友軍を率いて豊前に入り、小倉から大里（門司区）に進んで門司城攻撃の態勢をとった。

これに対して毛利軍は、小早川隆景の水軍を主力とする一万八千余で門司城を援けるため早鞆の瀬戸を往来、両軍は死力を尽くして争奪戦を展開した。

『陰徳太平記』によれば、鑑連は徒武者の中から八百人を選り、弓を持たせて一矢ごとに、「参らせ候戸次伯耆守」と朱書させ、敵陣目がけて発射させた。八百丁の弓矢は、唸りを生じて飛来し、雨のように降り注いだので、毛利の将兵は進退自由にならず、恐怖におちいったという。

だが、地利に優る毛利軍は、補給路の長い大友軍の不利を突いて、輸送船を襲撃したり、海上封鎖を強めたので、鑑連らの陸上での奮戦も奏効せず、一時攻撃を断念し、豊後へ撤退した。

勇将鑑連の活躍

永禄五年、義鎮は入道して「宗麟（そうりん）」と号した。翌六年正月、将軍足利義輝（あしかがよしてる）は、大友・毛利両者の和平斡旋のため、使者を派遣したが、とくに大友の将戸次鑑連には書状をもって主人宗麟への説得を依頼している。幕威衰えたりといえども、格式を重んじる幕府の将軍が、じきじき大名の家来に和平への斡旋をたのむことなど異例であり、当時、大友家を代表する部将として、鑑連の存在がいかに大きかったかがわかる。

鑑連は、将軍の意を体し、主人宗麟に数カ条にわたって諫言したという（『大友興廃記』）。

こうして大友・毛利両者間に和議が実現、しばらくの間、休戦状態になった。だが、永禄十年から同十二年にかけて、筑前国内の高橋鑑種・原田親種・秋月種実・筑紫惟門・立花鑑載（あきとし）・宗像氏貞や、肥前佐賀の龍造寺隆信らの反大友勢力は、毛利元就の支援をうけて、一斉に蜂起した。

この筑前擾乱（じょうらん）は、下手をすると大友家の命とりにもなりかねない危険を孕（はら）んでいた。

この時、鑑連は軍将のひとりとして大友軍を率いて出陣。これら毛利派の国人領主や叛将たちの討伐にあたり、要害の立花城を攻め落として城主立花鑑載を自害させ、また諸軍とともに、宝満山城（太宰府市）の高橋鑑種をせめて孤立させた。その後、彼は宗麟の命で、筑後に駐留したが、間もなく大友に反抗する肥前の龍造寺隆信と戦うなど多くの戦陣を往来した。

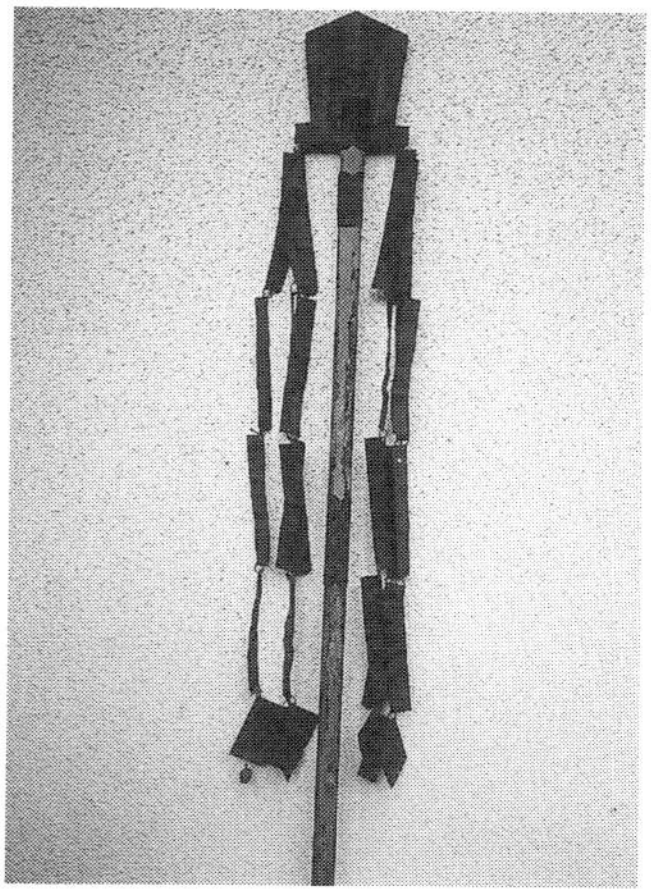

戸次鑑連が寄進した金幣（大分県豊後大野市大野町、上津神社蔵）

とくに佐賀攻めでは、宗麟も豊後から出陣して高良山に本陣を置くが、間もなく彼は、旅陣のつれづれを紛（まぎ）らすため、酒宴に興じる日が多くなった。鑑連はこれを聞くと、自ら本陣に赴いて主人宗麟に会い、「戦場で戦っている将兵のことを思い、お慎（つつし）み下さい」と強く諫言した。

永禄十二年、毛利軍は大友軍の佐賀城攻めの留守を突いて筑前に侵攻。博多の前衛拠点立花城を占領した。

この報を聞くと、宗麟は佐賀在陣中の戸次・吉弘・臼杵の三将に龍造寺隆信と和睦させ、立花城奪回を命じた。

この和議によって包囲を解かれた隆信は、戸次鑑連に栗毛の名馬一頭を贈って謝意を表した。

大友三万五千、毛利四万余の両軍は、同年五月から半年間にわたり、博多東部の立花城をめぐって、大小十八回の攻防戦を展開、鉄砲を使用した大規模な合戦となった。

とくに、五月十八日の合戦は、『九州治乱記』『西国盛衰記』『筑前国続風土記』などにも記され、両軍の激烈な戦闘を伝えている。

この日、大友方は毛利軍に押されて、敗色濃くなっていた。だが、それまでじっと敵陣を睨んでいた鑑連は、前方に布陣する小早川の左翼隊がわずかに手薄なことを察知して、猛攻を開始した。

『大友興廃記』には、鑑連は若いころ落雷にふれて足が不自由になったと記されているが、身体のハンディを気力でカバーする勇猛な武将であった。

彼は、戦場では十六人の屈強な若者に輿を担がせ、輿の左右に百余の勇士を従えて輿上から指揮をとって移動した。そして輿が動き始めると、「エイトー、エイトー」と、棒でふちを叩いて調子をとる。

鑑連が棒で叩き始めると、「それっ、音頭がはじまったぞ」と言って、戸次の兵達は先を争って突進した。

もし、従者たちが気後れして士気が奮わない時は、「この輿を敵陣に担ぎ入れよ。命惜しいと思う者は、この輿を捨てて逃げよ」と大きな目をむいて叱咤した。

この凛烈たる気魄に兵は奮いたち、死に物狂いで、しゃにむに敵陣へ突入していった。

この日も、それまで毛利軍の鋭鋒に苦しみ、旗色が悪かったが、鑑連の好判断による小早川陣への猛攻で、不利な戦況を挽回して遂に立花へと敗走させた。大友軍の勝利は、彼の勇猛さと秀れた戦略によるものだった。宗麟は、鑑連の抜群の戦功に対して激賞したが、その時の感状が「立花家文書」に記されている。

同十二年十一月、毛利軍は本国の状勢が急変したため、元就の命で筑前から撤退した。

それまで毛利に頼っていた国人領主や反将たちは、毛利軍の撤退で次々に大友に降伏、立花城は再び大友方の手に帰した。

鑑連は、これより前の永禄十一年十一月、筑後駐留中に、問注所鑑豊（長岩城主＝生葉〈浮羽〉郡）の娘西（仁志とも書く）姫と再婚した。彼の最初の妻は、大友家の重臣入田親真（親誠）の娘波津姫（白山院）であったが、故あって離別している。父の親真が二階崩れの変で、反義鎮派であったのが原因とみられる。

一方、再婚の西も、先夫との間に男女二人の子がいたが、鑑連は子連れの条件を承知して彼女を妻に迎え入れた。連れ子の男子の方は、のちに筥崎宮座主となる方清法印である。

翌年八月、夫婦の間に女子が誕生、誾千代と名づけられた。

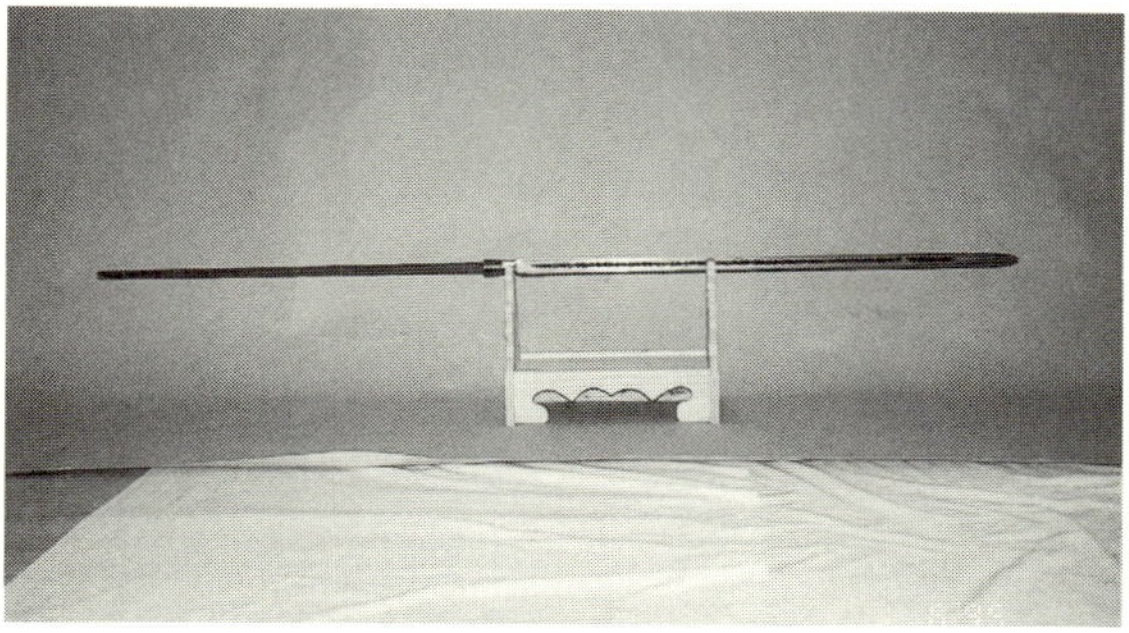
道雪愛用の槍（柳川市、お花史料館蔵）

立花道雪を名乗る

元亀二年（一五七一）、誾千代が三歳の時、鑑連は宗麟の命により、立花城の城督（守護代の城主）として、筑後から筑前立花城（糟屋郡新宮町）に着任した。時に五十八歳。

鑑連は、五月に立花山上に登り、城を検分して戦乱で荒廃していた城郭の急改築を命じたが、八月に完成したので、妻子、家来たちを伴って入城した。

鑑連の立花城督就任を祝って、香椎宮大宮司らは、祝儀を贈り慶祝した（「三苦文書」）。

彼は入城後、「西の大友」と称された立花家を継いで「立花道雪」と名乗る。

「道雪」の号は、路傍に降り積った雪が、露と消え去るまでの姿を、潔白な武士の節操にたとえて付けたといわれる。『橘山遺事』『旧柳川藩志』などには、当時の所領が「表糟屋四十八カ村・裏糟屋三十八カ村、莚田郡八カ村、九十四カ村、およそ三千町歩」であったと記している。

道雪は、立花着任後、城の警備・普請・合戦などに備えて、郷民の集団組織をつくった。つまり准武士団の戦力化であった。『立花懐覧記』には、周辺二十一カ村をもって、大小の党組織をつくり、城の四方の表口をそれぞれの党が分担して警備したことを記している。

道雪はまた、商都博多を管轄し、家臣由布美作をもって博多東部を治めさせ、市中の情報をいち早く報告させた。また、博多西部の西分には「月役」がいて、大友氏の命令、通達を町衆に伝えさせたが、立花城は大友筑前支配の軍事、行政の一大拠点であった。

道雪は入城してから、領内の香椎・筥崎など多くの社寺を保護し、土地改革や産業を奨励して生産を高めるなど軍事、民政両面に秀れた手腕を発揮したので、筑前における大友勢力は大いに振った。

彼は、よく人に「武士たる者に、弱い者はいない。いるとしたら、その者に対する大将の励ましが足りないからだ。もし人に後れをとる武士がいたなら当家に仕えてみよ。必ず、わしが勇士にしてみせる」と語った。また、若い家士が何か失敗をしでかすと、その失策をかばってやり、逆にその長所を褒めてやる。そして、まだ戦功に恵まれない者には、「あせらず、身体に気をつけて、いつまでも、わしの力になってくれよ」と言って、酒肴を振るまい、流行の武具などを与えて励まし、また優しく慰めた。

彼はこのように、部下を公平に可愛がり、各自の能力を引出して、自信をもたせるなど人使いに秀れていた。家中の者は、みな道雪を慕い、進んでその役に立つことを願った。

彼の立花入城以後、数年間は、主家大友氏が九州最大の勢力を誇り、筑前でもそれを背景に、立花・宝満・岩屋・荒平・柑子ケ岳、鷲ケ岳など大友氏の諸城が、出先を固めて主家を支えた。とくに道雪は隣接の太宰府宝満山城の高橋鎮種（紹運と号す）とは、親子ほどの年差があったが、ふたりの意気が合い、年下の高橋紹運を励まし、協力し合って大友家のために尽くす。

ところが、それまで隆盛であった大友氏は、天正六（一五七八）年、南九州で勢力を伸ばす島津氏を討つため、宗麟自ら三万の軍勢を率いて日向（宮崎県）に出陣したが、同年十一月、耳川周辺で島津軍と戦って大敗し、多くの将兵を失った。敗戦後、大友家は宗麟の嫡子義統（よしむね）が当主となったが、凡庸な上に、家臣間の対立や国内の反乱に悩まされ、内憂外患の苦境に立たされて衰退する。

道雪の死と統虎の柳川入城

その頃、肥前を統一した龍造寺隆信の軍勢が筑前西部に侵攻、大友諸城を攻略していた。

道雪は、紹運と協力して少ない兵力を割（さ）いて食糧物資を送り、味方の城を救援した。

一方、大友の衰運に乗じて秋月・筑紫・原田・宗像らの諸軍が、次々に攻め寄せるが、両将は互いに連繋して、そのたびに、適確な判断と勇気をもって戦い、これを撃退した。今や、筑前で大友の城は立花・宝満・岩屋、鷹取など数城だけとなり、豊後からの援助も全く期待できなくなっていた。

天正八年二月、道雪は、豊後の国情を憂えて国元の老臣たちに、十カ条に及ぶ檄（げき）文を送り、熱誠をもって主家のため、彼らに奮起をうながした。

翌九年十月、彼は立花・高橋両家の仲をさらに強固にするため、高橋紹運の長男統虎（むねとら）を娘誾千代の婿養子に迎え、互いに主家への信義を誓い合う。立花家の養子になった統虎は、勇気ある器量抜群の青年であった。のちに筑後四郡の大名になる立花（たちばな）左近（さこん）将監（のしょうげん）宗茂（むねしげ）である。

天正十二年三月、「肥前の熊」と恐れられた龍造寺隆信は、島原半島で島津軍と戦って敗死する。以後、島津は九州最強となった。この年夏、主家大友義統の命で、道雪は紹運とともに軍を率いて筑後に出陣した。それまで龍造寺方に奪われていた失地回復のためであった。

戦上手の道雪の戦略で、豊後の将兵が手を焼いていた難攻の高牟礼・黒木・川崎などの諸城を攻め落としていったが、高齢の道雪は、なおも柳川・久留米周辺の龍造寺勢と戦った。

上、道雪が陣歿した北野天満宮（久留米市北野町）、下、道雪の墓（糟屋郡新宮町立花口、梅岳寺）

この対陣中、立花家中の士、三十数人が望郷の思いをつのらせ、家族に会いたさのあまり、こっそり陣中を抜け出して、立花の在所に帰ったことが道雪に知れた。

道雪は、彼らを軍律で最も重い陣中脱走者とみなして、全員斬罪にした。この中には、戦場で目ざましい働きをしていた歴戦の勇士もいたが、たとえ勲功の者でも、軍法を犯せば私情を許さず、厳正に処断して鉄の規律を示した（『浅川聞書』『豊前覚書』）。

しかし、年余の野戦生活に、さすが剛気な道雪も、心身ともに疲労して天正十三年六月初め、陣中で発病。病臥の身となった。彼は、折からの酷暑の中で衰弱して苦しみ、闘病三カ月後の九月十一日、遂に七十三歳の生涯を閉じた。彼の遺戒の和歌に、

異方に心ひくなよ豊国（とよくに）の鉄（かね）の弓末（ゆすえ）に世はなりぬとも

の一首があるが、最後まで豊後への忠節を貫いている。

当時のキリシタン宣教師フランシスコ・カリヤンが、耶蘇会に報じた書簡の中で、道雪について「七十歳余の老人にして、国王（宗麟）が有する諸城中、最も武勇あり、優秀なる大将」と評している。

また、敵側の立場にあった、肥前側の筆になる『三徳譜』には、「この入道は、文といい武といい、廉直賢才の大将にて、大友宗麟が家を立てしも、この道雪が世に秀でたる故と聞えし、鍋島直茂公も道雪が死けると聞召し、御落涙なされて御惜しみあり」と記している。

道雪は死ぬ前、小野・由布らの老臣たちに、「自分の死後、甲冑を着せ、柳川の方に向けてこの地に埋（う）めよ」と遺言した。龍造寺家晴が守る柳川城を落とせなかったことの無念の思いを吐露している。だが、統虎は養父道雪の遺骸をひとり敵地に置き、敵の馬蹄（ばてい）に汚されることは、到底耐えがたい、と言って、立花へ移送を命じた。

立花城では統虎以下、留守を守る家臣たちが甲冑の上に喪衣を着け、整列して遺骸を出迎えた。その後、遺骸は立花口の梅岳寺養孝院（曹洞宗）に葬られた。法名は「梅岳院殿福厳道雪大居士」である。

斜陽の大友氏が、ある程度、武威を維持できたのは、立花道雪の力に負うところが大きく、大友家の魂とまでいわれた彼の死によって豊後の衰勢はさらに加速されていった。そして島津の攻勢に対抗できず宗麟は、遂に豊臣秀吉に島津征伐を上訴する。

しかし、秀吉の援軍が到着しないうちに、道雪の盟友であった高橋紹運は、島津の大軍に攻められて奮戦のすえ岩屋城で戦死した。

両父を失った立花統虎は、天正十五年、豊臣秀吉の島津征伐で戦功を立て、同年六月、秀吉によって筑後四郡の大名に取り立てられ、柳川城（柳川市）へ移った。彼は、のちに宗茂と名のるが、柳川移住後、養父道雪のため、同地に福厳寺（黄檗宗）を建ててその霊を祀った。

戸次氏略図

大友能直―親秀―頼泰

重秀（戸次氏祖）―時親[1]―貞直[2]―頼時[3]―直光[5]―直世[6]―高載[7]―直繁[8]

直瀬[9]―直国[十]―親貞[十一]―親宣[十二]―親家[十三]―鑑連[十四、立花氏祖]―鎮連

戸次鑑連（立花道雪）の花押

大村純忠　おおむらすみただ

純忠の大村家入嗣まで

天文十八年（一五四九）、ポルトガル国のイエズス会宣教師、フランシスコ・ザビエルが日本に上陸して、キリスト教の布教を開始してから十四年後に、ドン・バルトロメウの名で洗礼をうけた日本最初のキリシタン大名がいた。その名は、大村純忠である。彼は肥前大村、長崎の湾岸一帯を支配した戦国大名であった。

大村純忠は有馬晴信・大友宗麟とともに、天正の少年遣欧使節を派遣した三大名のひとりであり、長崎開港の先駆者である。そして同じキリシタン大名の有馬晴信（純忠の兄義直の二男）の叔父にあたる。その波瀾の人生は、大村家に入嗣したときから始まる。

純忠は、天文二年（一五三三）、有馬晴純（日之江城主、仙岩入道と号す）の二男として高来郡有馬の日之江城で生まれた。母は大村純伊の娘で当主純前の妹である。幼名勝童丸、元服して民部大輔に任ぜられ、天文十九年、十八歳の時、大村純前の養子として大村家を嗣ぎ、のち丹後守と名のったが、出家名を理専とも号した。

この天文十九年には、豊後の大友家で「二階崩れ」の変がおこり、大友義鎮（のちの宗麟）が、二十一歳で家督を嗣いでいる。

純忠の父、有馬晴純は天文八年、肥前守護職になっているが、当時、肥前南部で最強の戦国大名であった。有馬氏は、島原半島南部の高来郡有馬荘（長崎県南島原市北有馬町・南島原市南有馬町）を本拠とする有間氏（のち有馬に改める）の出で、鎌倉いらい地頭領主として地盤を築き、しだいに頭角を現わす。

戦国期に入り、晴純の祖父貴純は当時、肥前東部で衰勢の少弐政資を助け、少弐配下の龍造寺・高木・千葉氏らとともに下松浦地方を攻めて、佐々氏の城を陥とすなど少弐氏の一時的勢力回復に、大いに貢献したので、政資から恩賞として、藤津郡内の各村や、白石・長島（杵島郡）など数カ所の所領を与えられた。これが有馬氏を戦国大名へと発展させるきっかけとなった（『歴代鎮西要略』）。

その後純忠の父晴純の時代になって、さらに勢力を強め、肥前の内、高来・藤津・杵島・彼杵・松浦の五郡を支配圏に入れた。しかし、天正年間になって、佐賀の強雄龍造寺隆信が台頭して猛威を振うにおよんで、晴純の跡を継いだ純忠の兄義直（のち義貞）は、隆信の圧迫に苦しむようになる。

一方、純忠が入嗣した大村氏は、『大村家譜』『大村家覚書』『郷村記』などによれば、藤原純友の孫直澄が十世紀後半の正暦五年（九九四）、伊予国大洲（愛媛県大洲市）から、肥前彼杵郡大村郷（大村湾岸一帯）に入部し、土着して大村氏を名乗り、しだいに領主的発展をしたものといわれる。

この藤原純友出自説に対し、外山幹夫氏（長崎大学教授）はその著『大村純忠』の中で、『長秋記』『中右記』『百錬抄』などを典拠にして、十二世紀初頭、肥前国藤津荘（現在の佐賀県鹿島市一帯）の荘官平清澄の子である直澄を祖とする平氏説をとる。同氏は、『長秋記』の「元永二年（一一一九）十二月二十七日条」を引用し、藤津荘の荘官であった平清澄が何らかの理由で領主の寛助から勘当されて荘官職を解任され、身柄を京都へ移された。そして新任の荘官、僧範誉という者が藤津荘に派遣されてきた。範誉は平直澄に不当な仕打ちをした。

そのうち直澄は京都にいる父清澄に、食糧米を送ろうとするが、荘官の範誉は数回にわたって、これを差し押さえてしまった。これを怒った直澄は、報復として範誉とその妻・従族を捕縛して閉じこめ、食も与えず、そのうえ範誉の家来五、六人を斬首した。この事件によって直澄は、平正盛の追討を受ける身となった。その結果、直澄は正盛の手下に首を討たれ、その首は京都の河原にさらされたという。

この中に出てくる平直澄こそ、大村氏の先祖であろうというのが外山氏の説で、鎌倉期、戦国期の大村氏が平姓であったことを立証され、藤原純友追討の記事は、平直澄追討の歴史的事実を反映したものとし、史上著名な藤原純友に直澄をすり替えたものであろうと推断されている。
そして、平清澄、その子直澄の藤津荘在住が、中世の一時期、大村氏が藤津荘を拠点にしていた事実と地域においても一致すると説き、近世大名となった大村氏が、家譜、系図作成にあたって、先祖の直純が追討をうけて斬首されたことを恥辱として、これを隠蔽するため、朝廷から同様に追討断罪された藤原純友とすり替え、家系譜を創作したものであろうと述べられている。

現在、鹿島市古枝に「大村方」という小字名があり、ここが、かつての藤津荘大村氏の旧地であるという。つまり大村の地が彼杵と藤津両郡にあって、広く一族が分布していたことになる。藤津の大村氏は、室町・戦国時代に入り、周辺の有馬・千葉氏らとの勢力競合により、藤津郡を維持することが困難になり、純治の永正年間から、彼杵郡大村に活躍の舞台を移し、その子純伊・純伊の子純前を経て、純忠がその養嗣子となるのである。

ところが、純前には又八郎と称する実子が一人いた。本来ならば大村の家督をつぐべき身であったが、彼は有馬晴純の仲介によって武雄（佐賀県武雄市）の領主後藤純明のもとに養子に出され、その跡に純忠が大村家の養子に迎えられた。

実子を他家に出してまで、養子を迎えるという純忠の強引かつ不自然な入嗣背景には、実家の有馬氏の勢力が強く、力関係のうえで大村・後藤両氏は、政略的にこれに従わざるを得なかったとみられる。また見方によっては、大村家乗っ取りの策謀があったとも考えられるが、当時、有馬氏は、大村のほか松浦や天草の志岐・南高来郡の千々岩などの諸家にも、つぎつぎに子供たちを養子に送りこみ、支配態勢の拡充をはかっている。

純忠が大村家を嗣いだ翌天文二十年に、養父の純前が死去した。一方、武雄の後藤氏の養子となった又八郎は、のちに後藤貴明と名のり、大村家をついだ純忠に終生恨みを持ちつづけ、同家の反純忠派の家臣たちと通じて、しばしば純忠を危機におとし入れた。

横瀬浦開港と、純忠受洗と反乱

永禄五年（一五六二）、純忠は、領内の横瀬浦（長崎県西海市西海町）を開港して、南蛮貿易を開始した。それには次のようないきさつがある。

天文十九年（一五五〇）六月、松浦隆信の領内平戸に、ポルトガル船が入港した。平戸海賊で有名な王直の招きによるものといわれるが、船長らは領主隆信の熱烈な歓迎をうけた。隆信は、ポルトガル貿易による鉄砲などの新兵器の入手や、商益による富の蓄積を意図していた。

しかし、その貿易には、キリスト教の布教という条件がついていた。彼らが東洋に来航する目的は「胡椒および霊魂のために」を合い言葉にして、貿易圏の拡大とキリスト教を広めるためであり、宣教師と貿易船の船長らは互いに利用しあっていた。その点はフランシスコ・ザビエルも同じで、布教に便宜を与えないような大名の領内には、ポルトガル貿易船を入港させないことを勧告している。

ザビエルは、この前年の天文十八年八月、薩摩に上陸して時の領主島津貴久に謁し、キリスト教の布教を許されて布教を開始したが、両者の目的がちがって一年たらずで去り、翌年八月、平戸に来て一カ月滞在。松浦隆信の許可を得て布教し、短期間に千人ほどの信者を得た。

大村氏の居城三城趾（大村市武部郷）

ザビエルは、インドから一緒にきたトルレス神父を平戸に残して、天皇、将軍のいる京都に上った。しかし彼が望んだほどの成果が得られぬまま帰途につき、再び平戸に立ちよったが、間もなく山口へ去った。

その後、平戸領内の信者は増えたが、これに反感をもつ仏教徒らが、布教の妨害をするようになり、隆信の優柔不断も加わって両者が対立。隆信は貿易と宗教の板ばさみになった。

このような対立抗争が火種となって永禄四年(一五六一)八月、ポルトガル船の乗組員と、平戸の町民との間で争いがおこり、船長以下十四人が殺害されるという初めての対外事件がおこった。

この事件の処理にあたっても、隆信に誠意がみられず、ポルトガル側を激昂させた。彼らは貿易の利だけを目的とする隆信への不信から、ついに貿易断絶を決め、平戸に代わる新たな貿易港として大村領の横瀬浦に港を移した。横瀬浦は、西彼杵半島北端に位置し、東彼杵との間には針尾島があり、その南西端は針尾瀬戸で、外海と大村湾が接続し、干満の差から生じる渦巻潮流で有名である。針尾瀬戸にかかる西海橋を経て佐世保市へ通じる。

純忠はかねてからポルトガル貿易を熱望していたし、キリスト教にも好意をもっていたので、永禄五年、横瀬浦の開港を快諾し、港の周囲三里の土地を農民とともにイエズス会に付与し、神父の意志に反して仏教徒を居住させないことや、貿易目的で来る商人には、十年間の税を免除するなど最大の好条件を与えた。

横瀬浦は、ポルトガル船が入港してたちまち人が集まり、急速に繁栄し、トルレス神父もやってきて、教会堂が建てられ盛大な復活祭が行われた。宣教師ルイス・フロイスは、『日本史』の中で、平戸や豊後・博多・山口、さらに遠く京都からの来住者があったと述べ、また開港にあたって、純忠は老臣の一人に、横瀬浦に住むことを命じ、なにごとも宣教師の意見を聞いてから行うように命じたと記している。

このころから純忠の心は急速にキリスト教へ傾いていった。永禄六年(三月~六月)、純忠は家臣たちとともに、トルレス神父から洗礼を受け、ドン・バルトロメウという教名を与えられ、日本最初のキリシタン大名となった。

彼の洗礼は、大友宗麟の天正六年(一五七八)より十六年早く、また有馬晴信の天正八年の受洗より十八年も早い時期に行われた。彼の受洗にともなって家臣の入信者が激増し、横瀬浦と大村で計一二〇〇余のキリシタンが生まれた。

しかし、純忠の受洗とともに、活発になる布教活動に対し、反純忠派の保守的老臣たちやその一党は、純忠を憎んでいる武雄の後藤貴明を擁して、クーデターをおこした。このクーデターのどさくさにまぎれて横瀬浦の街は放火され、教会堂は暴徒たちによって焼き払われキリシタンたちは四散した。横瀬浦は、わずか一年余にして町もろとも破壊され、灰燼に帰した。

純忠から朝長純安（教名ドン・ルイス）とともに、横瀬浦の奉行を任命されていた針尾城主、針尾伊賀守は、反乱に加わり、同年七月二十七日夜、朝長純安一行を針尾の岸で襲い、ひとり残らず殺害してしまった。

一方、大村館にいた純忠も反逆者たちの襲撃をうけたが、この時、三十歳の純忠は危険を察知して、彼らの来襲前に素早く機敏な行動で自分の刀と、その年、司祭からもらった小さな祭壇用の聖母画像を手にしただけで、塀を跳び越えて野原に出、森の中に分け入り、多良岳の僧院へのがれた。僧院とは金泉寺のことで、住持の阿金とは、信頼関係があった。その後武装した多くの反乱兵たちは、純忠の館に乱入して、目ぼしい物を手あたりしだい掠奪したうえ、建物を焼き払った。

このクーデターで、純忠は領主の座を追われ、大村領内は叛徒によって一時、制圧された。しかし純忠は間もなく多良岳から大村に復帰し、逆臣の大半は赦しを乞うて帰順したので、彼は叛臣たちを処罰せず、寛大な処置をもって宥した。

三城の築城と長崎開港

しかし、純忠のクーデターで受けた傷痕は大きく、領主権を回復するまで三年余りを費した。純忠は、かねてから構築中であった三城の城を入信した翌年の永禄七年に完成させた。

それまでの大村氏は、郡川流域に沿って好武城・今富城などの城を構えていた。ところが純忠の代になって、その領土は大村の地を中心にして、現在の長崎市をも含め、大村湾を挟む彼杵郡一帯に拡大した。しかし、いぜんとして周辺領主の侵入が相つぎ、とくに武雄の後藤貴明は、執拗に純忠の滅亡と、大村領の奪取を狙っており、また、貴明の養子惟明は、平戸の松浦隆信の次男であったから、もし、後藤・松浦両軍が襲来した場合、従来の城では防衛が困難と判断された。また、家臣が増えたことも、その理由の一つであった。

三城の築城は、このような必要から竣工されたものである。この城は、大村市の中心部、今のJR大村線大村駅の北側を流れる本堂川を前面にひかえた広い丘陵（三〇〜四〇メートル）地に築かれた城であった。三城は、その後純忠・喜前（よしあき）父子二代、三十五年間の居城となった。

翌永禄八年八月、松浦領の平戸に向かおうとしたポルトガル船の船長らに、トルレスは、松浦氏のキリスト教およびポルトガル人に対する非協力な悪い扱いを話し、平戸への入港を止めて、キリスト教徒である大村純忠の領内に入港するよう仕向けた。

その結果、ポルトガル船は、新たに純忠の領内、福田浦（現在の長崎市福田本町を中心とした一帯）に入港して貿易を開始した。純忠は、横瀬浦の潰滅二年後、再び領内にポルトガル船の入港を見ることができ、貿易を再開させたのである。その後、純忠は、しばしば福田浦に足を運び、開港まもなく建てられた教会を訪問してオラショを唱え祈りを捧げた。

だが、横瀬浦のあとに開港した福田港は、外海に面して風波激しく、港としての条件もよくなかった。そこで船の停泊に安全な港として、福田港の奥にある「深江の浦」といわれていた長崎が浮上した。すでに宣教師などの測量によって水深と奥の広い良港であることが確認されていたので、ここに港を移すことになり、元亀元年（一五七〇）、長崎開港が実現した。当時、長崎を支配していた純忠の家臣長崎純景もまた、純忠と一緒に横瀬浦で洗礼をうけた熱心なキリシタンであった。

永禄九年七月、武雄の後藤貴明は、純忠の家臣と通じて領内の野岳（大村市五の郷）に侵攻したが、大村勢によって撃退された。

永禄十年、純忠の支配体制が安定すると、彼は口ノ津（長崎県南島原市口ノ津町）に滞在中の日本布教長トルレスを訪ね、家臣たちに洗礼をさずけてもらうため、宣教師の派遣を請うた。そこで、ダルメイダ神父が大村に派遣された。ダルメイダは教義を説き、洗礼を授けての帰途、長崎に立ちより新たに五〇〇名の信者を獲得した。

翌永禄十一年、純忠は老臣たちに諮（はか）り、大村にキリスト教会堂建設の地所を教会側に贈り、十一月二十日、完成して最初のミサが行われた。この教会堂は、彼の居城三城および、丘陵下の「館」の近くにあり、純忠は、政務の間をぬっては、しばしばここに来て、敬虔な祈りを捧げた。永禄十二年、大村に駐在していたトルレスは、年初から九月半ばに至るまでに、八〇〇余の人たちに洗礼を授けた。大村は、キリシタンの町として急速に発展していた。

一方、豊後の大友宗麟は、永禄十二年の冬以降、毛利氏勢力を北九州（博多を含む）から駆逐して、さらに勢威をのばし、肥前国をも支配圏に入れるほど、強大な軍事力を誇っていた。

そのころ肥前国内では、佐賀（古名は佐嘉）の龍造寺隆信が頭角を現わしていた。隆信は、主家の少弐氏を滅ぼして以来、しだいに力をつけ、在地領主を屈服させながら、肥前統一に向かって進んでいた。やがて、その爪牙(そうが)は純忠たちの西肥前におよんでくるのであるが、永禄十二年の時点では、彼はまだ大友氏に対等に立ち向かえるだけの力はなかった。

宗麟は、反大友の行動をとる龍造寺隆信を討伐するため、永禄十二年から翌元亀元年（一五六九～一五七〇）にかけて、肥前出兵を行い、自ら出陣して筑後高良山に本陣を布いた。純忠は、トルレスを介して宗麟に誼(よしみ)を通じ、必要とあれば自分の軍隊を提供することを申し出、宗麟に受け入れられた。しかし、純忠には大友軍によって龍造寺氏が滅ぼされれば、大村領にも戦争の危険がおよんでくると思われた。そのため彼は、高齢のトルレス師に、危険を避けて長崎へ移るように勧めた。トルレスは、これに従ってダルメイダを大村に残し、八〇〇余の教徒がいる長崎へ行くことになった。

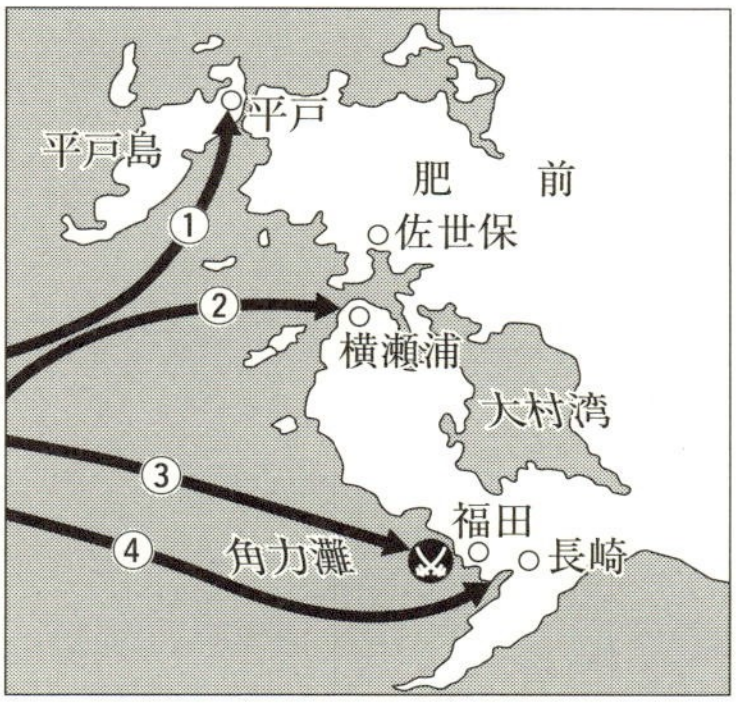

ポルトガル船長崎入港までの変遷

ダルメイダは、これより十五日後、トルレスの命をうけて高良山に在陣中の宗麟に、もし大村領を攻撃するようなことになっても、会堂だけは破壊されぬよう直接歎願するため大村を出発した。そのころ領内には、主な会堂が四カ所あり、キリシタン六〇〇余がいた。ところが、元亀元年八月二十日、宗麟の名代大友八郎親貞の今山の本陣が、龍造寺軍の奇襲攻撃によって敗退し、肥前攻撃はとりやめになった。同時に、純忠も大友氏から攻撃される危険から解放された。

それから十四日後の元亀元年九月三日、イエズス会日本布教長トルレスは、志岐（天草郡）の教会で静かに昇天していった。純忠は夫人をつれて志岐に赴き葬儀に参列した。

この年、純忠は大村を訪問中であった新日本布教長フランシスコ・カブラルによって、夫人（ドンナ・マリア）、嫡子喜前（ドン・サンチョ）、および二人の娘に洗礼を受けさせた。この時、純忠の家臣百余名が受洗した。

ところで、純忠の長崎開港について、『大村家秘録』は、次のように記している。

> 元亀元年庚午春、南蛮人小船を領内長崎浦に遣し、海底地理を考、能地なりとして、以後此所に入津せん事を請ふ、然れ共純忠深慮有て許容せず、依之南蛮人共有馬修理大夫義貞純忠之実兄也を頼む、義貞使札を以純忠に請ふ、純忠止事を得すして応諾し、元亀二年辛未三月、純忠家士朝長対島に命して、長崎町割奉行として、島原町大村町文知町今外浦町之内に入外浦町平戸町横瀬浦町今平戸町之内に入を地割す。（下略）

初め、純忠は深慮から宣教師らの開港要請を拒否したが、彼らは純忠の兄有馬義貞に働きかけて義貞から、開港に応じるよう純忠を説得してもらった。純忠は、兄義貞に対して従順であり止むなく開港に応じたのである。純忠は、長崎開港によって軍事、経済の利益を図りたいとする反面、今までのように、せっかく開港しても襲撃、破壊されることを思い、長崎開港に対しても深堀氏の野心などを読んで直ぐに応ずる気にはなれなかったと考えられる。深堀純賢と諫早の西郷純堯とは兄弟であり、ともに純忠とはいとこでありながら、敵対行動をとっていた。それが彼の深慮というものであったのであろう。

こうして、長崎の町割りを行い、前記の六カ町が開かれた。横瀬浦の開港のときと同じく、ポルトガル船が入港し、各地から商人たちが集まってきて、長崎はたちまち賑やかな貿易港となった。そして長崎開港とともに、長崎がこの地方のキリスト教の中心となるが、大村領内の信者は約六万人に達したといわれ、全国のキリシタンの約半分が大村領内の信者であったという。

「三城七騎籠」

そのころ、武雄の後藤貴明は、いぜんとして純忠排撃に執念を燃やしつづけていた。貴明は、元亀三年（一五七二）七月晦日、純忠方の内応者の手引によって、七〇〇の兵を率い、突如、三城に攻めよせてきた。この三城攻撃には、貴明の要請をうけた平戸の松浦鎮信が、五〇〇の兵を派遣し、諫早の西郷純堯も三〇〇の援兵を出し、三氏連合して一五〇〇余の軍勢となった。

一方、大村方は、とつぜんのことで、駈けつける者もいなかった。このとき、城中には城主純忠のほか、大村山城守純辰・朝長大学純盛、同安芸守経基・今道遠江守純近・宮原常陸介純房・藤崎出雲守純久・渡辺伝弥九純綱の一族、譜代七名の家臣がいたにすぎなかった。この七名こそが「三城七騎籠」の由来をつくった者たちである。だが、実際はこのほかにも、郡村の極楽寺住持阿金法印、山口の浪人吉川近江入道素庵や、寺僧から還俗した小佐々兵部、大村彦次郎（五歳のち家老）純忠の近衆富永四郎左衛門、今里彦右衛、さらに中間・馬取り、又者など四十五人、それに純忠夫人、上臈・下女・人質の妻子など二十七人がいたので、純忠以下八十人が城中にいた。

純忠は、この僅少な人数で、急いで防衛に当たるよう手分けした。まず、朝長大学、同安芸守ら十五名の者で大手を固め、今道純近、同越後守ら十七名で搦手を守り、本丸にある純忠の側に、大村山城守・宮原常陸介・藤崎出雲守・渡辺伝弥九ら十三人で固めた。そして、城内の諸所に旗を立て、女子たちに鑓・長刀・旗などを持たせて城内を急がしく駆けめぐらせるなどして、城内に多くの軍勢がひかえているように見せかけた。

寄せ手は、まず松浦勢が城の南側、千綿隍のあたりまで押しよせ、切岸を攻め登ろうとした。純忠は自ら士卒を下知して木石を投げかけ、女たちに土手から灰、糠、砂などを振り撒かせたので、敵はこれに閉口してひるんだ。そこを弓、鉄砲をもって射かけさせたところ、松浦勢に若干の死傷者が出て、遂に退去した。

さらに西郷勢は、内応の者と協同して大手門から攻め入ろうとして大村川（本堂川）の橋詰まで押しよせた。

一方、純忠は三方を敵に囲まれ、しかも家臣の中で敵に内応する者が多く、一人も城に馳参する者もなく、進退窮まった。純忠は、ついに死の覚悟を決めて最後の酒宴を開き、自ら「二人静」を謡い、宮原常陸介が立ち上がって仕舞を舞った。

時に大村氏の旧臣に富永又助という者がいた。彼は三城に馳せつけようとしたが、籠城しても少人数では力にはならないと思い、奇計をもって敵の大将を討ちとろうとした。彼は諫早勢の陣所に行き、「自分は讒者のために浪々の身となった者で、大村家には恨みがあり、いま先手に加えてもらえれば、第一番に三城に乗りこんで恨みを晴らしたい」などと偽りを言って、大将尾和谷軍兵衛に近づき、突然その高股に斬りつけて深傷を負わせ、諫早勢を混乱に陥れた。彼（又助）はその隙に脱出して、三城に馳せ参じ、ことの次第を報じた。

これを聞いた純忠は大いに喜び、その忠謀勇戦を激賞して、自分の名の一字を与え、忠重と名乗らせた。そのうち長岡左近・朝長壱岐をはじめ家臣たちが続々と駆けつけてきた。これを見て松浦勢も退散し始めた。

大村攻撃の主謀者後藤貴明は、諫早勢が混乱を来し、松浦勢も撤退し、内応者もみな純忠に帰順したことを知ると、自分も兵をまとめて撤退した。重傷を負った尾和谷軍兵衛は、大村方の者に討たれた。

この合戦を、のち大村家では「三城七騎籠」と呼ぶようになった。純忠のために活躍した大村山城守純辰以下七名の者は、動向が定まらなかった多くの家臣の中にあって、よく城を守って奮戦した格別の勇者たちであるとして、これ以後、彼ら自身はもちろん、その子孫も永く大村家から優遇をうけた（『大村家覚書』『郷村記』）。

しかし、七騎の活躍もさることながら、千五百もの連合軍が、女子を含めてわずか八十名の城を落とせなかったとは、一体どういうことであろうかと首をかしげたくなる戦いであった。

純忠による受洗の強制と隆信との和睦

天正二年十一月一日、純忠は、下の地区長ガスパル・コエリユと重要会談を行い、その結果、コエリユの勧告に従って全家臣をキリスト教信者に改宗させることを決めた。しかし仏僧たちは数が多く強力だったので、家臣たちがまたしても蜂起せぬように巧みに遂行せねばならなかった。

ドン・バルトロメウ純忠は、その日、大村の最も主要な寺を教会に変え、仏教徒がキリシタンの教えを聴聞して、キリシタンになるよう公命をもって告げ、仏僧、俗人をとわず、キリシタンにならぬ者は、この国（領内）から去るべしと命じた。キリスト教会に変更せぬかぎり神社・仏閣は破壊されることになった。そして領内の立派な寺社が、つぎつぎに焼かれていった。このように受洗の強制、僧侶の殺害、寺社の破却、反対者の領国外への追放など純忠のとった処置は激しい恐怖と動揺を与えた（『郷村記』）。

その結果、純忠の全家臣と領民がキリシタンとなり、天正三年九月十三日に、カブラルは大村で新たにキリシタンとなった者約二万人、その中には五十ないし六十の寺の僧侶がいたと報じた。のち天正十三年には、領内に八十七の教会が数えられた。

また、純忠の兄有馬義貞も勧められて天正四年に改宗し洗礼を受けたが、翌年、不幸にも卒去した。その子晴信（純忠の甥）は、天正八年、口ノ津に上陸した宣教師ヴァリニャーノによって受洗し、ドン・プロタジオの教名を受けた。肥前からは、大村純忠と有馬晴信の叔甥の二人のキリシタン大名が出たわけである。

そのころ、龍造寺隆信の勢いがますます強くなって、天正三年には藤津郡に侵入してきた。純忠は援兵を送ったが、大村方の城は佐賀の猛威を支えかねて、ここから撤退し、同郡は龍造寺氏が掌握した（『大村家覚書』）。

勢いにのる隆信は、ついに大村へ鋒先を向けた。『歴代鎮西志』は、天正五年六月、「龍造寺隆信大村ヲ伐テ貝瀬（萱瀬）ノ城ヲ囲ム」とあり『大村記』は、天正三年十二月十一日、大村内皆是村あとう岳に陣を取……」と記し、龍造寺氏の『藤龍家譜』は、天正四年六月として、大村攻めの記述にそれぞれ相違がある。

隆信には、松浦鎮信・後藤貴明・渋江公師らも従って、三方から萱瀬村に攻め入り、隆信は八千余の兵を率いて、萱瀬川の対岸麻生岳に布陣した。一方、萱瀬川に面した小高い山上（標高一四〇メートル）には、大村の菅無田砦があった。現在、萱瀬小学校裏の菅牟田橋の北方にあたる。

この時、砦には純忠の部将峰弾正・庄善助・一瀬半左衛門以下、農民らを含め、わずか三百余人が守備していた。純忠は、いったん郡村の今富城に退避するよう命じるが、彼らはこれに応ぜず、砦を枕に討死を覚悟して、同月十、十一日両日にわたって龍造寺軍と激戦を交えたが、衆寡敵せず、峰・庄・一瀬はじめみな討死した。また龍造寺側にも、多くの死傷者が出た。

『大村家覚書』には、翌十二日未明、突如純忠が兵を率いて麻生岳に攻め寄せた。隆信は備えるひまもなく諸勢は逃散し、隆信は、諫早領尾和谷へ逃れたと述べている。だが、『歴代鎮西要略』『歴代鎮西志』などによると、後藤・有田・伊万里・山代・上松浦・下松浦などの諸勢を従え、平戸の松浦隆信・鎮信父子も龍造寺隆信に従属を誓い、兵船を大村に派遣したとあり、純忠を苦しめた後藤貴明も龍造寺に臣従していて、すでに隆信が松浦地方まで従えるほどの兵威があったことがわかる。大村攻撃に際し、隆信直属の鍋島、小川、執行の部将たちの活躍と、城下の田畑を荒らし、城への放火などで大村勢を苦しめた。

純忠は、実家の有馬氏に救援を求めたが、隆信のために阻まれて援軍を送れなかった。純忠は、ついに隆信に降り、和を請うたと、伝えている。実際は純忠の敗戦であった。また、この和議で純忠の女が、隆信の次男江上家種に輿入れすることになった。

天正六年、それまで九州最大の勢力であった豊後の大友宗麟は、この年、臼杵の教会で洗礼をうけ、ドン・フランシスコの教名を名乗る。彼は同年十一月、対抗する薩摩の島津義久と日向の地で戦って大敗し、以後、衰退してゆく。この大友氏の衰運に乗じて、隆信は肥前全土の制圧を図るとともに、筑前、筑後や肥後北部へと兵をくり出し、侵略をつづけて猛威を振るう。今や九州では、島津・龍造寺の二大勢力に集約されてきた。

純忠、長崎寄進と三城退居

その後も隆信は、純忠に圧迫を加えていた。このような状況の中で、純忠は来日間もない日本巡察使アレキサンドロ・ヴァリニャーノに対し、長崎と茂木をイエズス会に寄進することを申し出た。長崎は、それまで隆信の支援を得た西郷・深堀らによって、しばしば攻撃されていた。

純忠の寄進の理由として、一、龍造寺氏から長崎を守る。二、戦いがおこれば、長崎で避難場所をもつことができる。三、ポルトガル船の長崎入港の固定化による税収の確保。このほか、ヤソ会からの負債などに因るものとされている。

純忠の申し出を受けたヴァリニャーノは、対策に苦慮し、一年近く検討した結果、天正八年、ついに譲渡を受けることになった。さらに天正十二年、有馬晴信も浦上を同じく寄進した。

天正九年、純忠に対する龍造寺隆信の圧迫がさらに強まり、同年八月、純忠の嫡子喜前は人質として佐賀に拘束されたが、二年後、隆信は新たに次男純宣・三男純直の二人の息子も送るよう要求し、その代わり喜前を返すことを約束した。

純忠は仕方なく二人の子を送ると、三人の息子を人質にとった隆信はさらに純忠に、主だった親戚の者たちも引き渡すように要求してきた。この者たちはみな純忠が援助を必要とした人物であった。純忠は、やむなく彼らを隆信に引き渡した。すると隆信は、別の使者をよこして、純忠に三城を出て波佐見（長崎県東彼杵郡波佐見町）の地にある小さな不便な場所に蟄居するように命じてきた。フロイス『日本史』には、「ドン・バルトロメウ（純忠）は、領内のキリシタン宗団がことごとくこの暴君（隆信）に掌握され、逃れ得ないことが明らかに判ったので（彼の命令に従って）城から出て行こうとしていた」と記している。

純忠が城から立去ろうとしていた時、肥後の一城主が隆信に叛いた。彼は直ちに軍を率いて鎮圧に行かねばならなかったので、一時、純忠への処置は中断された。だが、肥後から帰った隆信は、再び純忠に対し、夫人および家族をつれて、三日以内に三城から退去せよと命じた。逆らえば滅亡しかない。彼は黙って隆信の命に従うほかはなかった。純忠は退去に際し、家臣を伴うことも許されなかった。この隆信の仕打ちは、あまりにも屈辱的でみじめであったから、純忠は人目につくところを避けて、大村の町の外れを遠廻りして退去したほどであった。

隆信は、純忠を三城から追放したのち、人質の喜前を三城に入れることに決めた。彼は自分の家来たちを伴わせて喜前を操り、キリシタン宗団の絶滅を狙っていた。大村に入ってきた隆信の部下たちは、キリシタンを殺害し、家財や妻子を奪うなど狼藉の限りを尽くした。隆信は、喜前が父純忠と話し合ったり、書状や伝言を交わすことを厳禁し、これを斡旋する者は死罪に処すと言い放った。

以上のルイス・フロイス『日本史』の記述に対し、大村氏側の諸書には全く記録がない。あまりにも屈辱的事件であるため黙殺したと思われるのである。しかし、純忠が一年ばかり波佐見にいたということは『大村家秘録』にも記されているが、天正十年（一五八二）の遣欧使節派遣までは、龍造寺隆信の圧迫に耐えながら三城にいたことが推測される。

遣欧少年使節派遣と隆信の死

巡察使ヴァリニャーノは、日本滞在二年半の間、日本各地で布教状況を査察し、教会の諸問題に精力的にとりくんで成果をあげていたが、天正十年一月二十八日、長崎港からポルトガル船に乗船して日本を離れた。この船には、マカオに向かう彼とともに、四人の日本人少年が乗っていた。ヴァリニャーノは、日本での教化活動の成果をローマ教皇およびポルトガル王に示そうと考え、少年使節を派遣することになった。彼は、キリシタン大名の大村純忠・有馬晴信・大友宗麟の三人に、このことをはかった（このうち宗麟は、実はこの計画を知らなかったという）。この計画のもとに有馬領のセミナリヨ（神学校）の生徒の中から、十三歳の伊東マンショ・千々石ミゲルを正使、十四歳の中浦ジュリアン・十三歳の原マルチノを副使とする四人の少年が選ばれた。少年たちは三大名の名代として血縁関係にあるものの中から選ばれた。四人の少年使節は、ヴァリニャーノに伴われて、遙かなるローマへ向けて出発した。この出発にあたり純忠は、ローマ教皇グレゴリオ十三世、およびイエズス会総長に宛てて、それぞれ親書を認め、使節に託した。

一行は、マカオ、マラッカ、インド、喜望峰を廻って二年後の天正十二年（一五八四）八月十一日、ポルトガルの首都リスボンに上陸、さらにスペインのマドリードに着き、国王に謁見し、マンショとミゲルが大友宗麟・大村純忠・有馬晴信の名代として書状を奉呈した。彼らは翌天正十三年二月二十二日、ついにローマに赴き、教皇グレゴリオ十三世に謁見し、三大名からの親書を奉呈した。その後、少年使節らは、親善と見聞をひろめながら行く先々で歓迎され、遣欧使節の大役を果たして天正十四年二月、リスボンを出港して帰国の途についた。

彼らは二年後の天正十六年六月二十五日、無事長崎に上陸したが、日本を発ってから帰国するまで、六年五カ月の歳月を費やし、四人の少年も二十歳前後の青年になっていた。

しかし留守中、日本では大きな社会変動がおこっていた。織田信長の跡をついだ豊臣秀吉が天下を統一し、彼らを派遣した大友宗麟も大村純忠も、すでにこの世にいなかった。しかも伴天連（ばてれん）追放令が発せられて、豊後・肥前など宣教師のいる領内では追放への嵐が吹き荒れていた。四人の少年たちは、その後殉教・病死などで波瀾の一生を終えるが、彼らに遙かなるスペイン・ローマへと波涛万里の大航海をさせ、未知なる西欧への壮大な夢を託した純忠は、あと一年半、生きていたら彼らと会えていたかもしれない。

「肥前の熊」と恐れられた龍造寺隆信は、純忠を屈服させたのち、同じキリシタン大名の有馬晴信へ重圧をかける。晴信の妹は先年、政略によって、隆信の長男政家の妻となってから両家の和に心を砕いていた。しかし領国内では残忍な隆信の仕打で離反する領主が増え、晴信もまた人望のない隆信を離れて島津義久の幕下となった。

天正十二年三月、隆信は、島津に寝返った有馬晴信を討つため、三万の大軍を率いて島原に渡り、晴信の本拠日之江城（北有馬町）に向かって進撃する。隆信はこの出陣前、大村純忠に島原出兵を命じた。純忠はやむなく、これに応じ、嫡子喜前を出陣させ、喜前は三百余の大村勢を率いて有馬攻撃に加わっていた。

だが、純忠にとって、この戦いは同じキリシタン同士で、しかも甥であり、実家の家督でもある有馬晴信と、その家臣たちを攻撃することであり、彼の苦悩は深かった。もし、この出陣要求を拒めば、人質となっている子息らの生命は絶たれてしまう。隆信のそれまで筑後の蒲池氏や肥後の赤星氏らに対する凄まじい残忍さは、純忠ならずとも世上周知のことであった。

有馬攻撃に投入された大村勢は、みな有馬の勝利を祈り、隆信の部将たちから有馬軍の攻撃を命ぜられた時は、弾丸（たま）を抜き、空（から）鉄砲を撃つことを申し合わせていた。

隆信は、この有馬戦で一挙に領内のキリスト教を潰滅させようとしていたが、宣教師らは、侵入してくる悪魔の退散を念じた。

運命の三月二十四日、隆信の主力軍は島原郊外の沖田畷（島原市沖田畷）において、有馬軍および有馬を支援する島津家久（義久の弟）の連合軍と遭遇し、激戦となったが、龍造寺軍は連合軍の巧妙な作戦によって、大軍の力を発揮できずに寸断され、ついに大敗した。大将龍造寺隆信は、島津の将川上忠堅によって首を打たれ、沖田畷の一隅で五十六歳の生涯を絶った。隆信を討ち取った勝報に、有馬のキリシタンたちは、「鐘を打ち鳴らして熱狂した」と、ルイス・フロイス『日本史』は記している。

隆信の戦死で龍造寺軍は敗走したが、大村勢は島津軍の危害もうけず、全員が武具、馬などとともに解放された。純忠は隆信の死によって、辛うじて大名の地位を回復し、三城に帰った。

龍造寺氏を破った島津義久は破竹の勢いで、九州制覇を目指して独走態勢に入り、天正十四年、肥後・筑後・筑前へと北進を開始、いまだ若干の勢力をたもつ豊後の大友氏を圧迫する。

一方、天下統一を進める豊臣秀吉もまた、大友氏を幕下に加えて島津氏に服従を勧めるが、今や九州一の勢力となった義久は、これを拒否したので、天正十五年、秀吉による九州平定作戦が敢行されることになった。

この間、天正十三年、秀吉は使者を大村氏のもとに遣わして、服従を求め、純忠もこれに従っている。また、純忠にならって有馬・松浦両氏も服従した（『大村家覚書』）。

純忠の最期

純忠は、天正十四年の秋ごろには、嫡子喜前に家督を譲っていたが、そのころ彼は病に冒されていた。ルイス・フロイスは、「彼は扁桃腺炎のようなものが咽喉に生じ、数カ月にわたる長期の病臥を余儀なくされた後、彼からその生命の活動を奪っていった。彼はついにやつれ果て、死の映像、ないし肖像を思わせるばかりになっていた」と記している（フロイス『日本史』）。

また、九年前からその地に住んで純忠の側近にいたルセーナ神父は、純忠は二年間患って重病におちいり、最後は肺病になったとしてる。以上から推測すると、純忠は多年の苦労から肺炎に冒され、さらに喉頭結核も併発し、二年ほど療養し、最後の数カ月は寝たきりの状態だったということになる。そして、秀吉の出兵要求の際は、すでに病床で呻吟（しんぎん）の身であった。

純忠は晩年、郡川のほとりにあった坂口の館（大村市荒瀬郷坂口）で病身を養った。今、館趾には樹木が覆い、その中に石で築いた泉水があり、あたりは静寂で光を遮り、往時の生活の一片を偲ばせている。

純忠はこの館で長時間、闘病のすえ、五十五歳の生涯を終えた。現在、この終焉の地に、純忠歿後四〇〇年を記念して大村市が整備、改装し、記念館として保存されている。

『ルセーナ回想録』には、純忠の死亡日を、一五八七年五月二十五日としているが、これは和暦で天正十五年四月十八日にあたる。なお、豊後のキリシタン大名大友宗麟は、純忠より約一カ月後の五月二十三日、五十八歳でこの世を去った。

純忠が死んだこの日は、関白秀吉が島津征伐の軍を率いて、肥後の隈荘（くまのしょう）に進み（『史料綜覧』）、純忠の子大村喜前（ドン・サンチョ）が従軍していた。

大村純忠終焉の地、坂口の館跡

純忠、最期の様子について、ルイス・フロイスは次のように伝えている。

純忠は逝（ゆ）く前日、腰元のある女性に、籠にいた一羽の小鳥を放つよう命じた。そして死を感じ、最期が近づいたことを知ると、いとも立派な心の準備を始めた。彼は「予は良心の重荷となるべきものを何も感じない。ただ伴天連（バーテレン）様が傍におられぬのが心残りである」と語った。ルセーナ神父は、ちょうど聖体の祝日のため長崎へ行っ

本経寺にある大村氏歴代墓地（大村市）

ていたので不在であった。

彼は奥方や息子や娘たちがいた座敷という部屋にいる人々に別れを告げさせ、「予の前に誰も姿を現してはならぬ。今はのきわに御身らの姿が予の霊魂の救いに何らかの妨げとなることがないように願うからである」と伝えた。

奥方のマグダレナは心の中で深い悲しみを抱きながら、その場で嗚咽にむせんでいた息子や娘たちを伴って奥の方へ引きこもった。彼女たちが出て行くと、ドン・バルトロメウは周囲の人にこう言った。「予のために、デウス様に祈っていただきたい。予の霊魂が早く煉獄の罰から出られるよう伴天連様にミサを捧げてくださるよう願ってほしい」と。

彼の葬儀には、五人の司祭と数人の修道士、それに神学校の少年たちが大村に赴き、盛大な葬儀が家臣一同の深い感銘と奥方や子供たちの満足裡に挙行された（フロイス『日本史』）。

純忠の遺体は宝性寺（ヤソ寺）に葬られたが、のち草場寺、さらに本経寺に改葬されている。ただし彼の墓は同寺には認められない。

純忠は治世三十七年間に、武将として戦場で戦い、時には大胆な行動をとった。だが思わしくない時期は隠忍して細心であり表裏の落差が大きかった。純忠は、キリスト教によって現世利益を得たが、一方には大村家に入嗣していらい家臣との対立を生み、その軋轢の中で苦闘しなければならなかった。彼の在世中に起こった謀反は、いずれの時期にも発生している。その背景には武雄の後藤貴明がいたが、その後は龍造寺隆信、松浦氏に関係したものが多かった。しかし、日本最初のキリシタン大名として長崎を開港し、また遺欧少年使節団を派遣するなど開明的活動をして、当時の戦国大名とは違ったものがあった。戦国の世の権謀術数の中に生きた純忠は、キリスト教に縋(すが)って祈り、人の世の醜さから解放されて、魂の浄化をねがい、最後は安らかな至福の方舟(はこぶね)に乗って昇天していったと思われる。

先日、大村市を訪れたとき、美しい大村湾の光の中に、空港から飛び立つ機影が見えた。日々、変貌してゆく大村の地を純忠は、どんな思いで見ているだろうか。

大村家は、豊臣秀吉、徳川家康によって、ひきつづき大名として領主権を安堵され、喜前以後、小藩ながら明治維新までつづいた。なお、大村市からは日本医学に貢献した長与専斎や物理学者の長岡半太郎らが出ている。

大村氏系図

純友―諸純―直澄―師澄―永澄―清澄―遠澄―幸澄―経澄／忠澄―親澄／澄則

（親澄）―澄宗―澄遠―純興―純弘―純郷―徳純―純治―純伊―良純／純前―純忠―喜前（純前の子：純忠、貴明）／忠豊／阿音法印／純照／尚純／純貞／某／純淳

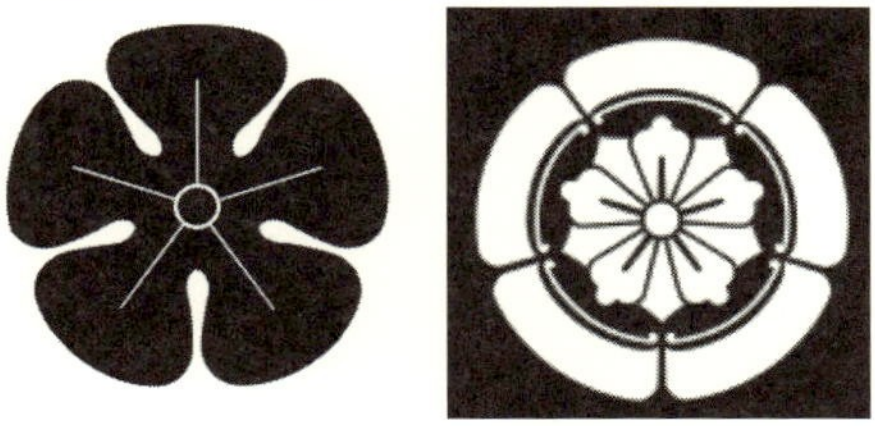

大村氏家紋、瓜花、大村瓜（右）

秋月種実　あきづきたねざね

落城と復帰

名峰古処山（八五九メートル）の懐に抱かれる静かな秋月の街は、藩政時代、黒田氏五万石の城下町であった。かつては、筑前国夜須郡の中に含まれていたが、現在の行政区は朝倉市秋月である。この情趣ある「秋月」の名をもつ秋月氏は、黒田氏入国以前の中世期、およそ三八〇年間この地方を支配した有力国人領主であった。そして秋月氏歴代の中で、最も勢威があったのが、十六代秋月種実の時であり、豊臣秀吉の九州平定までの間、筑前・筑後・豊前にかけて十一郡（現在の福岡県の大半）を領し、実勢高三十六万石という北九州最大の大名であった。

秋月種実は、天文十四年（一五四五）の生まれで、幼名を黒帽子といった。

弘治三年（一五五七）、種実十三歳の時、父秋月文種（種方ともいう）は、当時九州最強の勢力をもつ豊後の大友義鎮（宗麟）に従っていたが、安芸の毛利元就に通じたため、大友の大軍によって攻められた。

文種は、秋月勢を率いて古処山城に籠り、必死に防戦したが、衆寡敵せず落城、城は焼かれ、生き残った家臣たちは降伏または、四方へ離散した。この時、文種は家人の裏切りによって討たれ、長男晴種はじめ数百の家来が戦死した。秋月氏にとって最大の危機であったが、種実は、僧らに守られて辛くも城を脱出。毛利氏をたよって周防（山口県）へ逃れた。

僧高韵竊カニ孤ヲ以テ逃レ、周防ニ往キ、毛利氏ニ倚ル。孤ハ即チ種実ナリ。幼名ハ黒帽子トイウ。其ノ周防二遁ルルヤ、年僅カ十三。土豪内田壱岐、力ヲ竭シテ之ヲ奉ジ、為ニ新居ヲ営ム（『秋月家譜』原漢文）。

これ以来、種実はじめ秋月一門は、大友を仇敵として復讐を誓うようになる。

もともと秋月氏は、大友・少弐・島津らの三人衆が入ってくる以前から、九州に先住していた大蔵氏の一族である。時代によって大蔵・原田の姓を名乗ったが、『秋月家譜』に記されているように、漢王室に源を発する帰化民族の後裔といわれ、朝廷の大蔵の職に任じられたことから、これを氏としたという。この一族から出た大蔵春実は、天慶四年（九四一）、西海を騒がせた藤原純友討伐に偉功を立て、対馬守に任じられて九州に移り、筑紫の原田郷（筑紫野市）に居住してその子孫は原田氏を名乗った。

これが、九州大蔵系原田氏のおこりといわれ、のちの源平時代、平重盛（清盛の子）の女婿として、九州平家勢力の旗頭であった原田種直が出て全盛期を迎えるが、平家滅亡とともに没落する。

秋月氏の祖となる秋月種雄は、この原田種直の弟（一説には子）といわれ、鎌倉幕府に忠勤を励んだ功で、建仁三年（一二〇二）、秋月庄を賜わり、以来、子孫はおよそ四百年の間、この地に根付いて勢力を築いた。

また、原田・秋月と同様に、田尻・江上・砥上なども同根の大蔵氏である。これらの諸氏は、代々「種」の字を通字としているが、黒帽子もまた、父文種の一字をうけて、「秋月種実」と名乗る。

種実は、このような家系に生まれ、王朝以来の名族としての誇りをもったにちがいない。彼は、毛利元就の庇護をうけて山口滞在中、元就の嫡子隆元と義兄弟の契りを結び、太刀一振りを贈られている（「毛利家文書」）。種実の周防（山口県）での生活は、『秋月家譜』にあるように、内田壱岐という郷士の献身的な尽力によって、新居まで造築してもらうほどの優遇を受けた。もとより元就の命によって行われたものだった。

永禄二年（一五五九）正月、種実は旧臣らの復帰運動と、元就の援助による兵三千、軍資金八十貫（約八十石）を得て、故郷秋月に向かい、大友の守兵が少いのを見計らって一挙に古処の城を襲って奪回した。三年ぶりの復帰で、種実、時に十五歳であった。この復帰については永禄二年、同四年、同十年の各説あるが、前後の状況から考えると、永禄二―四年までの時期と推定される。

その頃、種実が仇敵と狙う大友義鎮は、筑前・肥前・豊前の守護となり、本国の豊後をはじめ、九州六カ国を支配下におき、九州探題職となって最盛を誇っていた。そして永禄五年、義鎮は「宗麟」と号したので、世上、大友宗麟の名で知られるようになる。

鑑種の援助と休松戦

一方、種実にも強力な味方が現われた。宝満城督の高橋鑑種である。鑑種は、大友氏の支族であり、宗麟の部将として数多くの戦功を立て、その功で筑前三笠郡一円と、太宰府の寺社をはじめ、軍・民両政の統轄権を与えられ、宝満城督となって着任した。だが、鑑種は間もなく宗麟を恨み、叛意を抱くようになる。史書はその理由を宗麟が彼の兄一万田親実の妻を奪い、親実を死に追いやったからと記している。

鑑種は、毛利と結んで秋月を援助し、種実や五カ山の筑紫広門らと密かに連絡をとりながら、反大友の旗頭となる。彼は実に、秋月家再興のきっかけをつくってくれた人物であった。

永禄十年、秋月種実は、鑑種と協力し、毛利の支援をうけて挙兵にふみ切った。鑑種もまたその前年ごろから開戦準備に入っていた。

彼らの蹶起は、大友に反感を抱く北九州の国人たちを奮起させ、つぎつぎに内乱を誘発していった。種実は六千の軍兵で、古処山城に拠って大友軍の来攻に備えた。彼らは、落城以来の遺恨を晴らそうとしていた。

宗麟は、筑前で非常事態が起こったので、戸次鑑連・臼杵鑑速・吉弘鑑理・斎藤鎮実・吉岡宗歓らの諸将に、これらの討伐を命じ、二万の軍勢をもって現地に発向させた。

討伐軍主将格の戸次鑑連は、各将と軍議して、宝満城攻略のため、一万の軍を太宰府に残し、臼杵・吉弘の両将とともに、続々と集結する豊後・筑後の兵二万余を率いて秋月へ向かった。

戸次軍は、秋月の手前、小石原川右岸の丘陵地、休松城（別名安見カ城）を攻めて、秋月の将坂田越後を自刃させ、ここに陣を置いた。また、吉弘・臼杵両軍は、川を挟んで秋月の入口にあたる道場山・観音岳に、それぞれ布陣して、古処山城への攻撃態勢をとった。

古処山は、宝満山に劣らぬ天険で、屏山（九二六メートル）、馬見山（九七七メートル）とともに東西に並列していて、現在、九州自然歩道に組み入れられている。山中には黄楊の原生林をはじめ、奇岩怪石が屹立、自然美と雄大さが渾然となって登山者を楽しませてくれる。

秋月黒門、戦国時代の搦手門を移したもの（朝倉市秋月）

古処山城趾は、この山頂の国見岩から西約一〇〇メートル下った所に、馬責場と称する東西に長い広場があり、ここが本丸跡といわれ、巨岩と絶壁、石塁が天然の要害となっている。なお下方の八合目付近に、水舟と呼ばれる水源があり、一日、一〇〇〇人の城兵を養うという湧水があり、籠城の命を支えていた。この山城の搦手門が近世になって山麓に移され、今は秋月藩祖黒田長興を祀る垂祐神社の石段に当時の堅牢な造りと歴史的風格を見せている。

永禄十年九月三日、秋月種実は大友方の主将戸次鑑連の本陣休松を急襲した。この休松戦については『秋月家軍功日記』『九州軍記』などにも詳記されているが、戦闘に参加した筑後の五条・三池らの大友方の諸将や、その兵たちの戦死・負傷が多く、中でも宗麟が最も頼りにしていた戸次鑑連の家中にも犠牲者が多く出た。

この戦いで、鑑連は五人の弟を一度に亡くしてしまう。宗麟は戦後、彼の無事を喜ぶとともに、戦死した弟たちに深甚の弔意を表わして慰めた。そして、その書翰の中で、「さてさて秋月振舞のこと、無念中々申すに及ばず候。宗麟鬱憤の儀猶以て浅からず候。何様本望を遂げる可きこと、別儀あるべからず候」とし、筑後衆の戦死に対しても「朦気深重（深い心痛である）」と述べ、秋月種実への激しい憤怒を表わしている。

種実の乾坤一擲をかけた大友への復讐戦がいかに猛烈を極めたものだったかを知ることができる。大友軍は筑後まで戦線を後退した。しかしあくまで局地戦での勝利であり、大局的に見れば、大友の軍威はいささかも変わらなかった。

種実は、休松戦での戦功の家臣大坪主水に対して知行配分を与えたことが『大坪文書』に記されている。

折紙

周防国山口において忠節、殊更今度の大友合戦の刻、粉骨の働きに候、我々勝利の段、喜悦斜めならず候、仍って先度の本地安堵の書出の外加恩として嘉摩郡の内八拾貫の地を充行う、全て知行すべし、猶伊豆宜しく申すべき者也

十一月廿五日　種実（花押）

大坪主水殿

大坪主人は、種実が山口亡命中から随身してきた家来で、この休松戦でも粉骨の働きをして加恩に与かっている。その後、大友軍は宝満城の攻撃を続けていたが、急には攻め落とせず持久戦となった。一方、反大友方の筑紫広門・原田隆種・宗像氏貞らも秋月・高橋らの健闘に力を得て、抗戦し、大友の諸将は、これら造反の城主たちの討伐に追われていた。

種実の降伏

翌永禄十一年四月、大友方の立花城主、立花鑑載が反旗をひるがえした。毛利側は、元就の将清水左近将監が

援軍として、中国勢八千余を率いて立花表に到着。立花勢に協力して大友軍の来襲に備えた。一方、戸次・臼杵・吉弘らの大友軍主力は、筑後から北上して筑前糟屋郡に進攻し、立花山麓に布陣して攻撃態勢をとった。

同年四月二十四日から大友軍の猛攻が始まり、山麓一帯で戦闘が行われた。以後、両軍は夏までの三カ月間、対戦したが、その間、攻撃軍の主将戸次鑑連の謀略で、立花方の将野田右衛門大夫が内通し、その手引で大友軍は一斉に城内に攻めこみ、城兵の抵抗を排して七月二十三日、遂に立花城を攻め落とし、鑑載を自刃させた。

毛利の援将清水左近将監は、敗残の軍兵をまとめて撤退していった。

休松より古処山を望む（朝倉市秋月）

一方、古処山城にいた秋月種実は、立花城の陥落を知ると、気落ちしたのか、大友軍に降伏した。休松で、あれほど勇戦奮闘した彼にしては、あまりの急変ぶりであった。まだ宝満山では高橋鑑種が抗戦を続けているのに、種実の胸中にどのような変化が生じたのであろうか。彼は、抗戦の限界を知って降伏したといえよう。これを証明する永禄十二年五月二十一日、問注所刑部入道（善聴）宛の「大友宗麟所領預ヶ状」（『問注所文書』）には、

去々年以来、左右良城の事、善聴一分を以て取り誘えられ今に勤番感悦候、殊に親父安芸守忠儀に依って、把木郷百拾町分の事、預け進め候といえども、秋月種実非を改め、忠貞の覚悟顕然の条、還附せしめ候、彼の代所として肥筑百六拾町分（坪付は別紙に在り）の事預け置き候、知行あるべく候、

恐々謹言

壬五月廿一日　宗麟

問注所刑部入道（善聴）殿

今まで反抗してきた秋月種実が非を改め、大友家に忠貞を尽くす覚悟がはっきりわかったので、問注所（生葉＝浮羽郡長岩城主）に預けておいた把木郷（現朝倉市）百六拾町分を還附することにした。その代わりとして肥筑で百六拾町分を預けるので、知行（土地、及び土地からの収入）にしなさい。

という意味だが、この文面から種実降伏の時期は立花城陥落（永禄十一年七月）後、早々か同年中であったと推定される。

所領安堵される

永禄十二年、毛利方は再び立花城を奪回したが、巻かえしを図る大友軍と激しい攻防戦を展開した。だが、決着がつかないまま、両軍の睨み合いが続き、遂に膠着（こうちゃく）状態に入った。

この時、宗麟は毛利に対し、後方攪乱の絶妙な戦略を行った。大友家に亡命中の大内輝弘（義隆の従弟）を使って山口復帰の兵を挙げさせ、援軍をつけて毛利本国へ逆攻勢をかけたのである。九州に出払った敵の隙（すき）を突いた襲撃作戦であった。これで毛利側の状況は一変した。この急変に驚いた元就は、全軍に九州から撤退を命じた。間もなく帰国してきた毛利軍によって、大内・大友の山口進入軍は撃破されて潰滅した。

毛利軍が筑前から去ったあと、高橋・宗像・原田らの諸士は、つぎつぎに大友に降伏して従うようになる。こうして擾乱（じょうらん）は一応終熄して、北部九州は大友氏の掌握下に入った。

乱後、宗麟は、宝満城の高橋鑑種を小倉に移し、後任に同姓高橋鎮種（紹運）を入れ、また立花城には戸次鑑連（のち立花道雪と名のる）を、それぞれ城督に任命した。一方、秋月種実は早く降伏していたので、上座・下座両郡の所々のほか、嘉麻郡・穂波郡の両郡にまで所領が安堵された。

元亀二年（一五七一）正月二十八日、宇佐八幡宮が穂波郡の神領地返還を求めて種実に訴えた書状「到津文書」があるが、当時の秋月氏の勢力範囲が証明される。この頃、種実は大友に従うふりをしながら、しだいに地力をつけていったと考えられる。とくに、肥前の龍造寺隆信は、宗麟に徹底して反抗、大友の討伐軍と佐賀（佐嘉は古名）

の山野で戦い、大いに敵を悩ませて武名をあげた。隆信は、一時、宗麟と和睦するが、その後、肥前国内を平定し、さらに筑後へと勢力拡張を図る。一方、薩摩の島津義久も九州南部で勢力をのばしていたが、この両者は、やがて大友の存亡に影響を与えるほどの大勢力に成長しつつあった。

このような状況の下で、種実は龍造寺隆信との友好関係を築きながら、近隣の筑紫・宗像・原田らとも反大友の気脈を通じていた。しかし、大友氏は何といっても当時、九州一の軍事力を保持し、博多・太宰府を統治して立花・宝満をはじめ、各地の諸城を堅持していた。

元亀から天正へと年号が変わると、近世へ向かって怒濤のように押しよせる時代の潮流は、戦国の様相を一層苛烈なものにしていった。

大友敗戦後の種実の活動

天正六年（一五七八）八月、大友宗麟・義統父子は、宮崎平野に進出してきた島津氏を討つため、数万の大軍を率いて出兵するが、結果は惨憺たる大敗北に終わった。

以後、さしもの大友家も勢威を失って衰退してゆく。それまで大友に従っていた国人領主たちは、この敗戦を機につぎつぎに離反して、今や強勢となった島津や龍造寺に寝返りしはじめる。筑前では、秋月種実が筑紫広門とともに、肥前の龍造寺隆信に通じて兵を挙げ、大友方の城を攻撃する。種実は再び活発な活動を始め、高橋鑑種の養子となった子の元種（弟ともいう）や、豊前の長野家を継いだ弟種信と協力し、また、翌七年には、彦山座主舜有(しゅんゆう)と種実との間に盟約が結ばれ、協力態勢のもとに打倒大友の力を結集、立花道雪・高橋紹運らの大友軍と戦う。

天正九年（一五八一）、種実は立花・高橋軍と、太宰府口や嘉麻(かま)・穂波方面で戦うなど目ざましい活躍をしている。

この頃、彼は筑前最大の国衆として豊筑領内に二十四カ城を配して兵威を振るい、勢力を伸ばした。

その後、九州では島津・龍造寺の両雄が覇を争うようになる。この時期、宣教師ルイス・フロイスがインド地方区長に送った報告書の中に、秋月氏について次のような記述がある。

豊後（大友氏）は筑前の国において二城、即ちフイマ（宝満）及び立花のみを有せるが、その守将等は、豊後の王に叛きたる秋月の許に人を遣わし、彼は大いなる領主にして、彼らは多数の敵の間に二城を維持すること能はざるが故に、豊後に叛き、彼（秋月）と合体せんことを欲すと言わしめ、さらに言を加へ、種々彼を動かすべき理由を述べ、使者を出すこと五回に及びしが、秋月の諒解を得ること能わず、最後即ち第六回の使者を派遣したる時、保証として秋月が大いに望みたる城の収入を譲渡すべく、懸念を抱かざるため、城に火をかけ、これを見たる後、兵を出して城地を収むべしと言はしめたり、秋月はこれに動かされて承諾したれば、彼らは城内の人及び物を悉く移し、然るのちこれに火をかけたり、秋月は城の焼くるを見て、ただちに千人を出して、城地を占領せしめんとしたるが、豊後の人々は、一万余人を備え、彼らを囲みて、千人の内百余人を殺したりという、彼（秋月）は大いにこれを憤りしが、その力なく未だ復讐をなすこと能はず―。

一五八四（天正十二）年一月二十日、長崎より

宝満（高橋）・立花（戸次）、大友二城による秋月への謀略の様子が窺われ、当時の情況がよくわかる。しかし、外国人宣教師のこの記述には、思い違いや、誇張、誤記もある。

この報告書に該当するのは、『陰徳太平記』『大友興廢記』『筑前国続風土記』などに記されている天正八年十月、高橋紹運らによる秋月方への謀略により、種実の将内田彦五郎以下五百余が、高橋領内に誘いこまれて襲撃され、大半が戦死するという事件があった。だが、日付や兵数などについては、宣教師の聞き違いによるものと思われ、当時、大友方には、一万余の兵を出す力はなかった。

天正十二年三月、島津・龍造寺両軍は島原半島で激突、その結果、龍造寺軍は大敗し、大将隆信は五十六歳を一期に沖田畷の戦場の露と消えた。その後、島津は九州最強となって独走態勢に入り、九州制覇を目ざし、北進を企図するようになる。

種実は外交手腕にも秀れ、龍造寺隆信在世中は彼と結託し、隆信歿後は島津に誼を通じて共通の敵大友に当たり、

両者からそれぞれ信頼され筑前における最大の味方として重きをなした。

島津と結ぶ

隆信死後、大友の将立花道雪（戸次鑑連）、高橋（紹運）両将が島津に使者を派遣し、島津・大友の提携で龍造寺討伐のことを画策したが、ひと足先に種実が島津・龍造寺の和平を斡旋して成功させ、大友方の企図を失敗に終わらせた。

その後、種実は無二の島津方として尽力するが、彼自身も龍造寺氏の衰運を機に、島津勢力を利用し、北部九州の覇者たらんことを狙っていたと思われる。

彼は敬神の心が篤く、飯塚市の大分八幡宮社殿の造営や、嘉麻市の高木神社本殿の再建をしたり、また、筥崎宮造営に関わる断簡状も残している。天正六年冬、秋月勢が高橋紹運の居城岩屋城を攻めた時、兵の放った火で太宰府天満宮は、社殿、建物のすべてを焼失したが、彼は恐懼して、放火した家臣を捜し出し切腹を命じた。そして、朝倉郡筑前町栗田に八幡宮を造営して祭費を寄進、神仏への崇敬の念を表わしている。

島津の将上井覚兼が記した『上井覚兼日記』によれば、天正十三（一五八五）年十月、種実は、島津義久に大友征伐に先立ち、筑前平定の急務を説き、宗像・麻生らを従えたのち、豊後攻めにとりかかることを進言している。

一方、当時、天下統一の大業を遂行していた豊臣秀吉は、島津の圧迫に苦しむ大友宗麟の上訴をうけ、島津義久に大友との和平を勧告していた。そして、大友・立花・高橋三氏は秀吉配下に加えられた。だが、島津側はこれを無視して種実の案内で筑前出兵を強行、秀吉方の宝満・岩屋両城を攻略し、さらに別軍は豊後に攻め入った。秀吉配下の毛利・黒田らの先遣軍は既に九州に入って大友氏への救援活動や宣撫の任務にあたっていた。

天正十五年四月、秀吉は島津征伐のため、二十万の大軍を率いて九州に入った。種実は島津への義を守り、秀吉の大軍を相手に戦うが、自慢の要害であった豊前の拠点岩石城が一日で攻め落とされ、その猛勢を見て初めて抵抗しがたいことを知る。種実、種長父子は古処山城に退き、降伏を決意。頭を剃り墨染めを着て山を下り、秀吉の前にひれ伏した。彼らが降伏を申し出たところは、嘉麻郡芥田村（嘉麻市芥田）であった。種実父子は、大隈から秋月に向かって諸将を従えて悠々と進んでくる関白秀吉を迎えた。

種実、秀吉に降伏

種実は、既にこの二年前、家督を嫡子種長に譲り、宗誾と号していたが、今はただ敗軍の将として秀吉の前に伏して、ひたすら罪を謝し、裁きを受ける身となった。時に、天正十五年四月四日、その対面の場所は、広い畠の中であったといわれるが、のちにここを「降参畠」と呼ぶようになった。

秀吉は、はじめ秋月父子を北部九州の元凶と見做して、容易に許そうとはしなかったが、頭を丸めて僧衣を纏い、前非を悔いて罪を詫びる父子を見て、不憫に思ったのか、遂にこれを宥して寛大な心を示した。

だが、彼らには秀吉への忠誠と罪の償いのため、昨日までの盟友であった島津攻めの矢表に立たされることになった。秀吉は、緒戦における寛容な政略が抗戦派諸将の投降に大きな影響を与えることを知っていた。秀吉の『九州御動座記』には、種実のことを「此秋月と云者、筑前一国と筑後半国、豊前半国ノ屋形と被仰候て、今迄廿一代世をたもちたる侍也」と記している。

種実は、持ち城二十四城を明け渡して、十六歳の娘を人質に出し、「楢柴」という家宝の茶壺と米二千石、それに金百両を秀吉に献じた。楢柴は博多の豪商島井宗室が所持していたのを、種実が譲りうけたものだが、当時、隠れもない天下の名器で、その評価は三千貫（現在の約三億円に相当）の代物といわれた。『九州治乱記』に、「秋月種実父子、命を助けられしは偏に楢柴の故なりとぞ人々申ける」とあるが、秀吉が茶器一個で心を動かされるほどの人物ではなく、楢柴の価値の重さを喩えたものと思われる。また、秀吉の「数寄者」としての眼がそこに働いていたことも事実であったろう。時に種実四十三歳。種長二十一歳であった。

秋月降伏後、秀吉の大軍は破竹の勢いで南下し、島津本国へ迫ったので、遂に同年五月八日、島津義久は川内の泰平寺に於て秀吉に降伏を申し出た。

秋月父子の日向移封

こうして平定が終わると、秀吉は各大名の九州経営の国割り（知行）を発表した。この中で、秋月種長は日向財(たから)部(べ)（高鍋）三万石へ、弟高橋元種は県(あがた)（延岡）五万石に、それぞれ国替えとなった。彼ら大蔵一族は、辛うじて大名として残ることができたが、父種実が仇敵として怨念を燃やし続けた大友宗麟は、島津降伏後、津久見の館(やかた)でひっそりと死んでいった。「打倒大友」を生涯の旗印にしてきた種実は、今その相手が消え去り、彼の胸中はどんな思いであったろうか。

種実は隠居の身とはいえ、これから始まる日向での厳しい苦難の生活を考えると、初祖種雄いらい四百年に及ぶ秋月の地を離れてゆく悲哀と心細さは想像を絶するものがあったにちがいない。三十六万石の収入が、いっぺんに一割以下の三万石に減らされてしまったのである。彼ら父子に付き従う家中の者たちの心情も、期待と不安の複雑な思いであったろう。

秋月を去る日、種実一行が住み馴れた城下をあとに、日田への道をとり、現在の上秋月松丸地区まで来た時、種実は生涯の見おさめと秋月城下の方を向いて、しばし感慨にふけった。その時、口をついて出たのは、「ああ、十石でもいいから、秋月の地にとどまりたい」といった悲痛な声だったという。それ以来、ここを「十石山」と呼ぶようになったと伝えられている。

秋月主従一行は八月下旬、陸路日田から、久住、竹田、重岡、延岡、美々津、都農を経て九月初め高鍋に着いたという。しかし『高鍋本藩実録』には、「豊前今井津ヨリ御乗船ニテ九月三日高鍋へ御着ナリ」とあり、陸、海両道の二説がある。

日向移住後、秋月父子は、休む間もなく城の整備や町づくりに励んだが、なにぶん収入が激減したうえ、天正十八年、秀吉の小田原攻めや、文禄元年（一五九二）の朝鮮役出陣では、秋月種長は家士六百余を率いて渡海、前後七年にわたって異国を転戦した。そのため出費が嵩(かさ)んで、財政はつねに火の車で極貧状態が続いた。

秋月からきた家臣の中には、あまりの耐乏生活に耐えかねて、日向から再び秋月に舞い戻った者もいたという。彼らが還住した所は、「日向士」と呼ばれたが、それが現在の、朝倉市日向石といわれている。だが、秋月家中は苦難にもめげず、上下協力して幾多の苦境をのり切り、高鍋藩二百八十年間の基礎を築く。

種実の生涯

種実の生涯は、まさに怒濤の如き人生であり、その大半は仇敵大友への闘志によって貫かれている。彼は、少年のころ一家が滅亡寸前の淵に立たされ、離散の憂き目にあうが、他家で苦労して成長したため、辛酸にうちかつ忍耐力を身につけた。毛利家に亡命中、兵法も学んだらしく、秋月に復帰してからの彼の武略は秀れ、戦は常に果断で、休松や猪膝の戦など、大友の大軍をよく夜襲して勝運をつかんでいる。

彼は、大友軍によって潰滅状態となった秋月家を再興し、家臣と協力して家運をひらき、彼の代で全盛期をむかえた。だが、豊臣秀吉に反抗したため、助命はされたものの、小領に削封されたのは彼に時勢を見る眼がなかったと言えるが、たとえ田舎武士と言われても、彼の胸中には王朝いらいの名族大蔵氏の誇りがあったといえよう。

種実はのちに、高鍋から串間（串間市）に居館（金谷城）を築いて移り住んだが、晩年、子種長のため上洛して伏見に居住した。その邸は、もとキリシタン大名高山右近が住んでいたという。

慶長元（一五九六）九月二十六日、種実は伏見の邸で、五十二歳の波乱の生涯を終えた。遺骸は、紫野大徳寺（臨済宗、京都市）の見性庵に葬られた。法名は「西林院殿笑翁宗誾大居士」である。

串間市の西林院（臨済宗）には、種実と、夫人青松院、子の種守、及び四人の殉死者の墓があるが、種実のものは遺髪を納めたものといわれる。種実には辞世はないが、大蔵一族の誇りに生き、敗戦の屈辱を二度と子の種長や、家中の者たちに味わわせないため、ひたすら家運を全うすることを願い、家臣を励まし、節倹をすすめ、文武の道を奨励したといわれる。

秋月高鍋藩は三万石の小藩だったが、その子孫から名君といわれた上杉鷹山（米沢藩主、秋月七代種茂の弟治憲のこと、秋月家より養子に入る）や、明治天皇の侍講となった秋月種樹など秀れた人材を出している。

種実は、日向に去ったのち、二度と秋月の地を踏むことはなかった。秋月氏歴代の中で、いま鳴渡の山中に、彼の祖父にあたる種時の墓だけが残っている。名峰古処から流れ落ちる野鳥川の清冽な水は、今日も秋月の町並みを貫流しながら、眼鏡橋の下を静かに流れている。現在、宮崎県児湯郡高鍋町と、秋月のある福岡県朝倉市は、昭和四十二年に姉妹都市の締結をしている。

秋月氏略系図

1種雄―2種幸―3種家―4種☒―5種資―6種貞―7種高

8種顕―9種道―10種忠―11種氏―12種照―13種朝―14種時―15種方（文種）

16種実―17種長

秋月氏の家紋、三つ盛撫子

秋月種実の花押

秋月種実の位牌（上）と墓（串間市、西林院）（下）

宗像氏貞　むなかたうじさだ

宗像家を継ぐ

福岡市と、北九州市のほぼ中間に位置する宗像(むなかた)市は、自然環境や交通の便に恵まれ、文教都市として、著しい発展を見せている。この宗像のシンボルである宗像大社は、交通安全の神様として全国に知られていて、参拝者が後を絶たない。天神（天照大神）の御子神である宗像三女神を祀る宗像神社（現大社＝戦前は官幣大社）は、この宗像地方の信仰の中心として、古来から崇敬を集めてきた。現在、宗像郡のほとんどは、宗像市に編入され、田島の本社をはじめ、沖ノ島・大島の海上二社も、市内に鎮座する。とくに沖ノ島は、「海の正倉院」といわれ、これまで古代祭祀の遺物や、朝鮮・大陸との往来を物語る貴重な出土品が多く発見されている。

筑前宗像氏は、第五十九代宇多天皇の皇子清氏(きようじ)親王を祖とするが、清氏卿下向いらい、宗像神社の大宮司職として、郡内一円を治めてきた。戦国時代、宗像家は、大内・大友・毛利の大勢力の間を家の存亡を賭けて変転し、苦難を味わうが、この大宮司家八十代（七十九代ともいう）を継ぐのが、宗像四郎氏貞である。

氏貞の出生地は、周防吉敷郡黒川庄（山口市黒川）で、宗像の土地の生まれではない。彼は、戦国真只中の天文十四年（一五四五）に生まれている。父は、七十七代宗像正氏（別名黒川隆尚(たかひさ)）であり、生母は大内家の重臣陶晴賢(すえはるかた)（隆房）の姪照葉(てるは)である。正氏の母は大内政弘の娘であり、彼は大内の一族として吉敷郡黒川郷を受領し、二十年間宗像大宮司職を勤めたのち、山口にきて義隆に出仕し、義隆の一字をもらい「黒川隆尚」と称した。彼は黒川居住中よく東大寺に納税しており、天文八年、銀十六貫八百文を納税したと記録されている（『山口市誌』）。

また、大永四年（一五二四）には、大内の将として尼子方の城攻めに出陣し戦っている。

　そのように宗像家は、数代にわたり、中国地方の強雄大内氏に従い、軍役のほか山口出仕の義務も負わされていた。正氏は宗像の国元を離れて山口周辺の黒川の郷に館を構えて居住した。黒川は山口盆地を貫流する椹野川の左岸地帯に位置し、大内館のあった山口の街から南へ約五キロの所にある。現在では館趾は不明だが、岩富の黒川八幡宮跡西側の東殿・西殿という豪族屋敷にふさわしい小字（穂の木）の地がそれではないかと比定されている（『山口市誌』）。椹野川はしばしば洪水で被害を与えたが、東殿・西殿とその東側の坊河内は高くなっており、被害は少ないところである。東・西殿の間に馬場という小字名があり東殿・西殿ともに一二〇メートル四方の館地がとれ、馬場は直線二〇〇メートルをとって中世武家屋敷の居館の構えとしては十分な場所だったと推定される。

　氏貞は、父正氏が山口在勤中、この黒川で出生した子で、幼名を鍋寿丸といい、妹お色もここで出生した。

　一方、宗像正氏には、国元の宗像郡山田の里に正妻山田の局と、ひとり娘の菊姫がいた。正氏は、天文十六年に死去し、正氏の甥氏雄（氏男とも書く、正氏の弟氏続の子）が、菊姫の聟となって七十八代の家督を継ぐ。だが、氏雄もまた義隆の小座敷衆として黒川を受領、「黒川隆像」の名をもらう。彼は、山田館に菊姫母子を残して宗像を離れ、国主大内義隆の側に勤仕した。

　天文二十年、鍋寿丸が七歳になった時、大内家に大異変が起きた。当主義隆が重臣陶晴賢のクーデターによって、長門の大寧寺（長門市湯本）で自害したからである。この政変で、宗像氏雄も主の義隆に従って殉死したが、彼の死によって宗像家は当主を失った。

　思いがけなく、それまで日陰の存在であった鍋寿丸に宗像家相続の話が持ちあがり、彼が後継者に選ばれた。もちろん、血縁の陶晴賢をバックにした長州派のあと押しがあったからである。

　主家大内氏を倒して国政の実権を握った晴賢の勢威は強大となって、海の向こうの北九州にも影響を与えていた。のちに陶晴賢を攻め滅ぼす毛利元就も、当時はまだ陶と対抗できるほどの力はなかった。晴賢は、筑前で水軍力をもつ伝統の名家宗像氏を掌握するため、部将寺内治部丞らに鍋寿丸母子を守らせて同年九月十二日、宗像の地へ送

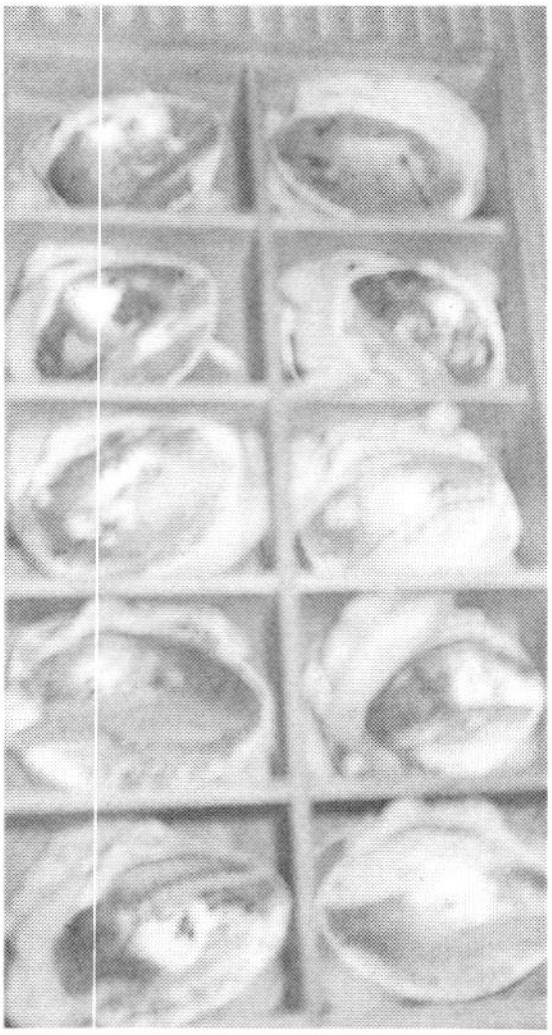

菊姫愛用の貝絵入（貝合わせ、宗像市、増福寺蔵）

りこんだ（『新撰宗像記考證』）。

山田事件

一方、宗像家では、鍋寿丸の家督就任に反対する者たちが、横死した氏雄の実父で、先々代の当主であった宗像氏続（うじつぐ）や、氏雄の弟千代松丸、それに山田館に住む氏雄の未亡人菊姫らを擁して対抗した。菊姫と鍋寿丸は異腹の姉弟である。

しかし、陶方の武力、謀略によって、反対派は切り崩されていった。総帥格（そうすい）の氏続は、彦山へ逃れたが、追手に討たれ、また氏続の子千代松（三歳）は、母の弁の前に抱かれて、鞍手郡山口の里に身を隠した。だが、ここも探知され、長州派の者たちによって母子とも殺害された。

その頃、菊姫と母の局（つぼね）は、山田の館にいたが、母娘（おやこ）を守っていた家臣らは、敵側に懐柔されたり、逃れたりしてつぎつぎに去り、今は四人の侍女とともに、肩を寄せ合って生きていた。しかし、魔の手は遂に彼女らの許にものびてきた。翌、天文二十一年三月二十三日の月夜、山田館は突然、刺客の一団によって襲われ、女ばかりの館にたちまち絶叫と悲鳴が起こった。

母の局を斬った暴漢たちは、さらに白刃をかざして菊姫に迫った。母の局は、溢れる血潮の中から「わが身は討たれても、菊姫だけは助けてほしい」と、哀願しながら息絶えたという。

菊姫は、刺客のひとりから片股（もも）を斬り裂（さ）かれて、どっと倒れたところを止（とど）めを刺された。四人の侍女たちは、勇敢に敵に立ち向かい、必死に闘ったが、しょせん適（かな）うはずもなく、全員凶刃を浴びて絶命した。

この日、山田館で六人の女性が無惨な犠牲となった。現在、増福寺の南約三〇〇メートルの畑地の中に「山田夫人故址」の碑が立っているが、このあたりが惨劇のあった場所といわれる。

こうして、鍋寿丸の八十（一説に七十九）代大宮司職と、宗像家の家督が実現した。だが、彼は山田事件の時は、まだ七歳であったから、自分のために凄まじい殺戮、闘争が行われていたことなど知るよしもなかった。

鍋寿丸は、同年九月、陶晴賢に迎えられて山口に入り、黒川の姓から宗像の本姓に復した。その後、弘治三年（一五五七）、氏貞と改名した（『新撰宗像記考證』）。

山田事件後、宗像領内には怨霊が荒び、六女惨殺に関わった者たちの身辺に怪異が現われ狂死や変死者が続いた。そして折からの悪疫の流行も加わって不幸なことは全て六女の祟りに転化され、人心の不安を一層かき立てた。

氏貞、毛利と結ぶ

山田館で非業の死をとげた六女の墓。中央、山田局、左、菊姫、右四女合祀墓（宗像市山田）

この間、弘治元年（一五五五）、毛利元就は、厳島（広島県）において、陶晴賢の軍と闘って撃破し、晴賢を敗死させた。この時、氏貞は晴賢に味方して家臣占部尚安らを援軍として派遣している（『新撰宗像記考証』『陰徳太平記』）。

その後、元就は国内の陶の残存勢力を掃蕩しながら、大内の旧領を継承して中国・北九州に武威を示した。また、晴賢のロボットであった大内義長（大友義鎮の弟、陶に擁立され大内家を継ぐ）も、弘治三年、元就に攻められて長府で自害した。氏貞は当時陶と同盟関係にあった大友氏に属していた。彼は、毛利に味方する秋月文種（古処山城主）らの討伐に参加して功があった。

しかし氏貞は、毛利勢力が北九州に滲透してくるに及んで、大友と手切れして毛利へ付く。宗像家にとって、海峡ひとつ距てた隣り合わせの毛利氏と結ぶ方が、遠い豊後の大友氏に従うよりも有利と判断したからであろう。それに、元就の大内領継承とともに、かつての黒川衆として防長との親密な関係があったからと考えられる。

お色の怪異

そんな時、氏貞の母照葉と娘お色が暮らす滝ノ口（宗像市玄海町）の館で異変が起きた。山田事件から七周忌にあたる永禄元年三月二十三日のことである。

この日、母娘は双六（すごろく）に興じていた。十二歳のお色は気品ある容貌をしていたというが、母の方が勝ち進んで、お色の賽（さい）は少しも上らず負け続けた。そのうち彼女の顔が異様に変わったと思うと、すっくと立ちあがり、目を怒らせて口をぐわっと開き、いきなり母の咽喉（のど）ぶえに噛みついた。突然、娘から咽喉もとを噛まれて動転した照葉は、娘を必死に突き放そうとするが、お色は暴れ狂い、口からは母の血を吸った生血が滴り落ちた。傍にいた侍女たちは、余りの恐しさに悲鳴をあげ、おろおろするばかりであった。髪ふり乱したお色は、母から口を離すと、呻（うめ）くような恐ろしい声で、「われは、山田の怨霊（おんりょう）なるぞ」と言い始めた。

『宗像記』などによると、彼女はこの時、知るはずもない七年前の、この日起きた山田館の惨劇を語り、激しい恨みの言葉を吐き続けたという。

氏貞は、すでに分別のある青年領主であったが、妹お色の奇怪な言動や、領内の変事の原因が、幼少期の宗像家相続にあることを知り、当時の犠牲者の冥福を祈り、永禄二年、増福庵に、回向のため田地二町を寄進して慰霊につとめた。また、田島村（宗像市玄海町）に一社を建立して、山田局と菊姫の両霊を祀った。これが氏八幡社であり、その後さしもの祟りも治まったという。

許斐城奪回と白山城

永禄二年、九州の雄、大友義鎮は毛利の部将が守る門司城を攻めさせたが、それとともに毛利と結んだ氏貞に対する報復として同年九月、立花鑑載（立花城の城主）らに命じて、大軍をもって宗像領の許斐城（宗像市、福津市）を攻囲させた。

許斐城は、大友領の立花城と近接する宗像氏の重要な出城である。氏貞の将占部尚安らが小勢で守っていたが、大友の大軍に囲まれ、抵抗しがたいことを知った氏貞は、占部らの将兵を城から撤退させ、自らも兵をまとめて居城の白山城を脱出、大島に避難した。

氏貞は、ここで許斐城奪回の機会を狙っていたが、遂に翌永禄三年三月、一千余の軍勢を率いて大島を出発、同月二十七日、許斐城を夜襲して奪回に成功、白山城に復帰した。

白山城は、氏貞が蔦ケ岳に移るまでの宗像氏の本城であった。城趾は、標高三一九・三メートルの白山の頂上にあり、登山口は増福寺前の道路西端の民家から左手に入り、一〇〇メートルほど行くと池がある。その池の反対側の山道が城趾への登山路であるが、つづら折りの山路を尾根伝いに登る。急傾斜した滑り易い地層がつづき、緊張のため、心臓の鼓動が高鳴り、呼吸が喘ぐ。山頂の本丸跡までの所要時間は、約四〇分である。

宗像氏貞画像（宗像市上八、承福寺蔵）

山頂に差しかかる手前に、山路を挟んで二本の掘切があり、その上の方に、三カ所の郭跡が見られ、ここから頂上までは近い。山頂は、ところどころ灌木が茂り、大木もあるが、ここが本丸跡で、東西二一メートル、南北三六メートルの広さである。また、東に一段下がった所に二の丸跡がある。東西二〇メートル、南北三二メートルで、本丸より少し狭いが、両方合わせると、一一二二平方メートル（約三四〇坪）の面積を有し、四、五百の城兵の駐留は可能である。

本丸の西側にも掘切が走り、下の縦堀と連繋して正面の防御陣を形成している。また、本丸下の郭を東に八〇メートルほど下った所に「水穴」があり、洞穴の奥深く水が湧き、城の水をまかなっていたという。城の位置は、さして高くはないが、自然の地形を巧みに利用した複合的構造で特色があり、小規模だが、中世山城の貴重な状態を留めている。

氏貞、毛利を支援する

氏貞は、許斐城を奪回後、遠賀・若宮・西郷・野坂・赤間・須恵・平等寺・久原・大穂・内殿などの宗像の社領を残らず手中に収めることができた。

大友の部将が守る立花城と、宗像氏との戦いは、その後も続いたが、氏貞は配下の将たちを督励して、領内に侵攻する立花勢を、そのたびに撃退した。永禄五年、大友、毛利の門司合戦は、水軍力に優る毛利方が優勢勝ちを収め、大友軍は豊後へ撤退した。大友義鎮は、この敗戦を機に髪を剃り「宗麟」と号した。彼はその後、国内の水軍力の強化につとめる。

同年、氏貞は、それまで居た辺鄙な白山の居城から、交通に便利で要害の蔦ケ岳（宗像市赤間町）に新しく城を築いて移った。戦略上の理由と、人心の一新を図ってのことだった。

永禄七年七月、将軍足利義輝の勧告によって大友・毛利両者は和睦した（「新撰宗像記考證」）。これに伴って大友・宗像両氏も和議を結んだ。しかし、この平和も長くは続かず永禄十年、再び戦争状態に入った。しかも今度は筑前の国人領主たちが、いっせいに大友に反旗を翻して毛利に付いた。高橋鑑種・秋月種実・原田親種・筑紫広門・宗像氏貞・麻生隆実らである。なかでも高橋鑑種は大友氏支族の身でありながら反乱の中心となった。また、肥前の龍造寺隆信も佐賀で挙兵した。

氏貞は、同年九月、内殿村（福津市内殿）飯盛城下に攻め寄せた立花軍を破って勝利を収めた。だが、翌月、大友軍は再び宗像郡内に攻めよせて放火、狼藉（ろうぜき）をしたので、名利鎮国寺（めいさつ）はこの時焼失した。氏貞にとって、本領内に敵の侵入を許したのは痛恨事であったが、幸い配下の兵達の働きで撃退することができた。そして、僥倖（ぎょうこう）だったのは、今まで合戦をくり返して敵対関係にあった大友の将立花鑑載が永禄十一年四月、主人宗麟に叛き、立花山で反旗を翻したことである。彼は、氏貞と同じ毛利側に付いて、互いに手を握ることになった。

同年五月、宗麟は筑前擾乱を鎮圧するため、戸次鑑連らの諸将に命じて立花城を攻めさせたので、七月に城は落ち、城将立花鑑載は自害した。立花城の援軍として派遣されていた毛利の将清水左近将監（さこんのしょうげん）らは、敗戦して長州へ引き揚げた。宗麟は、同年七月二十八日の書状で、立花城を陥（お）とした戸次鑑連らに対して、秋月種実、宗像氏貞の軍勢が同城に来襲の際の指示を与えている（『立花文書』）。

一方、毛利側も筑前掌握のため、博多支配に不可欠な立花城占領を図り、総帥元就は、配下の諸将に作戦を命じた。これに応じて氏貞は、同年十一月十二日、毛利の将市川経好と遠賀川河口の山鹿（やまが）（遠賀郡芦屋町山鹿）において対談し、向後の計画を協議している。会談は麻生氏の居城、山鹿城において行われたものと推測される。また、氏貞は孔大寺（こだいじ）山麓の垂水（たるみ）越えをして岡垣村に出て芦屋へ入る陸路か、または釣川河口の江口付近から海路芦屋へ着岸したものと考えられる。毛利方は、立花城への進路の要衝にあたる宗像領を重視、領主氏貞と頻繁に相談し、氏貞もまた、市川・山田・有田らの毛利の諸将に協力して立花城攻略のため、尽力していることが、彼の書状からうかがえる（『宗像神社文書』）。

毛利軍の筑前出撃

毛利軍は、筑前出撃のチャンスをうかがっていたが、永禄十二（一五六九）年四月、吉川元春・小早川隆景らの諸将が率いる四万余の軍勢は博多を目ざして進撃、まず、その進路に立ちふさがる大友の拠点、立花城攻略に向かった。大友軍が龍造寺隆信討伐のため、佐賀へ進攻した隙（すき）を突いての出兵であった。当時、立花城には、大友の部将津留原（つるはら）・臼杵（うすき）・田北（たきた）らが守っていたが、毛利軍が立花城下に迫ったので、三将は高良山に在陣する主君宗麟のもとへ急報した。

宗麟の命で、戸次鑑連らは急遽、龍造寺隆信と講和して、直ちに立花城の救援に急行した。しかし、すでに立花城は毛利軍によって占領され、降伏した城兵らは、大友の陣中に送り届けられた。

大友・毛利両軍は、同年四月から十月半ばまで、約半年間に、大小十八回に及ぶ合戦をしたが、特に五月十八日の合戦は最も熾烈で、各史書に記されている。宗像勢も、この日の戦闘では大いに働き、大友軍と激戦して敵を倒した。氏貞は、配下の占部八郎貞保の目ざましい戦功に対して感状を与えている（『新撰宗像記考證』）。

また、同五月十八日、氏貞の将河津隆家に対する立花合戦での軍忠を賞した毛利元就の忠賞状が『河津伝記』に記されている。

氏貞は、大友領との国境にある許斐岳城の防備・普請に奔走し、毛利への戦略に尽力したが、毛利輝元・元就は、彼の城普請の労をたたえて、七月十一日（年不詳）付の書状を送っている。このような氏貞の功績に対して、同年八月二十一日、毛利氏から氏貞へ太刀・馬が贈られた（『萩藩閥閲録』）。

こうして四月から始まった両軍の立花城争奪戦は、いつ終わるともしれない膠着状態となったが、この対峙中、毛利軍は本国の事情が急変したので、同年十月急遽、各軍をまとめ筑前から撤退していった。この退却を容易ならしめたのは、氏貞が宗像領から渡海口の遠賀郡芦屋までの通行に宗像勢をもって協力したからである。

氏貞の和睦

毛利軍が引き揚げたあと、立花城は再び大友軍が入城し、それまで毛利に付いていた領主たちは、次々に宗麟に忠貞を誓って和議を結んだ。氏貞も立花の陣を退いて、蔦ケ岳の本城に帰り、大友との和睦にのぞんだ。氏貞が大友に降った時期については、元亀元年（一五七〇）九月十三日付で、秋月種実が氏貞家臣吉田重致に送った書状（『新撰宗像記考證』所収）の中で、宗像氏の大友従属を了解したという文意によって、同月初めごろと推定される。

この和議で大友方の示した条件は、

一、氏貞は毛利と手を切り、大友に従うとの誓紙を差し出すこと。
二、蔦ケ岳城を明け渡すこと。
三、近年知行地の半分を預けること。

以上の三カ条であった。これに対して氏貞は協議のすえ、若宮（宮若市）、西郷（福津市）の両地を大友方に割譲して和睦が成立した（『宗像記追考』）。また、宗麟は立花領と常に争ってきた西郷党の領袖河津隆家の誅伐を要求した。氏貞は、この理不尽な要求を初め拒否したが、大友の強硬な力関係の前に、涙をのんで隆家を蔦ケ岳山麓の妙湛寺で殺し、その首を大友の検分に供した（『河津伝記』）。

河津隆家の弟は、博多聖福寺第一〇九世住持となった景徹玄蘇であるが、氏貞の歌道の師でもあった。彼はのちに対馬に渡り、朝鮮の役では厳原の以酊庵で、秀吉の命により、朝鮮との外交接渉にあたった。また、その妹は博多商人神屋宗湛の妻であった。

元亀元年、氏貞は大友との和睦によって、宗麟の将臼杵鑑速の娘を室に迎え、また翌年、妹お色を立花城督となった戸次鑑連（立花道雪と号す。当時五十九歳）に輿入れさせた（『宗像記追考』）。お色は二十五歳であった。彼女は、山田事件後、精神的不安によって病身であったが、その後、健康を回復していた。立花道雪には、正室西（仁志とも書く）がいたので、色姫は側室として迎えられた。

土地への怨恨

氏貞は、立花家との婚儀に際し、妹の化粧料として、西郷庄（福津市）三〇〇町を立花道雪に贈ったが、これは氏貞が割譲したのを立花側が祝儀として返し、それを改めて宗像家が化粧料の名目で献じたものという。そのため、代々、西郷に住みついていた河津・井原・深川・温科・有吉ら、三十六人の郷士団は、山を越え、鞍手郡若宮郷（若宮町）に移住させられた（『宗像記追考』）。彼らは、自分たちの土地を奪った立花家への恨みを秘めながら、主君氏貞の命に従い、西郷の地から去っていった。

元亀から天正にかけて戦国の世は加速度で近世へと向かいつつあったが、下克上の様相は、なお苛烈を極めていた。その間、織田信長に追われた前将軍足利義昭は、天正四年（一五七六）、毛利輝元を頼って再起への協力を求めたが、同年六月十一日、宗像氏貞に、輝元との協力を要請し、使者をもって入洛への援助を求めている。

筑前の国人中、大宮司・中納言・水軍の領主として稀有の格式、伝統や特異性を有する宗像氏に特に強い依頼があったと考えられる。だが、天下人を目ざしていた信長は、義昭の復活を許さなかったから、彼の入洛の望みは徒労に終わった。

天正六年六月朔日、氏貞は、それまで焼失していた宗像社辺津宮の本殿を復興し、神饌を捧げて御幣を振った。

この年十一月、大友氏は南九州の雄、島津氏を討つため遠征して日向（宮崎県）の地で戦ったが、かえって大敗し、以後、さしもの大友家も衰退してゆく。筑前では、秋月・筑紫・原田・麻生・杉らの諸氏が大友から離反して龍造寺や、島津へなびく。

翌天正七年二月、秋月種実は、再び毛利氏に誼を結び、氏貞に同意を求めた。しかし氏貞は、立花家に入った妹お色のことを思い、同家との平和を維持することにつとめた。

小金原合戦

天正九年十一月、古処山城主秋月種実は、大友方の鷹取城（直方市）主、森鎮実（毛利鎮実とも書く）を攻めようとしていた。その頃、鷹取の領内は飢饉に見舞われ、城中の食糧確保が急がれた。鎮実は急使をもって味方の立花城に粮米の救援を要請した。道雪は、鷹取の窮状を聞くと、自分の方も余裕はなかったが、これを救うため、直ちに糧米三〇〇俵を集めさせ、小野・由布らの部将に命じて五〇〇余の兵で鷹取へ輸送させた。

氏貞は道雪の依頼で、立花勢の領内通行を許し、「彼らの通行に支障なきようにせよ」と命じ、若宮郷の武士たちにも伝えさせていた。十一月十二日、立花勢は無事鷹取城に食糧を運び、翌十三日、帰途についたが、立花家に遺恨を抱く河津修理ら若宮居住の氏貞の家臣たちは、この時とばかり同志を糾合。輸送隊の渡河を待ちうけて一挙に殲滅しようとした。だが、計画は失敗して立花勢との間に戦端が開かれた。

この知らせを聞いた氏貞は、驚いて直ちにこれを制止させるため、吉田・石松の老臣二名を現地に派遣したが、彼らはかえって西郷の地を追われた若宮武士の心情に同調して氏貞の命に反して戦闘に加わった。

そのうち秋月勢も宗像の応援に馳けつけてきて、戦いの輪はさらに広がり、西山を望む小金原の台地で最後の死闘を展開、日没になってようやく合戦は止んだ。この戦いで、氏貞の老臣石松・吉田をはじめ、若宮郷士たち宗像側百数十人が戦死、秋月の援軍も損害を出して引き揚げた。また、立花方も中堅クラスの武士三十余人を失い、多数の負傷者を出して帰城した。

現在、古戦場跡は、西日本ファミリーランド、若宮ゴルフクラブになっていて、小金原の広大な丘陵地に、綺麗に手入れされた芝生が広がり、ゴルファーたちの打つ快適な球音が響いている。その13番ホールの一隅には、この合戦で戦死した氏貞の家臣古野神九郎の墓が生き証人のように唯一残り、ゴルフクラブの手向けの花がいつも飾られている。

立花、宗像両家の不和

道雪は、この戦いを惹き起こした宗像の不信行為に怒りが収まらず、小野・由布らの部将たちに宗像攻めの出陣を命じた。彼らは両家の和のため、道雪に出陣を取り止めるように諫言する。氏貞もまた、配下の若宮郷士たちの軽挙妄動を深く陳謝したが、道雪は許さず、蔦ケ岳城の攻略を命じて出兵させた。同月十六日、氏貞は、やむなく兵を八並の東方、久末村（福津市久末）に出して防戦し、立花勢を撃退した。

小金原合戦の翌天正十年、中央では、天下統一を進めていた織田信長が部将明智光秀の反逆で自滅し、そのあとを羽柴秀吉が全国に向けて着々と政権樹立への地歩を固めつつあった。

このように世相激変の状況の中で、天正十一年三月十五日、立花軍は再び宗像領に攻め寄せた。宗像勢は、許斐岳山麓の吉原・八並で戦ったが、この時、氏貞方の名ある勇士吉原源内は、敵と激戦して討ち死にし、許斐城は、立花の兵に占拠された（『薦野家譜』）。

立花・宗像両家が戦うたびに、いちばん胸を痛めたのは、お色ではなかったろうか。彼女は立花家にあって、兄氏貞や、宗像家のことを思い、ひたすら両家の平和を願ったにちがいないが、不幸な事態になって、哀しみの日々を送ったと思われる。お色はその後、病の身となり、立花城下の青柳（古賀市青柳）の館で静養していたが、天正十二年三月二十四日、遂に三十九歳をもって死去した。この日は、奇しくも肥前の龍造寺隆信が島津軍と戦って敗死した日であった。

お色が死んで五カ月後の同年八月二十五日、前将軍足利義昭は、再び上洛を目ざし、毛利輝元の斡旋によって宗像氏貞のもとに、使者柳澤元政を遣わして幕府再建への協力を要請している（『宗像神社文書』）。

一方、宗像と戦争状態にあった立花家にも変化が起きる。天正十三年九月十三日、大友の勇将立花道雪が筑後出陣中に、七十三歳で病死したからである。

立花家の跡は、道雪の娘誾千代（ぎんちよ）の聟養子統虎（むねとら）（後の宗茂）が継ぐが、秋月・筑紫・原田等の周囲の攻勢をうけて自領を守るのが精いっぱいで、それに主家大友の衰退で援軍も期待できなかった。氏貞は、道雪死後の立花家の動揺を突いて、許斐城を奪回している。

その頃、関白秀吉は全国の大半を従えながら統一への大業を推進していた。九州では斜陽の大友宗麟・義統父子が秀吉に通じてその配下に入るが、島津や秋月らは、大友への圧迫を強めて秀吉に対抗しようとしていた。この間、氏貞は宗像家のとるべき方策について、毛利との関係から秀吉方に付くか、または秋月、島津の九州側に付くかを考え、めまぐるしい状況の中で、家のカジ取りに苦慮したにちがいない。

氏貞の死

天正十四年二月、宗像家にとって多事多難な時、氏貞は風邪がもとで病床についたが、その後、しだいに病状が悪化して翌三月四日、遂に蔦ケ岳城において四十二歳の生涯を閉じた。

『宗像記追考』には、「此時初メテノ御病気ニアラズ、此前ニモ御煩ヒノ事度々ナルガ、此年取分御病体オモラセ給フニ依テ、祈禱宿願残処モナカリケリ、サレ共次第ニ衰へ給ヒテ三月四日ニ御逝去ナリ」と、記されているが、戦時下の心身の疲労が彼をたびたび病床につかせていたと思われる。氏貞の死期に付き添ったのは、晴気次郎と、医師の良梅軒ほか一、二名であったという。

彼は宗像家を継いで以来、占部・許斐・吉田・石松・高向などの重臣をはじめ、家臣団の統一を図り、八十代大宮司職として在職三十四年間に及んだ。また、武将としても、筑前東部三郡（宗像・鞍手・遠賀）に勢威を振い、戦国宗像家の掉尾を飾る英傑であった。

「宗像大宮司天正十三年分限帳」によると、当時の宗像氏の所領高は、宗像・遠賀・鞍手の三郡にまたがり、合計四五三三町八反七〇歩としている。また、「同分限帳」には、直臣の士分四六五人、中間・雑色・厩衆五十人、社官衆七十人、その他番匠・刀鍛冶・能師・塗師・笛吹など、諸芸人二十人余で、別に簾中（奥方）に仕える女房衆がいた。持ち城については、郡内二十カ所の出城があり、ほかに斎事場と居館があった。

氏貞時代の対外貿易については、元亀三年六月二十九日から、天正十三年五月二十九日まで、約十回にわたり宗像氏助名義の船が朝鮮に行っていることが、「朝鮮送使国次之書契覚」として記されている。

氏貞の死は、外敵への考慮と領民の動揺、不安を防ぐため、漏洩を恐れて葬儀も営まれず、極秘にして遺体を竹籠に入れ、夜中、密かに占部右衛門が背負って下り、上八村の承福寺に葬ったという。法名は「即心院殿一以鼎恕大居士」である。

この時代、大名・有力国人領主らの家には、たいてい内紛による血腥い事件が起きているが、とくに宗像家は、氏貞の家督相続に絡んで凄まじい争いがあり、『増福院祭田記』などに記されている山田の怨霊怪談を生んだ。そのため氏貞は、生前、領内五十六カ寺の再建、建立などをし、犠牲者の霊を慰めて供養し、民心の安定につとめた。

内紛による争いで、宗像の正系は絶えたかと思われたが、幸いにも氏雄に国丸という遺児があり、老臣占部貞安らが長門阿武郡奈古（阿武町）に隠した。国丸は、のちに氏隆と改名し、子孫は永く続いたと『大内氏実録』は伝

宗像氏貞の墓（宗像市上八）

えている。

末裔である宗像家の系図には、天文二十年、氏雄（氏男）死去後、陶晴賢の命で氏雄の正室および二人の幼児を殺そうとしたので、これを知った占部、許斐の老臣らが長子国丸三歳を密かに庇護し、翌年十二月、長門の奈古村に落ちのびさせたとある。その時、宗像家先祖の領知御下文ならびに系図一巻を携えて行った。以来系図は戦災にも遭わず今日まで同家に伝わっている。氏隆と名乗った国丸はのち農業に転じ、寛永十九年（一六四二）十一月二十九日、長州大井郷三明戸（萩市）において没した。九十歳を過ぎた長寿だった。国丸が脱出後、菊姫母子、侍女らの山田事件がおこったので、もし陶の手で殺されていたら宗像家の子孫は存在していないはずである。氏隆の法名は「喜山道悦居士」と記されている。

氏貞の歌に「秋は来ぬ露は袂をおきそいぬなと朽ちはてぬ我身なるらん」の一首があるが、戦国武将としては弱々しく感じる。氏貞は、もともと武事を好む武将ではなく、大宮司・中納言の家系にふさわしい文人派の武将だったといえる。彼の辞世は次の通り。

人として名をかるばかり四十二年消えてぞ帰るもとの如くに

彼は、人の世の罪業と運命の厳しさを知り、四十二歳の波瀾の人生を終えようとした時、争いも怨みもない安らぎの境地に至ったのであろう。氏貞には、一男三女の四人の子がいたが、男子塩市丸が早逝したため嗣子がなく、長女は、毛利の家士草苅重継に嫁したが、不幸にも病死し、二女が後添として入った。三女も、毛利の家来、市川与七郎の妻となり、氏貞の後室も後に市川家をたよってこの地を離れた。翌天正十五年、豊臣秀吉の九州平定に際し、宗像家は嗣子なきため、秀吉から自立を認められず、蔦ヶ岳城は廃城となり、遂に離散した。

宗像大宮司系図

大宮司を七十九代と八十代とする両説は世代の数え方の相違による

正氏を七十六代と七十八代の二代に数えると八十代となる

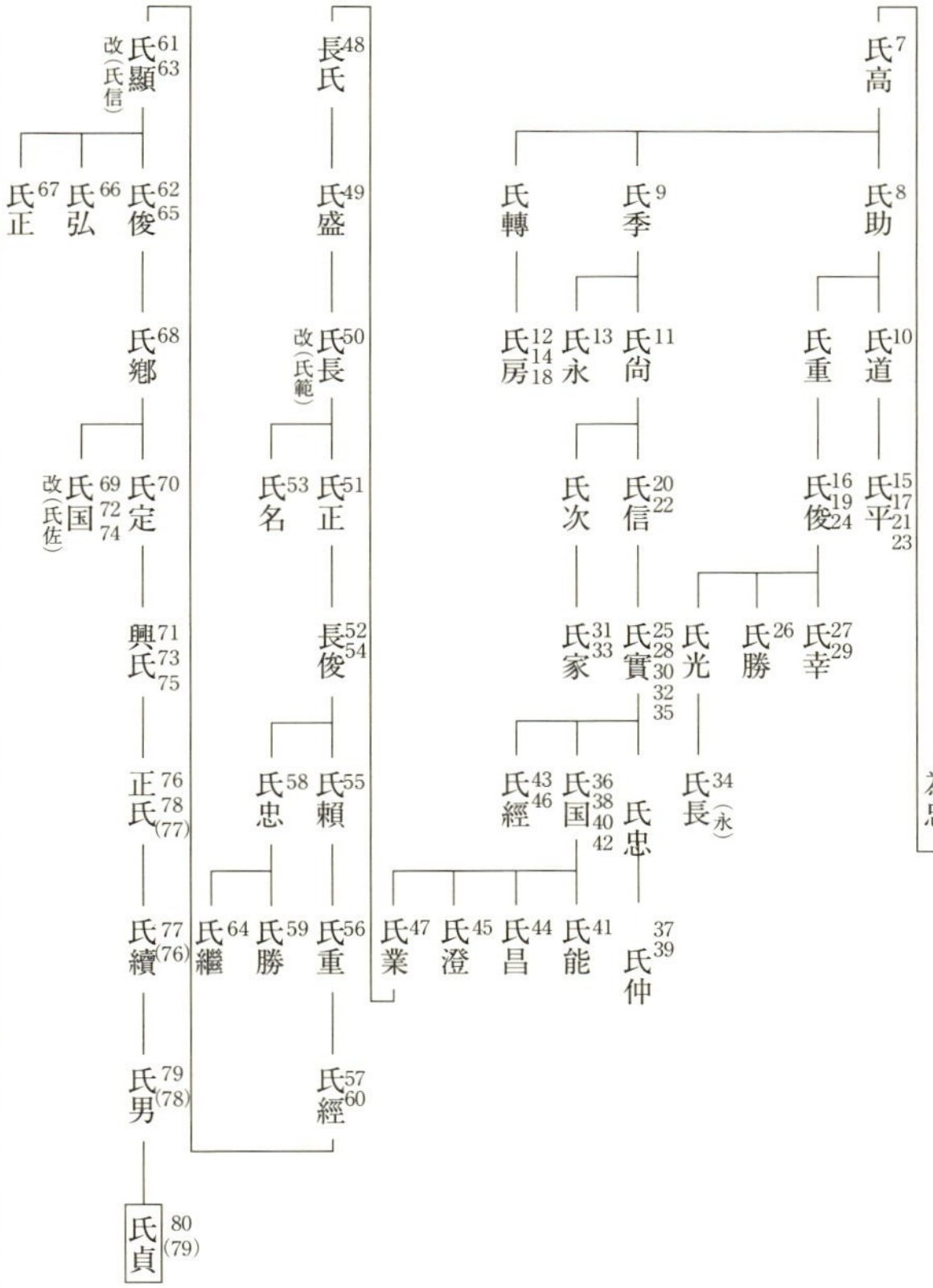

宗像氏家紋、楢柴折、宗像氏貞花押（右）

島津義弘　しまづよしひろ

義弘の出生と少年期

鹿児島地方では、「島津七百年」という言葉がよく使われるが、薩摩の風土に浸透した歴史の重みと、独特の響きをもっている。島津氏は、鎌倉、南北朝期の守護、室町期の守護大名、戦国期の戦国大名、江戸期の外様大名として武家時代の約七百年間、連綿と続いた全国でも数少ない家系であり、その系譜や家臣制度など他に見られぬ特色と個性をもっている。

島津義弘は、この七百年のほぼまん中にあたる天文四年（一五三五）七月二十三日、島津家十五代貴久の二男として伊作の亀丸城（鹿児島県日置市吹上町）で生まれた。彼には二歳上の兄義久と二歳下の歳久、九歳下の家久の両弟がいる。

義弘は、はじめ又四郎忠平といい、その後義珍と称したが、のちに兵庫守義弘と名乗り、老いて惟新と号した。

義弘の祖父忠良（日新斎と号す）は、実家の伊作と、義父（母常盤の再婚の夫）の相州家（代々相摸守を名乗る）を継いでいらい、両家を治めて薩摩半島に強力な地盤を築いていった。忠良は文武両道に秀で、慈悲の心厚く、領民を愛し、在地農民を動員してこれを直臣化しながら富国強兵の策を推進し、家臣を教導した。

忠良がつくった「いろは歌」「いにしえの道をきいても唱えても、我が行にせずはかひなし」にはじまる四十七首の教導歌は家中の精神教育の指針となった。義弘も成長過程で祖父忠良から大きな影響をうけている。

大永六年（一五二六）、十五代島津勝久は、忠良に国政を委任し、その子十三歳の貴久を養子にして島津家十六代を継がせた。忠良は子の貴久を後見して国政を指導した。これが戦国大名島津氏の幕あけであった。だが、その前途は決して容易ではなく、天文二年以降、本家守護職のポストをねらう一族島津実久（薩州家代々薩摩守を名乗る）との抗争にあけくれたが、天文八年に実久を紫原（鹿児島市）に破って大勝した。その後、忠良・貴久父子は薩摩半島を固めていった。

義弘が幼少時から青年期を迎えた天文年間すなわち父貴久が国内平定の最中に、初めて外国文化と接触するが、一つは、天文十二年（一五四三）、ポルトガル人による鉄砲伝来であり、一つは、同十八年のキリシタン宣教師フランシスコ・ザビエル一行の鹿児島上陸によるキリスト教との出会いであった。鉄砲はその後島津軍の戦闘に大きな影響を与えるが、一方、ザビエル一行の鹿児島での布教は、日本最初の布教地としてキリシタン史上、記念すべきできごとであった。

当時、義久・義弘ら兄弟は父貴久とともに、伊集院の一宇治城に住んでいたが、ザビエルは国主島津貴久の布教許可を得るためこの城で会見した。この時、義弘は十五歳であったが、元服期の若者の心に異国人との出会いがどう印象づけられたであろうか。

しかし、ザビエルは、島津氏と意図がかみ合わず一年余で鹿児島を去ったので、貴久の南蛮貿易への望みも断たれた。天文十九年、それまで伊集院にいた貴久は、錦江湾の良港をおさえるため、鹿児島に内城（鹿児島市大竜町）を築いて移り居城とした。

忠良は、子貴久が家督を継いでからは、加世田城に隠居して日新斎と号し直接政治の面から退いたが、精神面から指導した。

『島津中興記』（青潮社刊、谷山初七郎著）によると、少年時代の義弘は兄義久とともに伊作からしばしば祖父日新斎のいる加世田に行き祖父のもとで数日を過ごして帰るのがきまりであったという。

この少年兄弟は祖父日新斎から中国の名高い兵術書『六韜、三略、孫呉』について学んだ。これらの書はいずれも前世紀、中国における最古の兵書であり、用兵、国家経営、人生問題など、多くの内容を含む人間学のバイブルでもあった。日本では奈良時代から文献に見え兵略はすべてこれに因ったという。ある日、兄の義久が、攻撃戦でいちばん重要な任務を尋ねると、日新斎は「およそ軍は大将たる者が固く腹をすえて、みだりに動じないことが勝利を得る大本である」と答えた。

また、義弘の同様の質問には「たとえ場所により先に敗れても、後の閉じ目（しめくくり）が肝要である」と説いた。ふたりの孫の同じ問いに、決して同じ答えをしなかったのは、日新斎が両孫の性格をよく見分けて、それぞれに適した教え方をしたからであろう。また同書には「義弘公、又弟家久と最も勇武を好み、寒夜故らに木製の刀槍を庭前に暴らし、霜雪の積むに任す。公兄弟、明暁を俟ち之を把り、庭中を跳躍して従横に刺激し、以て手足を習ひ、技術を鍛ふを常とす」とあり、義弘、家久兄弟の勇武鍛練ぶりを記している。しかし家久は九歳も年下であり、歳久の間違いと思われる。

鉄砲初使用と岩剣城

天文十二年（一五四三）、ポルトガル人が種子島に漂着して鉄砲を伝えていらい、島津氏は他の国衆の実戦使用を学びながら数年後には積極的に使用しはじめた。

『島津国史』や『薩藩旧記雑録』には、天文十八年六月から約半年間、大隅地方で反抗する肝付・蒲生・渋谷氏らと薩隅国境に近い黒川崎（鹿児島県姶良市加治木町）で戦って肝付兼演を降したが、このとき鉄砲が使用されたことが記されている。

天文二十三年九月、蒲生範清・祁答院良重・入来院重嗣・菱刈隆秋らの国衆は島津貴久に対抗して挙兵。島津方の肝付兼演が守る加治木城に攻めよせた。

この報をうけた貴久は、弟忠将・尚久を従え、加治木救援の軍を率いて鹿児島を発ち、子の義久・義弘・歳久もこれに従った。貴久は、まず良重の拠点帖佐城を弟忠将に攻めさせ、別軍を蒲生の本城龍ヶ城に向かわせた。「岩剣御合戦記」によると、貴久の長子義久は叔父尚久、弟歳久らと姶良郡平松村の西南にあたる狩集に陣し、さらに日当比良（ひなびら）に進んだ。

一方、義弘は一隊を率いて白銀（しらがね）坂より岩剣の東麓、脇元（わきもと）に侵攻、人家を焼き、収穫期の稲を刈り取らせ岩剣城を孤立させた。岩剣城は蒲生氏の支城で、蒲生範清の重臣西俣盛家が守っていた。標高一五〇メートルの岩剣山上に築かれたこの城は、東・西・北の三方は断崖となって立ちはだかり、まさに剣のごとく天に突き出た岩山の要塞であった。九月十二日からの城攻めは、城兵の守りが固く一進一退の攻防がつづいた。だが十月二日、貴久は岩剣城への総攻撃を命じて遂に陥落させた。

この時、蒲生・祁答院の二千の軍勢が岩剣救援に駆けつけてきた。義弘は兄義久と直ちに星原（帖佐）に出てこれと激戦し、援将祁答院重経や、城将西俣盛家父子らを討って大勝した。

島津義弘画像（尚古集成館蔵）

その夜、残兵は闇にまぎれて城を退散したが、同時に加治木城の包囲も解かれた。翌十月三日、貴久は義久・義弘をはじめ諸将を引きつれて入城し、二十日余に及ぶ岩剣合戦の戦跡をしのんだ。また、六日には義弘の祖父日新斎も鹿児島から出てきて戦勝を祝し、将兵を慰労している。

義弘は、十九歳のこの初陣が島津軍の鉄砲初使用と一致するという記念すべき実戦体験をした。

彼はこの合戦で鉄砲の威力を改めて認識し、岩剣戦後、父貴久から岩剣城在番を命じられて守備にあたるが、戦国時代、義弘は早い時期に鉄砲にとりくんだ武将のひとりであったといえよう。

岩剣城攻略で始まった大隅平定作戦は、弘治元年（一五五五）四月、帖佐城、翌二年十月に松坂城、弘治三年四月に北村城と蒲生氏の有力支城をつぎつぎに破ったので支城を失った蒲生範清はついに同月二十日、本城龍ヶ城を捨てて祁答院（薩摩川内市祁答院町）へと逃れたが、その後二度と復活することはなかった。

この間、義弘の活躍は目ざましく『島津国史』によれば、同二年三月十五日の松坂城攻めの合戦では「是ノ日松齢公（義弘）重創ヲ被ル、本屯ニ帰ル」とあり、自ら城内に斬りこみ、鎧に五カ所の矢を受けて重傷を負いながら奮戦した。また、彼自身が記した『維新公御自記』には、「自ら三尺の剣を手にして真先に攻め入る処、武者一騎懸け出で予に渡り合う。暫く戦うと雖も終に討ち伏せ、渠の首を捕え畢んぬ」と記され、初めて敵の首を獲たことを伝えている。この時、義弘二十二歳であった。

岩剣をはじめとする約四年にわたる大隅合戦は、義弘成人期の最初に経験した戦いであり、父、叔父、兄弟ら島津一族が総力を挙げて勝利した意義ある戦いであった。これより義弘は、自ら戦場で戦う武将として常に島津家中の先頭に立って働く。義弘の岩剣在城は弘治三年まで三年あまり続いた。

永禄三年（一五六〇）以降、義弘は父貴久の命で、もっぱら伊東氏に対する日向戦略にあたる。そのころ伊東義祐の攻勢に苦しむ飫肥城（日南市）主島津忠親は、これを防ぐため宗家の貴久に義弘を養子にすることを願って許された。

義弘はこれを聞くと、「飫肥一郡の小兵を以て伊東氏一国の強敵に対し、如何してこれに対抗することができるというのか。殊に飫肥にて名ある将たちの大半は長年の戦いで戦死し、今残存するのはただその余裔のみである。また薩摩は遠路で容易に援兵を請い難い。こんな状況の中に身を投じるのは夏虫の火中に入るのと同じであろう。だが、義を重んじ難に赴くは武将の常なり」（『島津義弘公記』）と言って敢然と飫肥へ赴いた。

義弘は飫肥で三年間、義父忠親を助けて城を守って戦ったが、伊東の攻勢がしばらく止んだのを機会に、貴久の要請で薩摩に帰った。義弘の帰国後、再び伊東軍の攻撃が激化した。義弘はこの報を聞き、直ちに飫肥へ急行しようとした。父の貴久や兄義久は、義弘の危難を憂慮して行かないように朝から夕まで説得を続けた。

このとき義弘は「いったん忠親と父子の約を結び、今その危難を知って行かないのは不義であり、人道に背くことである。何の面目があろうか」（『名将言行録』）と言って父兄の命をきかず、忠親のもとに馳せ帰った。そして彼の活躍で伊東の兵は退いた。

一方、肝付・祢寝氏らは貴久に反抗して薩摩を狙い、義弘の不在とともに、島津への攻勢を強めていた。この間、永禄四年七月には義弘の叔父島津忠将（貴久の弟）が肝付軍と戦って壮烈な戦死をとげている。

貴久は、本国の危機を告げて義弘を召還しようとしたが、義弘は「今まさに伊東の大敵に対し、一日も防御を弛めることはできません。なのにどうしてこの地を去ることができましょうか」と言って父の命に従わなかった。義父の忠親は、義弘の言葉に感涙した。しかし「君速かに帰りて賊徒を平げ、姦兇を攘はば則ち当家も亦天運を開くの時機に会せん」（『島津義弘公記』）と説いて薩摩への帰国を促した。義弘はついにこれに従って父貴久のもとに帰った。その後伊東義祐は、肝付兼続と連合して飫肥城を攻め落としたので、忠親は櫛間（串間）にのがれた。

永禄七年、島津貴久は、二男義弘を伊東領と接する真幸院の飯野城（亀城ともいう）に配して守らせた。当時、島津氏は東の飫肥城を伊東氏に奪われていたため、日向進出の足がかりにするにはこの真幸しかなかった。

飯野、小林一帯の霧島山北麓を真幸院と称したが、もともと真幸七百五十町は肝付氏の一族北原兼親の所領であったが、島津に帰属したので配置替えして義弘を入城させたのである。義弘は、いわば「国境守備隊長」の重責を背負っていた。時に三十歳であった。今のえびの市を中心とするこの地方は南に雄大な霧島連峰をひかえた豊沃な盆地で、薩・隅・日の三境を扼す川内川中流域にのぞみ、当時、島津・伊東・相良の三勢力が入り乱れて鎬を削っていた。

飯野城は北原氏の旧城だったが、真幸盆地の西方に位置し、伊東氏の拠点三山城（小林市）とは至近距離に

飯野城（亀城）跡（えびの市飯野）

あった。義弘は飯野の西約四キロの加久藤（かくとう）に出城を築き、夫人（広瀬氏）を置いて守らせた。

　そのころ日向中央部を支配していた伊東義祐は、国内に、「伊東四十八城」といわれる多くの城を配置し、自らは佐土原城（佐土原市）で驕奢な生活に耽（ふけ）っていた。それに引きかえ義弘は、日ごろ部下を大切にして情をかけ部下から信頼され、戦場では常に彼らと辛苦をともにする武将であった。義弘の飯野在城は、永禄七年から天正十七年（一五八九）まで二十六年間に及び、生涯の約三分の一をここで過す。この間、伊東軍と最後の決戦となったのが「木崎原合戦」である。

　元亀二年（一五七一）六月、薩摩守護職島津貴久が死去し、長子義久が家督を継ぐが、この当主交替期の島津家の動揺につけこみ、伊東義祐は人吉の相良義陽（さがらよしひ）と通じて島津打倒について互いに協力を約した。翌三年五月三日、伊東加賀守祐安、同新次郎、同又次郎らの伊東一族の将が率いる三千余の伊東軍は、真幸制圧を目ざして進撃を開始した。この出陣には都於郡（とのこおり）・佐土原（さとはら）の伊東氏中核の青年武士たちが参加した。伊東軍は、小林の三山城を拠点にして二軍に分かれ、一軍は飯野の押さえとして妙見の尾（JR飯野駅の南）に待機、一軍は前進して池島の鳥越峠に到着、夜半、義弘夫人や、部将川上忠智らが守る加久藤城を目ざして進んだ。

　『木崎原御合戦記伝』に、「公（義弘）ハ飯野亀カ城へ御座ナサレ加久藤ノ地ニハ御夫人召置レ、加久藤ヲ空城（アキ）ナシタル様子ノ敵ニ知ラシメ責メサセヨトノ御計也故、鑰番（カギ）ハ人数ノ様昼ノ内大明神ノ本道ヨリ飯野ノ様クリ入其マヽ後ノ廻道ヨリ夜ハ上ノ原片路ヨリ加久藤ノ様ニ引取明松（たいまつ）ヲトボシ本道ヨリ人数ヲ飯野へ遣置タル風情ヲシテ敵ノ忍（しのび）ニ見セ玉フ」とあり、義弘は伊東軍を欺くために、加久藤にわざと敵の目を向けさせるようにした。

義弘は女間者や盲僧を使って敵情を探知していた。彼は主だった部下を集めて軍議を開き、それぞれの任務を与えて小勢で大敵と戦う必殺の戦略を練った。その中には人吉方面からの進攻が予想される相良勢への対策として、農民たちを動員して進入路に多くの虚旗を立てさせ、島津の大軍が待機しているように見せかける計略も含まれていた。

こうして全ての配備が終わり、敵がいよいよ加久藤に迫ったことを聞くと、直ちに三百余の将兵を集め「戦の勝敗は数の多少では決まらない。全員一丸となって勇気を奮って戦えば必ず勝てる。この義弘に命をあずけよ」と励まして、彼らに決死の覚悟を促した。

島津の強さは、いざ決戦となると、主君にすべてを捧げて敢然と死地に飛びこんで戦うところにある。一方、伊東勢は日ごろから「島津の兵など竹竿一本で追っ払ってみせる」と豪語していたから、手薄な加久藤城に対し、すでに戦勝気分でのぞみ、城下の民家を焼き払っていった。

だが、義弘の放った忍びの流言に乗せられた伊東軍は、本丸に通じる鑰掛(かぎかけ)口の狭い山路を暗夜、地形も分からず攻め登っていったため、たちまち城兵が落とす大石に当たり死傷者が続出、城攻めは難渋して、早くも夜が明けはじめていた。そのうち各地から援軍が駆けつけ、義弘が急行させた飯野の援兵と協力して戦ったので、城将川上忠智らは勢いづき、伊東軍に反撃し、米良筑後守(めらちくごのかみ)ほか十三名の伊東方の名ある武将を討ちとった。伊東軍は加久藤攻略に失敗し、飯野川（川内川）を渡って池島方面へ退却した。

木崎原の決戦

飯野の南方、池島まで退いた伊東軍は、ここで人馬を休めて兵食をとり、相良軍の来援を待った。伊東の将兵は、折からの南国の陽気に甲を脱ぎ、池島川に入って水浴する者が多かった。彼らは多勢に安心して戦場の厳しさを忘れ、つかの間の解放感に浸(ひた)っていた。一方、人吉方面から進んできた相良勢は、義弘の計略したおびただしい旗幟(のぼり)

に驚いて引き返してしまった。

　義弘は物見の者から「敵はこの暑さで水浴したり、めいめい休息をとり油断している」という報告をうけると、直ちに一隊を率いて敵団に向かって突撃した。この急襲で不意をつかれた伊東方は、鎧甲を着ける暇もなく、その場に討たれていった。体勢を立て直した伊東軍は、鳥越城の味方に合流し、白鳥山を越えて小林方面へ退こうとした。

　この時、義弘の命で待機していた三百余の郷民が旗をかざし、鉦や太鼓を鳴らしてどっと喊声をあげたから、伊東方はこれを島津の援軍と思いこみ、狼狽して南小場まで退いた。だが、ここにも多くの旗が見え、またもや仰天した伊東の兵団は再び鳥越まで引き返してきた。

　方向を失った軍勢は東西を彷徨い、島津の軍略にいつしか嵌ってしまった。それでも伊東方の大将、伊東加賀守、同新次郎らをはじめ、落合源左衛門、柚木崎丹後らが士卒を叱咤して鳥越城を駆け下り、突進してきた島津の小勢目がけて猛然と斬りこみ、白兵戦を展開した。

　この激しい勢いに、さしもの義弘勢も突き崩され、北方の三角田まで退いて陣容を立て直して戦った。両軍は三角田を中心に木崎原一帯を駆け巡り、島津方は大将義弘を守って奮戦した。

　一方、このころ大口城の新納忠元らの島津の援軍が戦場に到着、また、義弘の命でそれまで池島村の民家に潜んでいた五十人余の伏兵が一度に起こり、鬨をあげて背後から襲いかかった。このとき馬上で指揮していた伊東加賀守は、伏兵の放った矢に脇下を射抜かれて落馬し、そのまま絶命した。

　義弘はその手記、『維新公御自記』の中で、「予（義弘）は又、遁れ難きに依り、戦死と相定め、自ら手を砕き、真先に進み来たる者打取る。続く軍兵落合ひ斬崩し、弥、力を味方に添へ、一人も泄らさず、討果す可き由、下知を加ふ」と述べているが、戦死を覚悟して自ら敵と戦う義弘に、島津の兵たちは後れじと勇気を奮って激闘した。

　大将を失った伊東軍は動揺して陣形を乱し支離滅裂の状態になった。彼らの軍には経験不足の若い将たちが多く、指揮能力を欠き、戦力を発揮できず多くの死傷者を出して敗走した。

義弘は敗走する敵勢を追撃中、引き返してきた伊東の勇将柚木崎丹後守、比田木玄斎の両名を討ちとった。『惟新公御自記』の最後の章に「猛勢の敗軍の故、易く取って返す事叶はずして、少し成り共、逃延びんと欲するに依り、三山（小林）と飯野との間の広野に、討たるる者算を乱すが如きなり。一国の猛勢を纔か二三百の人数をもって討亡す事は、前代未聞たるべきものか。其より伊東の運命窮れり」と記しているが、両軍は十時間余に及ぶ激戦を演じ、それぞれ多くの犠牲者を出した。

とくに伊東方は、大将伊東加賀守や〝日州一の槍突き〟と称された柚木崎丹後守を失い、中堅クラスの武士たちの多くが戦死、敗残の将兵は伊東領の小林へ逃げこんだ。『日向記』は「都於郡、佐土原ノ若キ衆大方残ラズ御戦死候」と記している。

義弘の言葉どおり、わずか二、三百の小勢で日向の主力軍と戦い、これを潰滅状態にさせたことは、まさに前代未聞のことであった。「九州の桶挟間」と称されるこの木崎原合戦の勝利の原動力となったのが、島津義弘である。戦後、義弘は激戦地三角田の一隅に、敵味方戦没者の供養のため、六地蔵塔を建てて慰霊している。またその西側には「木崎原古戦場碑」が建っている。

彼は、その後幾多の合戦で常に少数精鋭をもって、数倍の大敵に立ち向かって味方を勝利に導くなど兵術の妙をつくし、島津戦法の特色を遺憾なく発揮した。

島津氏はこの戦勝で、日向進出のルートを開き、一方、伊東氏は敗戦を契機に衰退してゆく。

耳川の戦勝と秀吉への降伏

木崎原戦後、伊東三位入道義祐は、島津氏の日向進攻を阻止できず、天正五年（一五七七）、豊後にのがれ、大友義鎮（宗麟）に救援を求めた。大友氏は鎌倉期以来、九州の名家として伝統の勢力を保持してきたが、二十一代、義鎮の代で九州一の勢威をふるい、彼は宗麟と号して全盛期をむかえる。

一方、島津氏もまた伊東氏を駆逐して日向中南部を確保したため、この両者の対決は必至の状況となった。

天正六年（一五七八）十月、三万余の大友軍は、島津の将山田有信が守る高城（たかじょう）（宮崎県児湯郡木城町）を攻囲した。高城は宮崎平野の関門を扼す要衝で、城下を小丸（おまる）川が流れている。急報をうけた島津義久は、薩・隅の軍勢を率いて佐土原に入り、義弘もまた飯野から兵を引きつれて駆けつけてきた。同十一日、義久は根白坂に本営を移し、義弘は小丸川南岸の梁瀬（やなせ）口に布陣。両軍は川を挟んで対峙した。

十一月十二日未明、大友軍は行動を起こして各隊が渡河を開始、待ちうける島津陣とたちまち激戦となった。義弘は開戦前、「我軍宜しく大川を前にして備を設くべし、川を渡って陣せば必ず敗れん」（『島津義弘公記』）と言って渡河を禁じたが、配下の将伊集院忠棟（ただむね）はこれに従わず、一隊を指揮して敵軍の前面に出て対戦したため、多くの死傷者を出した。忠棟は義弘の軍令に反した非を詫びて合掌し、赦しを乞うた。一方、大友方は各将が功を焦り、総指揮をとる田原紹忍の令を俟（ま）たずに各隊ばらばらの戦いを展開したので、はじめ劣勢だった島津の態勢はようやく立ち直り、大友の各隊を孤立させながら形勢を逆転していった。さらに高城の将山田有信らが背後から逆襲したので、大友軍は崩れ、両軍の血は小丸川の水を染めた。

義弘は、梁瀬口から敵に攻めかかり、これを斬り崩した。彼はその自記の中で「彼の盛んな豊州の軍衆は、無双の強敵たりと雖（いえど）も、宿運の窮（きわま）る所、為（せ）ん方無くて古川（耳川）に崩れ入り、人馬打重り不測の淵を埋む。此（かく）の如く目醒敷（めざましき）儀は、言語に述べ難きものなり」と記しているが、島津は未曾有の大勝利を得た。義久は弟義弘の戦功に対し「家運を開くを得たるは卿（けい）一人の努力に因（よ）る」とまで言って感謝し、一文字の名刀を贈った。

高城戦で主力を失った大友軍は北へ敗走し、耳川付近でさらに追撃をうけて討たれ、死傷者数千人という潰滅的打撃をうけ、総大将の宗麟は命からがら豊後へ逃げ帰った。

耳川戦後、大友氏は衰退を辿り、大勝した島津氏は薩摩・大隅・日向三国の覇者として勢威をふるい、やがて親大友派の肥後水俣（みなまた）城主相良義陽へ攻略の鋒先を向けてゆく。

天正九年（一五八一）、島津氏の水俣攻略が開始され、義弘が大将となって八月、水俣城を攻めて相良を降した。その結果、相良義陽は水俣・津奈木・佐敷・湯浦など葦北七浦を献じ、二子を人質に差し出して義久・義弘に臣従を誓った。こうして島津氏の威令は肥後半国に及び、翌十年春、義弘は飯野から八代に出て肥後経営にあたった。

そのころ肥前の強雄龍造寺隆信も、筑後から肥後北部に勢力を伸ばし、国人衆を従えて島津と対立する。一方、島津に降った相良義陽は、肥後北伐の先鋒を命じられ、同年十二月二日、不可侵の盟約を交わしていた阿蘇家の執政甲斐宗運（かいそううん）（御船城主）と戦って敗死した。

天正十二年三月、島津氏は島原半島で龍造寺軍の猛威にさらされている有馬晴信（日之江城主）を救援するため、義弘の弟家久を大将として三千の兵を渡海させた。同月二十四日、島津軍は島原近郊の沖田畷で優勢な龍造寺軍と戦ってこれを撃破し、大将隆信を討って凱歌をあげた。

隆信の死後、子の政家は同年九月、義弘に起請文を差し出して、島津幕下になることを誓った。今や島津の武威は振るい、九州制覇は目前に迫っていた。しかし、豊後の大友宗麟・義統父子や、その配下の筑前岩屋城の高橋紹運・筑前立花城の立花統虎（むねとら）（宗茂）父子らは、島津に従わず、かえって天下統一を目ざす豊臣秀吉の幕下に付いて、これと対抗する。

義弘は弟家久とともに、兄義久に終始豊後討ち入りを主張した。その結果、東西二手による進攻作戦が開始された。西廻りは島津忠長・伊集院忠棟らが二万の軍勢で北上し、七月二十七日、太宰府近くの岩屋城を攻め陥（お）として、城将高橋紹運以下七百余を玉砕させ、秀吉側との対決姿勢を強めた。同年十月、義弘は三万余の軍を率いて肥後阿蘇口から進み、日向口の弟家久とともに両口から豊後への進攻を目ざし十二月には豊後府内を占領。国主大友義統を豊前へ追い落とし、豊後国を平定した。

所領安堵と文禄・慶長の役

一方、関白秀吉は、すでに勅命を奉じて島津氏に停戦を命じたが、義久・義弘は談合衆と協議してこれを拒否し徹底抗戦を決めた。

天正十五年三月、秀吉麾下（きか）の二十万の軍勢は豊前に上陸、二手に分かれて進攻を開始、秀吉は本軍を率いて筑前

松尾城（栗野城）城趾石垣（姶良郡湧水町木場）

に進み島津方の秋月種実、種長父子を攻め降した。この勢威に島津に付いた各地の領主たちはつぎつぎに背いて投降し、秀吉軍に加わったので、島津側は重大な危機に立たされた。

この間の状況を『惟新公御自記』は、次のように記している。

「三月十五日戌刻（午後八時）程に府内を出て夜中に処々に於て蜂起せしむると雖も、追散らし翌日申刻（午後四時）の時分、三江（三重）の郷に引取る」。義弘は、関白軍と決戦のため府内を出て日向へ退くが、途中、襲ってくる土民らを打ち払いながら撤退していった。四月十七日、島津軍は秀吉の先鋒羽柴秀長の軍と、日向根白坂で激しく戦ったが、島津の抵抗はそれまでで、義久・義弘らは遂に敗れて秀吉に降った。

秀吉は島津兄弟を赦し、五月九日、義久に薩摩国を安堵し、同二十五日、大隅国を義弘に、また日向諸県郡を義弘の長子久保に与えた。時に義弘、五十三歳であった。翌天正十六年、彼は大坂城で秀吉に見え、新たに侍従に任じられ、従五位下、さらに従四位下と昇り、のちに正四位下に叙された。

義弘の飯野在城は二十六年間に及んだが、彼は天正十八年六月、飯野から栗野（鹿児島県姶良郡湧水町木場）に居城を移して入城した。この城は、松尾城とも呼ばれ、川内川上流域の台地上に位置し、虎口の石垣や本丸跡の土台はよく保存され、南九州唯一の山城跡として往事を偲ばせる。また、領内には豊富な温泉が湧出し、現在、栗野岳温泉として日本一のラジウム含有量を誇る。本丸跡の周囲には義弘が城の南を見透かされないように常緑のかん木ミソッチョ（ミソンチョ）を植えたというが、その老木が今も残っている。義弘は、栗野に文禄四年（一五九五）まで六年間在城するが、その間、文禄元年、秀吉の無謀ともいえる朝鮮出兵の命で、疾病の兄義久に代わって一万の軍勢を率いて出陣した。

この時、義弘の老臣新納忠元（拙斎）は、老齢で従軍できなかった。彼はその心中を次の一首に託して義弘に献じた。


あぢきなや唐土（もろこし）までもおくれじと思いしことも昔なりけり

義弘は、これに対して、

唐土ややまとをかけて心のみ通ふ思いそ深きとは知る

（島津義弘公記）


と返歌して、互いに遠く離れても心は深く通じていると忠元を慰めた。

義弘は渡海後、異国の地で将兵と辛苦をともにして戦い、多くの戦功をたてた。だが、この従軍中に彼と行動をともにしていた長男久保（ひさやす）が二十一歳の若さで病没した。

文禄三年、次男忠恒（ただつね）（のち家久）は、秀吉の許しを得て朝鮮に渡り義弘の軍に従い、父を助けて戦陣生活をおくる。

翌文禄四年、義弘は秀吉の命で帰国、六月五日、大坂に着き、伏見城で秀吉に謁した。秀吉は、義弘の外地長陣の労苦を謝し、平野肩衝（かたつき）と称する茶入れと、小泉の甲を与えて賞したという。

そして前年からの検地が終わり、六月二十九日、秀吉から改めて義弘に対して薩摩・大隅及び日向諸県郡五十五万九千石余の朱印目録が与えられ、さらに兄義久と同じく十万石の蔵入れも併与された。秀吉は義弘に、兄に替わって鹿児島に入るように言った。

七月十七日、義弘は京都を発し栗野に帰城した。兄義久は本城の鹿児島内城から、大隅冨隈城に移ったが、義弘は鹿児島には入らず同地に近い帖佐（姶良市鍋倉）に移城している。義弘には、いずれ子忠恒への家督移譲と彼を鹿児島へ入れさせたいという考えがあってのことだった。義久には男子がなく忠恒はいとこ同士の義久の娘と結婚していることの所領宛行の時期を中心に、義弘が島津家の相続者となり、十七代当主になるが、これには義弘のそれまでの軍功に対して秀吉がこれに報いたものと考えられる。だが、義久は隠退したわけではなかったからここに義久・義弘「両殿」の二頭体制ができた。

義弘帰国一年余にして慶長の役が起こり、彼はすでに六十三歳であったが秀吉の命に従って出陣。一万五千の軍勢を率いて再渡海した。慶長三年（一五九八）八月十八日、朝鮮役の首謀者であった豊臣秀吉が世を去ると、その遺言により朝鮮在陣の諸将に撤兵が命じられた。日本軍引揚げの動揺を察した明軍は、その中心勢力をしだいに義弘の守る泗川に向けてきた。泗川（韓国慶尚道）は日本軍の退路を守る要衝であった。

慶長三年十月一日、朝鮮役の最後における最大の合戦となった泗川城の攻防戦で、義弘、忠恒父子をはじめ島津軍は、攻めよせてきた董一元を将とする明軍二十万の大軍と戦い、これを撃破し、敵三万八千七百余を討って潰走させた（義弘は、この時の武功を「名誉を漢家・本朝に発する者」と、その自記の中に記している）。この戦勝によって明軍は退き、退路を確保し、ひいては講和への糸口となった。明軍の間に、島津軍を「鬼石曼子」と呼んで恐怖したという。

そのころ在鮮諸将の陣中では、冬期の寒さのために凍死するものが続出した。義弘らの南国出身の将兵は馴れぬ極寒の外地生活で、辛苦を味わったが、島津の陣中には、ひとりの凍死者も出なかった。これを怪しんだ加藤清正がある夜、軍議にかこつけて義弘を訪ね、密かに陣舎を窺ったところ、屋内には、長く大きな囲炉裏を設けて柱材を薪にして焚き、義弘はじめ上下打ちまじって両方から足を差し入れ囲んでいた。清正は兵士に、「島津の諸陣は、みなこのようにしているのか」と問うた。その兵は、「わが殿は、毎夜陣中を巡ること三度、諸陣に火暖の絶えないよう命じられる。ことに風雪の夜などは、上下の者が一様に粥をすすって寒気をしのいでおります。義弘公とてなんら変わりはありません」と答えた。清正は、島津主従の起臥をともにする陣中生活に深く感銘したという。

やがて全軍帰国となったが、李舜臣率いる優勢な朝鮮水軍によって帰路を阻まれ激戦となった。この海戦で義弘の従士木脇祐秀は負傷して海中に落ちたが、救助され、義弘の膝を枕に介抱してもらい蘇生した。祐秀はこの恩を終生忘れず、後に義弘死去のときに殉死した。

島津軍は十一月十八日、朝鮮の軍船四隻を撃破し、海将李舜臣は戦死した。日本軍は虎口を脱して帰国することができた。現在、韓国国民の間では、李舜臣は救国の英雄として尊敬を集めている。

慶長三年十二月十日、義弘らは、ようやく筑前博多に帰還した。帰国のとき、義弘は熊川・金海方面の陶工たち四十余人を連れてきて、薩摩に陶窯を開かせ、これが今日の薩摩焼の源流となり、陶磁器発展に大きな影響を与えた。非人道的に強制連行された陶工たちは、その後永く薩摩領内で屈辱的生活を強いられ、望郷の念に駆られながら、異国での製陶活動を続けた。彼らの胸中には、作陶を通じての平和への願いが強かったであろう。

義弘は、同年十二月二十九日、伏見に至り五大老に見えて正式に帰国挨拶をした。翌慶長四年一月三日には、五大老の筆頭徳川家康が伏見の島津邸に来て彼の帰朝を祝っている。そして六月上旬、義弘は子忠恒とともに高野山に、朝鮮役戦没者供養碑を建てて冥福を祈った。この年、彼は参議（宰相）に任ぜられ、また剃髪して入道となり、惟新（いしん）と号した。

関ヶ原戦と島津の退き口

ところが、間もなく徳川家康と豊臣方の石田三成による政権争いがおこり、慶長五年、東軍七万六千、西軍八万（実際は三万五千）両軍による天下分け目の関ヶ原合戦へと発展する。

この時、西軍石田方についた義弘は、伏見から国許（くにもと）に派兵を求めたが、当時、嗣子忠恒をはじめ多くの島津の将兵は、領内に起こった伊集院氏内乱の跡始末のため、国許から動けず、伏見にいた義弘の許には僅か二百余の兵しかいなかった。

だが、義弘の重臣阿多盛淳（あたもりあつ）・新納旅庵（にいろりょあん）、山田有栄らが、佐土原・蒲生・帖佐の家士たちを引きつれ、夜を日についで駆けつけてきた。また義弘を慕う家臣たちも知らせ聞いて九州南端から開戦に間にあうようにと、ひた走りに駆けて義弘のもとに集まってきた。彼らは、ただ「惟新様が難儀しておられる」というだけで、はるばる二百余里

（約八〇〇余キロ）の長路を走破してきたのである。彼らの参陣は当日までつづいた。義弘は、このとき六十六歳の老齢だったが、着到した者たちひとりひとりを慰労した。「九月十三日ヨリ昨夜、今朝ニ及ブマデモ二人三人又ハ五六人ヅツ御国ヨリノ続衆、参陣」（『薩藩旧伝集』）と記されている。

『関ヶ原合戦記』同史料などによると、慶長五年九月十五日、戦場となった関ヶ原一帯は前日来の小雨も残り、濃い霧におおわれていた。関ヶ原（岐阜県不破郡関ケ原町）は、北に伊吹山系が聳え、南に鈴鹿山系をひかえた方一里（四キロ四方）にも満たない起伏の多い狭い盆地で、古くから交通の要衝であった。現在は名神高速道路・国道八号・新幹線・伊吹山へのハイウェーなど車や列車が絶えず行きかっている。

家康を大将とする東軍は、西軍の拠点大垣城を攻め、さらに首謀者石田三成の本拠佐和山城（彦根市）を攻略するため、岐阜を経てこの地に集結した。午前八時ごろ、霧が薄れはじめ、無数の軍容が浮かびあがった。

西軍の配置は、左翼の笹尾山に陣する石田三成から順に、小池付近に島津義弘、天満山北方に小西行長、同南方に総司令官格の宇喜多秀家、藤川台に大谷吉継、松尾山頂に小早川秀秋、同山麓に赤座直保、小川祐忠、毛利元綱、脇坂安治、桃配山の東の南宮山頂には吉川広家、毛利秀元、同山麓に長束正家、安国寺恵瓊、長曽我部盛親らが布陣した。

後になってのことだが、小早川秀秋を松尾山に配置したことが西軍の命とりとなった。しかし信望のない首謀者三成に集まった西軍諸将は心もまちまちで統制がとれず情報不足の者が多かった。人は「義」だけでは動かない。身の安全の方に動く。つまり利のある方に付くことを関ヶ原戦は物語っている。

一方、東軍の大将徳川家康は人間の心理を読みとおした老巧さで諸大名を懐柔、利につく大名を寝返らせている。この日、東軍は関ヶ原の西端にかけて横陣に散開し、右翼先鋒の黒田長政・細川忠興・加藤嘉明・田中吉政・筒井定次・松平忠吉・井伊直政・藤堂高虎・寺沢広高・京極高知・福島正則といった陣立てであり、二陣として、織田有楽斎・吉田勝重・金森長近・生駒一正らが中山道から進み、大将家康は旗本を率いて桃配（ももくばり）山に本陣を置いた。桃配山は現在、その山腹をぶち抜いて東海道新幹線が走っている。また、家康後尾の殿軍（しんがり）は、池田輝政・山内一豊・有馬則頼・浅野幸長らがひかえて南宮山付近の西軍に対して備えを固めた。

霧が薄れて戦機熟すとみた東軍の中堅松平忠吉（家康の四男）、井伊直政（松平忠吉の舅）隊は、天満山の宇喜多軍めがけて銃撃を開始、それを機に福島隊も行動に移り決戦の火ぶたが切られた。

家康は直ちに狼煙（のろし）をあげさせて全軍に攻撃の合図をした。こうして両軍は戦闘に入り、互いに激しく戦ったが、昼ごろまでは西軍が押し気味の状況であった。

ところが、午後になり、松尾山に陣していた小早川秀秋が東軍に寝返り、それを合図に脇坂・朽木・小川・赤座などの諸隊がつぎつぎに寝返って、味方の大谷吉継隊を急襲したことから戦況が急変し、大谷・宇喜多・小西の諸隊が崩れて、西軍はつぎつぎに撃破されて敗走した。

関ヶ原町小池にある島津義弘陣所跡の碑

時に敗走の兵で島津隊に混入しようとする者たちがいたので、義弘はわが隊を乱す者は、味方といえども斬るべし、と命じ、毅然として陣形を崩さなかった。

勢いにのった黒田・福島・田中らの東軍諸隊は、西軍主力の石田三成の陣に押しよせた。石田隊は必死の抗戦をつづけたが、ついに敗れ、隊将三成は数名の従者とともに、伊吹山中にのがれた。残るは島津義弘隊のみとなったが、島津隊はまだ無傷の状態で、千余の将兵が大将義弘を中心に軍律を守って動かなかった。

義弘は平素から福島正則・黒田長政・細川忠興らとは親しい仲であったから、これらの諸将は義弘に向かうことを避けていた。そのため午前中の戦闘は相手が少なく他隊とくらべて悠然としていたが、午後になって本多忠勝隊が攻めよせ、島津隊を側面から攻撃した。義弘は、泰然としてこれを迎え、各銃隊を三隊とし、折り敷いて敵の接近を待ちうけ、第一隊が射撃すると同時に、刀槍隊が喊声をあげて突入。敵がひるむと第二隊がつづいて斉射し、これを繰り返しながら敵をよせつけなかった。だが、時が経つにしたがい、各方面から多くの敵が加わり、小勢の島津隊はその標的となって苦戦に陥った。義弘は、死を決め「目前数町のところに家康の馬標が見えるから、これに突入して潔く死にたい」と言った。

この時、家康の本陣は桃配山から、前方へ移動し全軍の指揮をしていた。

義弘の甥島津豊久や、重臣阿多盛淳は「惟新様が死んでは島津宗家の存立が危い。ここは重囲を突破して帰国さるべし」と強く諫めた。それで義弘も思い止まり、敵中突破して脱出することを決めた。

もはや退路は、背後の峻険伊吹山中に逃げこむか、前面に溢れている敵中を突破して伊勢路へ出るかの二つに一つであった。義弘は伊勢路への道を決断した。どうせ死ぬのなら背へ逃げるより前へ進んでいさぎよく最期を飾る方が薩摩武士の本懐であった。

島津隊は目印になる袖の合印を引きちぎり、馬印も捨て、鉄砲は命があるまで射つな、鞘掛や、刀の蛭巻も捨てよ、と触れさせた。

古来、味方が優勢で敵に突入する例は多いが、敗戦の中で敵中を美事に退却するのは絶望的とされる。島津隊は、全員義弘に命を預け、義弘もまた彼らと死をともにせんことを決めた。かくて地獄の脱出作戦が開始され、義弘の甥豊久が先鋒となり、本隊は義弘の三百騎であった。

島津軍伝統の戦法に、「繰り抜きの陣法」というのがある。これは一隊をあげて敵陣に突入の際は、隊伍を固めて速度を落とさず、一気に突破するのである。まさに錐の先でくり抜いてゆく形容から、そう呼ばれた。

島津軍は、東軍の精鋭井伊直政、松平忠吉（家康の四男）の軍と激戦となったが、これを突破して大将家康の本陣前を南東の方に駆け抜けた。この間、義弘は、いかにも義弘らしいことをやってのけた。彼は配下の川上四郎兵衛を家康の陣に遣わし、「このたび島津義弘、はからずも御敵となり、戦い利あらずして只今御陣頭を罷り過ぎるによって使者を参らせます。くわしいことは帰国の後に言上致します」と、口上を述べさせたのである。

だが、勝利を手にした家康の方では、まさか敗軍の島津勢が傍若無人に、陣頭を突っ切って行くなど想像もできないことだった。

これを本多忠勝の軍が追撃し、井伊軍と一緒になって島津隊を猛攻した。島津の座禅陣が銃弾を浴びせて敵兵を倒したが、押しよせる東軍方と壮烈な戦闘となった。本多忠勝の馬も撃ち倒され、部下が彼を助けた。また、井伊直政も追撃中、右肩に銃弾をうけて落馬したが、従者に救われ九死に一生を得た。

剽悍決死の島津の将兵は、大軍に向かって奮戦するが、激戦につぐ激戦で各陣はバラバラに離れて混乱し、追撃された烏頭坂では、死傷者が続出、大将義弘も危険に陥った。この時、義弘が着ていた猩々ひの陣羽織を豊久が代わりに身に着けて奮戦、敵の集中攻撃を浴びて倒れ、また、阿多盛淳らが義弘の身代わりになってつぎつぎに壮絶な死をとげ、彼の退却を助けた。

「なげど倒せど敵兵の重なり来る烏頭坂、たばしる矢玉音すごく、危機は刻々迫るなり。むくろも染みて猩々ひ、御たてとなりし豊久を見るや敵兵且いさみ、群がり寄する足速し」と、「妙円寺詣り」の歌のとおり、豊久の鬼神も哭く壮烈な死であった。

義弘は彼らの犠牲によって、烏頭坂を下り養老山脈の北側を流れる牧田川に沿って駒野に出た。ここで長束正家の家臣が道案内をして、鈴鹿峠、水口、信楽、生駒、境へ抜けることができた。一方、もうひとつの経路として、烏頭峠から牧田を過ぎ、山中の勝地峠に入り、上多良、時山を経て五僧峠から高宮、水口に出て信楽、生駒、境へのコースをとったという二説の退き口がある。

勝地峠はかつての山道がまだ残っていて、日中も暗く、敗軍の島津勢が思い足を引きずりながら負傷者をかばい、この難路を通ったと思えば胸中が熱くなる。

東軍の猛追を振りきって伊勢路へ駆け抜けた島津勢は千人の九割を失い、残兵わずか八十人に減っていた。『薩藩旧伝集』には、次のように記されている。

惟新様関ヶ原御合戦味方敗軍致御戦死に御究め成られる由に候、然れ共色々諫め申上げ御落成られ候事に罷り成り候、然るに何方を御切通成らる可きやの由に候、時に後醍醐院喜兵衛宗重申上げられ候は、追つけ内府(家康)公陣場を直さるべく候間、其陣頭を切り破り伊勢路へ御掛り御落ち成らる可き由申し上げられ候に、違わず内府公陣場を大谷刑部殿陣場へ召し置かれ候、其の乱れ足の陣頭を切通り伊勢路へ御掛け御落ち成されし由に候。

こうして午前八時頃から始まった関ヶ原戦は、六時間に及ぶ激戦を展開し、午後四時ごろ、すべてが終わった。その結果、西軍の死者一万余、東軍三千余の犠牲者を出した。義弘の薩摩への道は遠く、義弘主従は疲れを癒(いや)す暇もなく伊勢路を通り、伊賀越えの山道に入ったが、前日より彼らは食糧を調達できず何も食べていなかった。従士の中馬大蔵が、とある民家から飯餅を求めてきて義弘に献じた。義弘は、手づからこれを幾片にも分け、自分は一片も食べずに全部部下に分け与えた。

「自分は鎧の中に少し乾飯があるので心配するな。それよりおまえたちの飢餓の方が大事だ。もし、お前たちが倒れるようなことがあったら、自分の困難はどうなることか。どうか一口なりとも食べてくれよ」と言って、口に入れさせた。従者たちは感激して、この主君のためならと、ますます奮励したという(『島津義弘公記』)。

義弘は、この退却中「急ぐなよ世の中の定まる風の吹かぬ限りは」の歌を唱えて苦難に対したという。現在木崎原古戦場跡にこの歌碑が建てられている。

義弘帰国と隠居

彼らは苦難と戦いながらさらに生駒山の麓を迂回して、東軍の追求をのがれ、約五十里(約二〇〇キロ)の難路を走破して和泉路に入り、平野から住吉に着き、この地の商人でかねてから義弘と風流の交わりがあった棚辺屋道与をたよった。

道与は、義弘の無事を喜び、主従を世話し、その計いで堺の船問屋塩屋孫右衛門が船を用意したので、敗戦七日後の九月二十二日、堺から乗船することができて、ようやく帰国の途についた。

一方、義弘は人質として大坂城中にあった夫人や、忠恒の夫人らを計策をもって助け出すことに成功し、西宮沖で彼女らと合流できた。この時、帰国を願う秋月種長（高鍋城主）夫人も乗船させた。

島津主従の敵中脱出戦は、前代未聞の「島津の退(の)き口」として、後世まで語りつがれ、その壮烈な戦闘ぶりによって、敗走の印象を与えず、却って島津の団結と武名を世に伝えた。義弘らは同月二十九日、日向細島に上陸。十月三日、義弘は、大隅の冨隈城にいた兄義久に対面、「此度黙止難キ仕合ニ付出陣致し、家をあやうく成し候事、偏(ひとえ)に智謀の不足故にて候由と申し謝(あやま)り」（『島津家譜』）と言って敗戦を詫びた。

義弘は、自ら家康へ恭順の意を表わすため桜島に蟄居(ちっきょ)した。その後、兄義久が中心になって徳川方との和解接渉にあたり、強気とねばりの外交で終戦処理につとめた。その結果、慶長七年（一六〇二）、義弘は赦されて隠居し、義久に本領安堵され、さらに義弘の子忠恒が家督相続して義久の本領をつぐということになった。結局、忠恒が島津家の当主となったのである。家康は、このような形をとって島津と和解した。

島津氏は、秀吉の九州役について、二度の危機をのり越えた。関ヶ原の敗将たちは斬られたり、取潰しや減知（所領を減ぜられる）にあったりしたが、その中で無罪になって、すんなり領国を認められたのは、まさに稀有(けう)のことであった。

鹿児島では、毎年旧暦九月十四日、妙円寺詣りという三百年来つづいている年中行事がある。関ヶ原戦で西軍に付いて敗れた島津義弘の勇敢な行動と無念を思い、戦没した家臣の霊を弔うため、伊集院町にある義弘の菩提寺妙円寺へ向かって、戦国さながらの甲冑姿で駆けつけることが慣わしであった。

その後排仏毀釈(はいぶつきしゃく)で妙円寺はなくなったが、同寺跡に建てられた徳重神社へ、毎秋、鹿児島市や川内市から中・高校生や参詣者たちが向かい、相撲を奉納したりして、チエスト関ヶ原の精神を受けついでいる。

義弘は、当主になった子忠恒に、治世の心得を説き、「昔からの作法を崩して、一時の才略で世の中を渡ろうとする者は、いつか滅びてしまう。わが島津家は、代々仏神を崇め、先祖を敬い、武略を怠らず、文教につとめて繁

島津義弘を祀る徳重神社（日置郡伊集院町）

栄してきた。今後、当家を継ぐ者は、この伝統を遵守してゆかねばならない」と言った。また、「京言葉を使い、他国のまねをするようになったら島津家は滅びるだろう」とまで言っている。忠恒は慶長十一年、家久と改名した。

　義弘は軍事に秀れた第一級の武将であるが、祖父日新斎の影響をうけて文の教養も身につけていた。彼は論語を愛読し、和歌、連歌にも長じ、また『古今和歌集』『千載和歌集』など、たえず手許におき、前関白太政大臣で地方に流寓した近衛前久（竜山）に師事した。『上井覚兼日記』によれば、肥後を領した天正十三年八月二十五日、御船天神社（熊本県上益城郡御船町）の百韻連歌に加わり、「吹敷やいく千里まで秋の風」の句を詠じている。

　また漢方・医術にも通じ、摂津の医師伊丹道甫に指導を仰ぎ、薬方を小篠太郎左衛門尉に学んだ。天正十二年には、島津忠長、上井覚兼に刀傷・切傷の「金瘡医術」を自ら伝授したほどである。

　一方、陶磁器をはじめ、養蜂・牧畜などの産業振興にも尽力し、河川の築堤を行い、また加治木において銭貨を鋳造させたりして民政に大きな功績を残した。百姓・町人にも慕われ、このほかにも、鹿児島の代表的な民俗芸能である「太鼓踊り」や、「棒踊り」は、義弘が考案したものと伝えられていて、その影響と彼の人気の高さをものがたっている。

　義弘は、慶長十二年、加治木館に移ったが、ひっそり暮し、寺社に寄進したり参拝して戦没者を慰霊するなど懺悔の生活であった。彼は元和四年（一六一八）ごろから体調を崩して、しだいに弱っていった。衰えて彼が食事を口にしなくなった時、膳を前に据えて側近の者が、うわっと鬨の声をあげ、「敵へお懸りなさるべし」と叫ぶことにしていた。義弘は、この叫び声を聞くと瞬間目をあけて自ら食事ができたという（『薩藩旧伝集』）。生涯、五十二度も戦ったという勇将義弘の面目躍如たるものがありその気力のほどがうかがえる。

翌元和五年七月二十一日、島津義弘は八十五歳の長寿で波瀾の一生を終えた。鹿児島福昌寺に葬られ、妙円寺に影像が納められた。法名は「松齢自貞庵主」である。

義弘死去の際、慶長の外征で、義弘から救助された木脇祐秀ほか、彼の恩顧をうけた家臣十三人が殉死した。辞世として「春秋の花も紅葉もとどまらず人もむなしき闇路（やみじ）なりけり」が残されている。

なお、兄義久は、これより八年前の慶長十六年、国分城において七十九歳で没している。

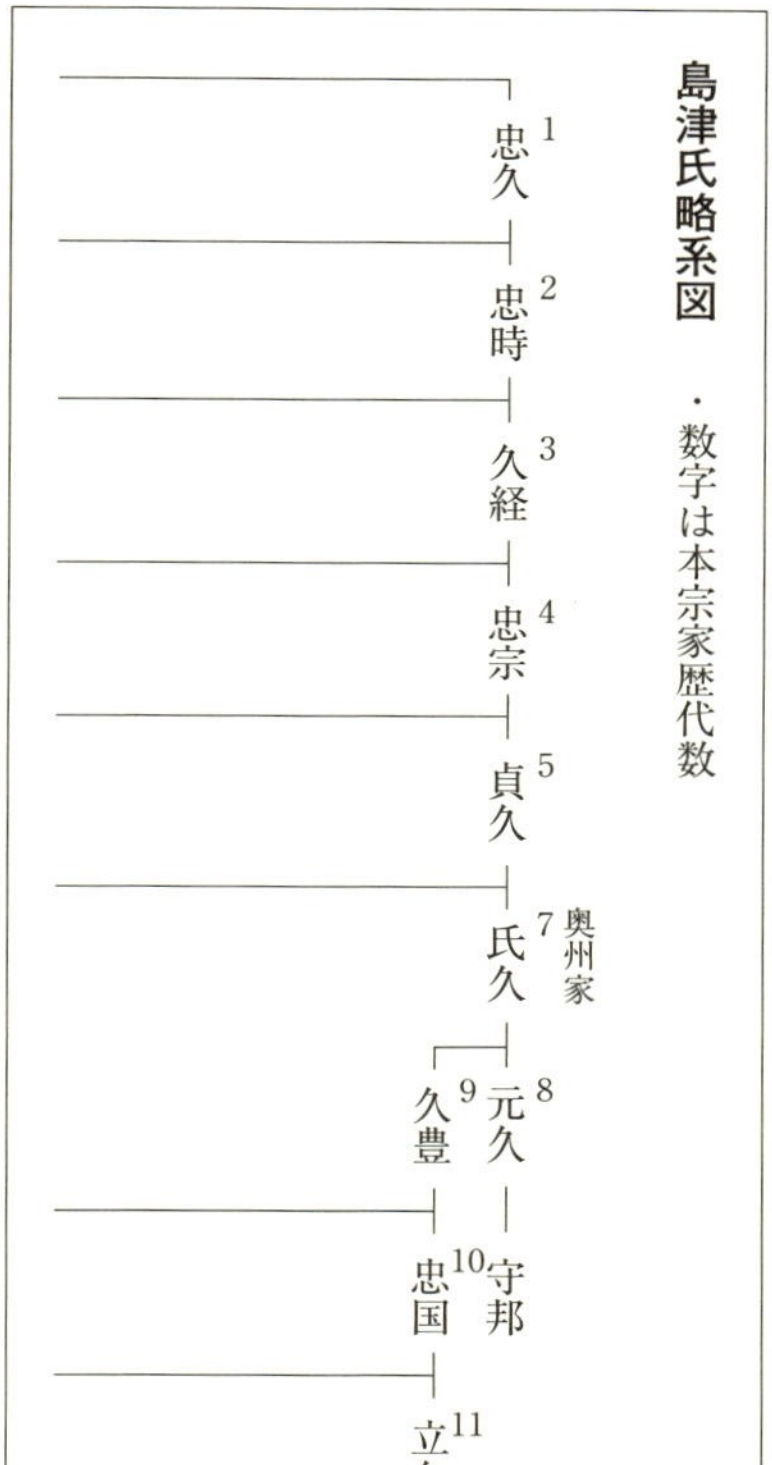

島津氏家紋、丸に十

高橋紹運　たかはしじょううん

宝満、岩屋城主となる

古来、秀れたリーダーが、歴史に大きな足跡を残し、後世まで名を留めた例は多い。十六世紀の戦国時代、各地の諸豪は生き残りを賭けて、さかんに戦ったが、人間同士が命の奪(と)り合いをする戦場では、大将の指揮能力が勝敗に大きな影響を与えたことは言うまでもない。ここに登場する筑前岩屋城主、高橋紹運は、英知と勇気、判断力をもち、清廉にして部下からも慕われた有能な武将で、リーダーとして典型的人物であろう。

筑前岩屋城といっても現在では知る人も少ない。岩屋城は、太宰府市を見おろす四王寺山（四一四メートル）の中腹にあった戦国末期の小城だが、その本丸跡に建っている石碑に、「嗚呼(ああ)壮烈岩屋城址」と書かれているように、戦乱の世でも珍しい全員玉砕の城であった。この城の城主（将）であったのが、豊後（大分地方）の国主大友氏の将、高橋鎮種(しげたね)である。

もともと岩屋城は、太宰府の奥に聳える宝満山（八六七メートル）城の支城で、当時、大友の部将が派遣されて両城を守っていたが、永禄十年（一五六七）、前任の宝満城主高橋三河守鑑種(あきたね)が、毛利氏に通じて主家の大友宗麟に背いた。彼は二年にわたり籠城して抵抗したが遂に大友軍に攻められて降伏、城地没収のうえ豊前小倉に移された。彼の後任として国東(くにさき)郡屋山(ややま)城（大分県高田市）主、吉弘左近大夫鑑理(あきまさ)の二男鎮理(しげまさ)（弥七郎と称す）が二十二歳の若さで抜擢された。吉弘氏は大友家と同根の一族であり、鎮理の父鑑理は豊州三老のひとりとして声望があり、主君宗麟の信任が厚かった。『高橋紹運記』は鎮理について、「賢徳の相有て衆に異る。器量の仁にてましませば」

と記している。

鎮理は日頃、冗談を好まず、沈着で思慮深く、しかも勇気ある青年で、口は重かったが、ここぞと思う時は、自分の意見をはっきり述べて相手を納得させたという。『常山紀談』には、紹運の結婚について次のような挿話が記されている。

紹運が弥七郎といってまだ国東の吉弘館にいたころ、父鑑理と大友家の侍大将をつとめる斎藤鎮実との間に、鎮実の妹を弥七郎の嫁にという約束が交わされていた。弥七郎も彼女の温和な性格に心ひかれ、この婚儀を承諾していた。ところが、大友・毛利の戦いがおこり、彼は父鑑理に従って各地を転戦しなければならなくなり、婚儀もついのびのびになっていた。弥七郎はその間に鎮理と名を改めていた。その後、鎮理はかねての約束を実行するため斉藤鎮実に会って婚儀のことを申し出た。

これに対し、鎮実は鎮理の出陣中に当の妹が、そのころ流行していた痘瘡（天然痘）に罹り、見苦しい容貌になってしまったので、到底嫁にやることはできません、と言って、この縁談を断わってきた。

これを聞いた鎮理は、きっと鎮実を見て、「これは思いもよらぬことを聞きました。私が妹御を妻にと所望したのは、彼女の優しさであって、決して容色ではありません。いま不幸にして彼女の顔が変わってしまったといっても、その資性は少しも変わっていないと信じます。どうして当初の約束を違えることができましょうか」ときっぱり言って、この婚儀を履行し、彼女を妻に迎えた。翌年、ふたりの間に長男千熊丸が出生した。のちの立花宗茂である。

元亀元年（一五七〇）五月、鎮理は主家の命に従って、妻子をはじめ家臣たちを引きつれて、新任地の筑前御笠郡太宰府に着任した。

鎮理は入国に際し、主君宗麟の命で筑紫の名家「高橋氏」の名跡を継ぎ「高橋主膳兵衛鎮種」と名乗った。「種」の一字は、大蔵氏の一門である高橋家の通字である。鎮種は、のちに剃髪して「紹運」と号したので、一般には高橋紹運の名で知られている（以下、紹運で記す）。

道雪と協力、主家を支える

紹運は、御笠郡宝満（みかさぐんほうまん）の城主として着任後、岩屋の支城をはじめ、領内の城砦を整備して筑前の守りを固め、宝満大菩薩を尊崇して祀り、天満宮、崇福寺、竈門（かまど）宮など領内の神社仏閣を保護し、民政に力を入れる。

一方、紹運の先輩、戸次鑑連もまた隣領糟屋郡立花城の城督（守護代的権限をもつ城主）となって着任。互に協力し合って、主家のために尽くす。鑑連は、大友家の勇将として知られ、紹運より三十六歳も年長で、この時すでに六十に近い老境にあったが、若い紹運とは気が合い、共に用兵に秀れ、主家ひと筋の節義を重んじる武将であった。両将は大友家の筑前国支配の要となって働く。その後、鑑連は立花道雪と名乗る（以下道雪と記す）。

大友家は、天正五年（一五七七）までは、九州一の武威を誇り、鑑連・紹運が守る筑前は争乱もなく平和を保っていた。しかし翌年、大友家の運命を狂わせる大事件がおこる。

天正六年十月、大友宗麟は日向に進出してきた島津義久の軍を敲（たた）くため、三万の軍勢を率いて南下。牟志賀（むしか）（延岡市無鹿）に本陣を置いた。宗麟麾下（きか）の将兵は、宮崎平野の咽喉（のど）元にあたる高城へ進撃したが、これを死守する島津軍と激戦して敗れ、さらに敗走中、耳川（美々津町）付近まで追撃をうけて大敗した。以後、さしもの大友家も衰退してゆく。この時にあたって筑前では筑紫・原田・秋月・宗像・麻生らの有力国人たちが「肥前の熊」と称された龍造寺隆信に通じて、つぎつぎに離反して大友の諸城を攻め始める。

立花道雪、高橋紹運の両将は、これらの敵勢と戦い、斜陽の主家を支えて目ざましい活躍をするが、ふたりは常に形影あい伴うように接し、深い心の結びつきがあった。

天正九年（一五八一）、紹運の長男統虎（むねとら）は、立花道雪のひとり娘誾千代（ぎんちよ）の婿として、立花家の養子に入った。紹運は、日ごろ師父とも仰いで敬慕する道雪のたっての望みに抗しきれず、遂にわが子統虎の立花家との養子縁組を承諾したという。

『浅川聞書』（立花家臣浅川伝右衛門書）には、紹運は統虎出立の日、「今日よりは道雪どのがお前の父である。

この争乱の世に、いつ道雪どのと敵味方になって戦うようなことになるかもしれぬ。その時は、おまえは立花家の先陣に立って、このわしを討ちとれ。道雪どのは卑怯未練なことが大嫌いなお人である。かりにおまえが、道雪どのから離別されるようなことがあったら、二度とこの城に帰ってきてはならない。その時は、この剣で潔く自害せよ」と言って、自ら備前長光の剣を与えたと記している。

そのころ肥前の強雄龍造寺隆信は、筑前・筑後・肥後へと侵略を広げて、勢力を伸ばし、一方、南九州の支配者島津義久もまた、北上の軍を進めて競り合い、この両者は衰運の大友氏をしり目に、今や九州の二大勢力となった。強い者同士が戦い合うのは戦国の世の宿命である。早晩この両者の激突は避けられない状勢にあった。

高橋紹運画像（柳川市、天叟寺蔵）

紹運の長男統虎が立花家に入婿して三年後の天正十二年三月、龍造寺・島津両者の対決が島原半島沖田畷の合戦となって展開された。隆信は、島原半島で反旗を翻した有馬晴信を討つため、自ら大軍を率いて出陣。有馬を援助する島津家久（義久の弟）の軍と、同二十四日、島原近郊沖田畷で戦って敗れ、敵兵に首を討たれた。

龍造寺敗戦後、九州の勢力図は塗りかえられ、今や九州最強となった島津は、豊後や肥後、筑前などの各地に残存する大友勢力を掃討するため、名実ともに覇権を目ざして行動をおこす。

島津の北上と岩屋籠城

天正十二年夏、道雪・紹運の両将は、龍造寺隆信の死後、筑後へ出撃した大友義統の軍に協力するため、兵を率いて出陣。龍造寺と結ぶ黒木家永の拠る猫尾城（八女郡黒木町）攻撃に参加した。要害堅固を誇るこの城攻めに大友軍は手こずり、徒らに時を過ごしていたが、両将の目ざましい活躍で遂に城を落とすことができた。両将はさらに、川崎・山下・兼松など周辺の諸城を攻略、転戦して龍造寺方の諸城を攻めているうち、年も暮れて越年したが、翌十三年、高齢の道雪は、長い戦陣生活の疲れからか陣中で発病、同九月十三日死去、七十三歳の生涯を終えた。紹運は、日ごろ畏敬する道雪の死を深く哀しんだが、涙をふるって両軍の兵をまとめて帰城。道雪の遺骸は、立花統虎らの出迎えをうけ、その後立花山麓に葬られた。

一方、紹運筑後出陣中に宝満城は筑紫広門の兵によって占領されたが、幸い岩屋城は留守の将兵によって守られ健在だった。紹運は、これを本城にして、その後、城下に攻めよせる周囲の敵と戦い、つねに勇戦して撃退、岩屋城を守り通した。

当時、中央では関白豊臣秀吉が天下統一の大業を進めていたが、彼は天正十四年四月、大友宗麟から横暴な島津討伐の請願をうけていた。秀吉にとって、九州平定は早急に行うべき不可避の作戦だったから、九州出陣を前に、九州の大名たちに「御教書」をもって服従するように勧告した。

豊後の大友宗麟・義統父子や、筑前の高橋紹運、立花統虎らは、いち早くこれに従い、また肥前の鍋島直茂らも秀吉へ款(よしみ)を通じていたが、鎌倉期いらいの伝統を誇る薩摩（鹿児島地方）の島津義久は、この勧告を一蹴して九州への干渉を拒否、軍備を増強して反抗する。島津側は関白軍の来攻前に、九州制覇の実現を目ざして軍を北上させ、豊後と北九州への両面作戦を敢行する。

天正十四年年七月、薩摩の国主島津義久は、一族の島津忠長(しまずただなが)をはじめ、伊集院忠棟(いじゅういんただむね)・野村忠敦(のむらただあつ)らの将たちに大軍を率いて筑前へ進攻させた。筑後川を渡った島津軍は、大友方に寝返った筑紫広門(ちくしひろかど)の居城勝尾城（鳥栖市牛原町）を一気に攻め落とし、同月十二日、太宰府周辺に達した。その軍容は薩摩・日向・肥後・肥前・筑後・筑前・豊前七カ国の兵、およそ五万の大軍であった。

一方、守る方の岩屋・宝満・立花の三城は合わせて五千余の兵数で、島津連合軍とは比較にならぬ小勢である。とくに岩屋、宝満だけでは一五〇〇―二〇〇〇たらずで、まさに二十倍以上の敵と戦わねばならない。しかも紹運が守る岩屋城だけの兵力は『陰徳太平記』『西国盛衰記』などには、七百六十三名と記されている。岩屋城は二日市、博多の通道を扼す要衝であり、薩軍来攻の際は、真っ先に攻撃目標となる城である。

これより前、紹運は薩軍北上の情報を得ると、立花城の統虎にも一層の防備を勧め、統虎らが勧める安全な場所への避難勧告を断るとともに、家中の全将兵を集めて、自ら危険な岩屋城に籠って戦う決意を示した。

「敵の大軍が押し寄せると聞いただけで、多年の城を捨てて逃れるのは武士たる者のとるべき道ではない。人の和と、天の運があれば死地にも生き、運なければ生地にあっても死ぬ。この城にできるだけ長期間敵を引きつけて戦ううちに、関白の援軍が必ず到着するだろう。もし、間に合わねば、それまでの運命と諦めねばならない。自分は全力を挙げて敵と戦う覚悟である。この城がわが墓である。この考えに不賛成な者は、直ちにこの城を去れ」と言った。七百余の将士は、ひとりとしてその場を去る者はなく、全員が主将紹運と生死を共にすることを誓った。

紹運の戦略

岩屋城のある四王寺山は東西に延びて戦面が広く、小勢での防御に不利なので、紹運は敵の戦力を減殺するあらゆる戦闘効果を考えて戦術を練った。彼は、山の中腹から山麓に沿って敵の進入が予想される各谷の要所ごとに将兵を配置して陣地を築かせ、武器、弾薬を備えさせた。そして谷の濠を薬研にして逆茂木や落とし穴を設け、崖上に大石、大木などを置き、あらゆる戦略を用いて万全の守備態勢をとった。また、家族をはじめ、老幼婦女子らを要害の宝満城に移し、部下をつけて味方の筑紫の兵とともに守らせた。

一方、立花統虎は父紹運のもとに重臣十時摂津守を遣わし、立花へ移るように説得させた。紹運は、わが子統虎の心に感じながらも「大将二人が一カ所に籠るは良策にあらず、岩屋で戦うことによって統虎の活路が開かれるだろう」と言って、自分の決意を伝え、摂津守に遺書を托して今生の決別をした。統虎は立花家中から二十数名の決死隊を募って派遣した。一方、秀吉の軍監として九州先遣の任にあたっていた黒田官兵衛孝高（如水）も、家臣を遣って避難を勧めるが、紹運はその好意に感謝したが、すでに覚悟のことと動じなかった。

紹運は、この岩屋城でなんとか十四、五日持ちこたえ、その間、敵勢三千余りを討てば、たとえ落城しても島津軍は、岩屋より兵数の多い立花城へは直ぐには攻めかかれまい。ここで日数を費せば、関白の援軍が到着して統虎の運を開くことができると確信したのである。このあたりの読みはさすがで、戦略家紹運の見通しに狂いはなかった。

島津軍は、岩屋城を望む二日市の片野の丘陵地に本陣を置き、北側の観世音寺を前線指揮所にあて、坂本、観世口、太宰府口、宇美口へと南麓を中心に囲んで布陣し、正面からの突破を企図した。開戦前、島津側は軍僧を遣って開城を勧告したが、紹運は、これをきっぱりと拒否する。

軍将島津忠長は、遂に七月十四日、岩屋城への総攻撃を命じた。寄せ手は山麓の民家を焼き払い、竹束を楯にして軍鼓を鳴らし、喊声をあげて山際へ迫る。

『高橋紹運記』には、「日夜隙なく昼の鉄砲の音は雲雷の鳴り止む事もなく夜の矢さけびの声は閃く電光の如く昼夜の境もなく攻められけれども少しも弱る気色も見えざりけり」とあり、また『筑前国続風土記』は、「終日終夜、鉄砲の音やむ時なく、士卒のおめき叫ぶこえ、大地もひびくばかりなり」と記している。

このように二昼夜の猛攻につぐ猛攻をもってしても、城兵の勇戦で犠牲者が続出して、こんな小さな城が落ちないのである。島津の将たちは、はじめて容易ならざる相手と知った。だが、攻撃軍は兵力にものいわせて、つぎつぎに新手を投入して、攻め上がろうと谷間の狭路に殺到する。城方は主将高橋紹運指揮のもとに統一された行動をとり、射撃に秀れた銃手をそろえて鉄砲を発射して、屍骸の山を築き、また弓矢を放って敵兵を射倒し、釣り石、大木を落下させて寄せ手をひと薙(な)ぎにした。

「合戦数度に及びしかども、当城は究竟(くっきょう)の要害といひ、城主は無双の大将といひ、城中僅かの小勢にて五万の寄せ手に対し更に勝劣なかりけり」(『北肥戦誌』)。焦って攻めれば攻めるほど、寄せ手の損害は増すばかりであった。

血戦すでに十日を過ぎ、旧暦七月の残暑は燃えるように将兵の咽喉を乾かし、汗を滴らせて苦しめたが、城兵は疲労をものともせず驚くべき精神力で戦い、負傷者までが持口を守って一歩も退こうとしなかった。

この時、島津の兵は山岳戦のため重装を避けて、甲を着けたほかは登攀しやすい軽装にして、防御楯をもって戦ったと考えられる。そのため、手火矢疵（てびやきず）（鉄砲傷）のほか、刺し疵、突き疵、斬り疵、石打ちによる犠牲者が多く出た。攻撃に参加した島津の将上井伊勢守覚兼が記した『上井覚兼日記』によれば、

> 七月二十六日、夜中より手火矢揃也、然ニ辰之刻（午前八時）計、秋月殿衆、城殿衆、宇土殿衆、兼日下栫衆に候つる。彼衆又ハ諸所足軽衆など、頓ニ下栫破却候而、敵卅人計討取候、然者、諸陣より各支度仕合、城を取巻候、若衆中、此次ニ城を責度由被申候間、忠長、忠棟へ使者を以尋申候、今日ハ無御談合之条、其儀不加然由承候間、指留候、吾々ハ暫取添ニ罷居候て、見申候、下栫破候へ共、敵城少も騒事無之候、劫〔功〕者なとも能調たる敵にて候由、被見及候也。

岩屋城本丸跡の碑

と記され、秋月勢らによって二十六日午前八時ごろ岩屋城の外郭陣が破却され、城兵三十人ばかりが討たれた。しかし、島津諸勢は続いて、本丸の攻撃命令を待った。忠長・忠棟両将はこれを許可しなかったので、上井覚兼率いる宮崎衆らは、攻め口で待機していたが、これほど包囲されても敵城（岩屋城）は少しも騒ぐことなく、戦（いくさ）上手の手強（てごわ）い相手ということがわかった。

以上の記述から主将紹運の卓絶した指揮のもとに城兵が一丸となって応戦している状況がうかがえる。

『筑前国続風土記』には、「同廿六日の暁に、岩屋のさと城（里城＝外郭）はすでにやぶられしかは、城中の勢、

其上なる二、三丸に引籠り、猶さゝへてそ戦ひける」とあり、寄せ手は山麓の城郭部分を突破して、三の丸から二の丸へと攻め上がってきた。このとき、屋山中務少輔（種速）の指揮する一隊が鉄砲、弓を放ち、かねてから貯えていた大石、大木を落下させたので、島津の将兵は頭を砕かれたり、手足を折られて転落する者などが続出した。『北肥戦誌』には、「この時、薩摩勢数百騎討死す」と記されている。

紹運使者への返答

たまりかねた島津軍は軍使を派遣し、これ以上互いに殺傷を止めるため、城方に有利な終戦条件を示し、衰退の大友家を捨てて島津と手を結んで和睦するよう勧めた。これに対し紹運は「主家盛んなる時は忠節を励む者は多いが、主家衰えたる時にこそ忠節を尽くすのが真の武士である。貴殿たちも島津衰亡の時になって主を捨てんとされるや、武士たる者、節義を守らぬは禽獣と何ら変わるところなし」（『西国盛衰記』）と言って、武士の節操を示した。

また、『筑前国続風土記』には、

貴老（紹運）僅の人数を以て、五六箇国の大敵を十四五日支へらるゝ事、比類なき手柄なれは、人いかてかさみし申へき、立花の統虎、宝満の統増へも仰せ合わされ、三人御同心にて、御実子一人預り申へし、さあるにおいては、各本領毛頭相違有ましく候、若降参をいなと存じられ候は丶、八箇国の覚えにて候間、紹運子息を人質に御出し候は丶、陣を引取候へし、其上にて豊後薩摩の和議は紹運御調議あるへし、和議成就の時、人質をは返し申す可く由遣けれは、紹運の返事には、御懇意に仰せ候ところ、悦び入て候、さりながら紹運たとい命を惜しみ、立花統虎、並びに愚息統増に、貴家と和睦の事申入候とも、彼両人同心の儀はかりがたく候、若同心せざる時は、紹運面目を失うのみならず、大友に対し、数年の忠義皆むなしく成り候事、かえすがえすも口惜しく候、およそ運命は極まる期あり、其極まる時節をしらずして、あなたへしたがい、こなたへしたがわん事、勇士の恥る処なり、秀吉公の御助勢も、いつ着陣すべともしらず候、仰の如く大友家は威を失い候えば、もとより当城後詰は思いも寄らず候、急ぎ城を責められ候え、いさぎよく打死すべきよし、返答せられければ、島津方ちから及ばずして、和議の謀はやみにけり。

と、あり、降伏を勧める島津の使者は、紹運の理路整然とした返答に、返す言葉もなく帰っていった。武士の本質を明示して一歩も退かぬ城将高橋紹運の態度に、島津の将は、もはや実力で攻め落とすしかないと出血覚悟で最後の総攻撃を命じた。

総攻撃と死闘

七月二十七日、寅の刻（午前四時）から寄せ手の猛攻が開始され、紹運はじめ城兵の死闘が始まる。切岸にとりついた上井覚兼らの日向勢の頭上には大石、大木が落下し、隊将覚兼自身も石打ちにあって負傷、部下のほとんどが傷をうけて戦闘不能になった。彼の隊旗は城兵の長刀に払われて竿ばかりが残り、覚兼に代わった薩将山田有信の甲にも落石が命中、負傷して後退した。

激闘八時間、正午ごろには各防御陣が突破され、午後になって大手門の一部に敵が進入、守備していた福田民部以下、全員戦死。本丸の虎口を守る萩尾麟可、同大学父子も守兵百余人とともに散華したが、なおも城兵の死物狂いの抵抗がつづく。

紹運は本丸にあって指揮をとり、数珠を片手に経を唱えて死者を弔い、手負いの者には薬を与えて励ましていたが、本丸近くまで敵が迫ってきたので、自ら旗本を率いて突入。大長刀を振って群がる敵兵を斬り倒した。城兵最後の死闘は壮絶を極め、髪ふり乱して敵中に斬りこんで行く姿は阿修羅のような凄絶さだったという。『西藩野史』は、「紹運雄略絶倫兵ヲアゲテ撃出シ薩軍破ルコト数回殺傷甚多シ」と、もの凄い死闘を記している。

この激しい抵抗で寄せ手はひるんで後退した。本丸の残兵わずか五十余人。大半は負傷し、紹運自身も数カ所の

岩屋城落城の時、紹運が家臣に託した法蔵菩薩（太宰府市、西正寺所蔵）

傷を負っていた。彼は最期の時が迫ってきたことを知ると、残った部下たちにこれまでの奮闘に厚く礼をのべて別れを告げ高楼にとり上り、潔く自害して果てた。

『鹿児島外史』は、「鎮種（紹運）已ニ重傷を蒙り牙城（本城）に入て而して自荊（自害）す。左右声を挙て仏名を唱う。我兵壁に付く者皆いわく。城内仏名を唱う。惟れ主将死するなり。すなわち堞（ひめがき）を超て而して乱斬す。首を獲ること殆ど一千。城兵ひとりとして遁れ走る者なし。こぞって節に死す」（原漢文、読み下し）と記している。

高橋紹運ときに三十九歳。辞世に「流れての末の世遠く埋れぬ名をや岩屋の苔の下水」がある。

主将の最期を見とどけた五十余人の勇士たちは、いっせいに念仏を唱えながら腹を突き、あるいは互いに刺し違えて全員自決をとげた。その時刻は午後五時ごろだったという。この総自決の光景は島津将兵の足を竦ませ、一歩もその場に近づけなかったといわれる。

紹運の警鐘

岩屋城は、高橋紹運以下、七百六十三名の全員玉砕により落城したが、島津側の損害は死傷者四千五百余を数えた。そのため、宝満城は降したが、秀吉軍の接近で立花城の攻撃を放棄して撤退していった。

紹運は寡兵をもって立ちむかい、島津の九州制覇の意図を砕き、平和の礎となって秀吉の天下統一に大きく貢献した。なぜ、紹運がはじめから勝ち目のない戦いと知りながら、こうまでして戦ったのか、再三、敵味方からの勧告があったのに、これを断わり助命の機会をのがした。彼は、主家大友への忠誠潔白を明示したが、彼の胸中にあった最大の目的は、変節常なき当時の武門への怒りをこめ、真の武士の姿を示し、痛烈な警鐘を鳴らしたものであったと考えられる。

リーダーとしての資質は、人格・勇気・判断力・部下からの信頼と励ましであろう。紹運は、この条件を美事に発揮した名将であった。紹運らの行為を現代社会に移しかえて考えれば、現在の激しい企業戦争の中で、衰運の会社に忠誠を尽くして最後まで踏みとどまり、会社と運命をともにした社員ということになろう。心よりも利害にとらわれる今の企業社会に果たしてそんな社員がいるだろうか。

翌天正十五年、秀吉は九州平定後、紹運の長男立花統虎を筑後四郡十三万二千石（うち三池郡は弟統増に分与）

上、高橋紹運の辞世の碑（四王寺山頂）下、高橋紹運の墓（太宰府市、岩屋城二の丸跡）

の大名に列し、柳川城主に任じて亡き紹運の功に報いた。統虎はのちの立花左近将監宗茂である。また、二男統増も三池藩祖となる立花直次であり、紹運によって近世柳川・三池両藩成立の根源となった。

渺たる小城で敵大軍を相手に半月余にわたり、最後まで団結して戦ったことに対し、『筑前国続風土記』は、「紹運平生情深かりし故且は其忠義に感化せし故一人も節義をうしなはざるなるべし」と記している。

島津は小敵を侮り多くの作戦ミスを犯した。紹運の絶妙な戦略に多くの犠牲を強いられ、西下する秀吉軍と戦う前に撤退しなければならなかった。

移ろい易い人間の心に紹運らは今も不易の警鐘を鳴らしている。紹運の躯体はその後四王寺山中腹に葬られ、また薩軍によって奪われた首は二日市の丘（上京町）に紹運首塚として残っている。

大蔵系高橋氏略系図

大蔵春実 ― 種材 ― 種直 ―（六代略）― 高橋光種 ―（五代略）― 長種 ― 鑑種 ― 鎮種（紹運、吉弘氏より入る）

上、高橋氏家紋、杏葉
下、高橋紹運花押

鍋島直茂　なべしまなおしげ

直茂、隆信の義弟となる

「葉隠」で有名な佐賀（古名は佐嘉）三十五万七千石の基礎を固めた鍋島飛騨守直茂（のち加賀守）は、駿河守清房の子として天文七年（一五三八）三月十三日、佐賀の本庄館（佐賀市本庄町）で生まれた。母は龍造寺家純の娘（隆信の叔母）である。幼名彦法師丸、孫四郎と称したが、長じて左衛門大夫、信昌、のちに信生と名乗り、その後直茂と改める。一時、小城の千葉家の養子となったが、間もなく実家に復帰した。信昌と称したころから彼は、青年武将として勇気があり、反面、沈着で仁愛の心をもち信望があった。

彼の主君であり、義兄となる龍造寺隆信は、一時、仏門に入っていたが、少年期から胆力そなわり還俗して龍造寺家を継いでからは、乱世の武将として秀れた資質を発揮、近隣の諸豪を降し、勢力を伸ばしていった。だが、隆信は戦は強かったが、冷血非情な性格で、仁愛に欠けていた。

母の慶誾は、龍家（龍造寺家の略称）の将来を心配して、隆信の欠点を補い、彼を補佐する人物として、この鍋島信昌（のちの直茂）を見こんだ。

そこで、彼女は一大決意をする。夫（龍造寺周家）戦死後、未亡人であった慶誾は、当時、妻を亡くして寡夫生活をしていた家臣鍋島清房（直茂の父）のもとへ、自ら再嫁して、龍造寺、鍋島両家の紐をしっかり結び、隆信、直茂を事実上の義兄弟として、龍家の安泰をはかった。

当時としては、「大方様」と呼ばれる主君の母が、家臣の妻になるなど前例のないことで、佐賀では大いに話題

になったという。義弟となった直茂（当時信昌）は、誠心誠意、隆信に尽くした。佐賀の武士道を書いた『葉隠』には、

> 隆信公御軍功段々募（つの）り申し候時分、或夜御酒宴遊ばされ候に、御庭の隅（すみ）に人影見え申候由、女中など申し候に付、即ち御出で御覧なされ、「何者ぞ」と御咎（おとが）めなされ候へば、「左衛門太夫にて候」と御答えなされ、抜槍（ぬきやり）を御持ち御座なされ候。「何故に、それに居られ候や」と隆信公仰せられ候へば、「世上に敵多く、御油断なさる時節にて御座なく候。今夜御酒宴と承り候に付、心もとなく存じ御番仕り候」由（よし）仰せられ候。隆信公御感心浅からず、「これにて酒をまいり候へ」と仰せられ候に付、御座に御通りなされ候処、寒夜にて御手こごえ、御持ちなされ候御槍、御手より離れ申さず候由。

とあり、義兄隆信への献身ぶりを記している。

永禄十二年（一五六九）、豊後の大友宗麟が大軍をもって佐賀城を攻めた時、直茂は寡勢の隆信に籠城を主張し、敵将戸次（べつぎ）鑑連らの猛攻にもひるまず、善戦して遂に和議をもたらした。

翌元亀元年（一五七〇）、再び肥前に攻めこんだ大友軍に対し、直茂は今山（佐賀市大和町）の敵本陣を夜襲し、大将大友八郎親貞を討って潰滅（かいめつ）させ、龍家の危機を救った。慶誾の見こみどおり、その後、彼は義兄隆信を助け、その欠点をカバーして、龍家の発展に尽くしたので、その領地はしだいに増大していった。龍家が得た所領の約半分は、この直茂の働きによるものであった。

敗戦後の龍家を支える

天正六年（一五七八）、それまで九州一の勢力を誇っていた大友氏が、日向（宮崎県）の地で島津軍と激突して大敗すると、それを契機に龍家の勢いはさらに強まり、その鉾先（ほこさき）は、筑前、筑後、肥後へと伸びていった。

その間、直茂はつねに龍造寺軍の先頭に立って、粉骨の働きをし、隆信をして「五国二島の大守」と称されるまでに押し上げ、龍家の勢威を拡大させた。一方、隆信は富と権勢を得ると心が驕り、佐賀から須古（杵島郡白石町）の新館に移って酒色に耽った。だが、その残忍さは地位と富を得ても止まることがなく、父祖いらい大恩ある柳川（古名は柳河）の蒲池氏を滅ぼし、人質にとった肥後の赤星家の二人の子を磔にして殺したり、同じく人質の妻女を処刑するなど、残虐非道の振舞いが多く、新付の領主や、民衆の信頼を失っていった。

直茂は、これをみて心を痛め、隆信を諫めるが、隆信はかえってこれを煙たがり、肥後への押さえとして、ていよく彼を柳川へ移してしまう。

天正十二年、隆信は島原半島で反抗する有馬晴信を討つため、大軍を率いて出陣した。有馬は島津の傘下に入っていた。

出陣前、直茂は柳川から駆けつけ、隆信自らの出馬を諫め、自分が代わりに行くことを願ったが、隆信は聴き入れず島原へ向かった。同年三月二十四日、隆信は島原郊外、沖田畷の戦場で島津・有馬の連合軍と戦って大敗し、ついに首を討たれた。この敗戦で、龍造寺軍の多くの将兵が戦場の露と消えた。

直茂もまた、隆信に従って出陣していた。彼は山手の指揮にあたり、島津の将、猿渡越中守と戦い、その子弥次郎を討ちとって優勢に戦っていたが、主力軍が敗れて総崩れとなり、孤立して危険が迫ったので、わずかな部下とともに敵中を突破、海岸に出て、ようやく舟を探し柳川に生還した。

隆信死後、龍家の運命は大きく変わる。今まで龍家の勢威を恐れて、心ならずも従っていた国人領主の中には、島津や大友に付く者が出てきた。このような危機に際して、隆信の嫡子政家は凡庸で、難局に対処する器量にとぼしく、今や龍家の舵とりは、鍋島直茂（当時は信生）をおいて他にはいなかった。島原戦、生き残りの一族老臣らは、直茂に政家を助けて、国政の任にあたるように懇請する。直茂は、いったんは辞退したが、再三の要請をうけて、遂に本国佐賀へ帰ることになった。

一方、島津側は戦勝の余勢をかって、一気に佐賀へ攻めこむ動きを見せていたので、国内は戦争の不安に戦き動

佐賀（佐嘉）城趾

揺し騒がしかった。この時、直茂は、隆信の弔(とむらい)合戦をするので諸将たちに、出陣の覚悟を促したので、領内の騒ぎは鎮まった。『鎮西要略』によれば、直茂は腹心の部下を八代の島津陣営に遣(や)り、「政家公には弔合戦のため、薩摩に出向いて島津の家人をひとり残らず討ちとって怨みを晴らすつもりである」と、伝えさせ、肥前側の士気旺盛さを示した。

島津は、島原で討ちとった隆信の首を佐賀へ返送したいと申し入れたが、直茂は「不運の首級に益はなし、何れになりとも捨て置かれよ」と言って、これを拒否した。

直茂の武略によって、島津軍も佐賀攻めを躊躇(ちゅうちょ)したので、龍家の危機は回避された。

執政となった彼は、敗戦でガタガタになった家中を一本に纏めて崩壊をくい止め、龍家の大黒柱として実権を掌握した。当主龍造寺政家は、その後筑前の秋月種実を仲介にして島津と和議を結んだが、こちらから頭を下げての和平であった。龍造寺氏は、すでに九州を三分した頃の島津と対等の勢力を失い、その幕下について、きのうまでの諸豪と同列になる。

一方、直茂は、天正十五年、豊臣秀吉の島津征伐が始まる前から、すでに秀吉に通じていたので、政家に勧めて島津と手切れさせ、九州平定作戦開始とともに島津攻めの先鋒となって、政家を助けて出陣する。

秋月・島津らが降伏して九州平定が終わると、秀吉から龍造寺政家に対して、肥前七郡が安堵され、直茂は東肥前に知行を得た。

政家は、旧領北肥後や筑後が削減されたうえ、肥前一カ国もことごとく与えられなかったことを不満に思い、翌十六年の肥後一揆鎮圧の出兵に応じなかったので、秀吉から罰せられそうになった。直茂（当時信生）は、政家のため弁護して秀吉の怒りを解き、事なきを得た。

秀吉は、「龍造寺隆信といひし者は名将たるべしと思はれ候。その仔細は鍋島飛騨守（直茂）に国家を打ち任候は、よく人を見知りたるものなり。今飛騨守を見て思い知られ候」と直茂の人物を賞賛している（『葉隠』）。また、『名将言行録』にも、「秀吉、九州を平げ帰京の後、侍臣に向い、われ今度西国にて珍敷物を見たりと言はれける。何をご覧じたるやと尋ねければ、鍋島飛騨守という者なりと言はれけり」とある。

隆信については、生前の非道の行為など考えれば、決して名将とは言えないが、直茂のような秀れた人物を用いたことは、秀吉から見ればやはり人使いにおいて名将の器と見たのであろう。

鍋島直茂画像（鍋島報效会蔵）

秀吉は、龍家が今日あるのは、直茂の器量によるものと認めていたのである。当主政家は病気がちで出仕できず、嗣子高房はまだ幼少で代理ができない状況にあった。

そのため、一族老臣らは政家に隠居を願った。この時、政家の祖母慶誾は、「今、飛騨守（直茂）をおいて、太閤殿下に御奉公申上げ、家を存続すべき者はいない。直茂は隆信と兄弟の仲だから、政家の家督には飛騨守を取立つべし」（『隆信公御年譜』）と進んで提言したので、一同これに賛同したという。これを秀吉に上申したので、天正十八年、隠居が認められ、隠居料として五千二百石が与えられ、彼は太保（ふとまた）（佐賀市久保田町）の地に三十五歳の若さで引きこもった。

政家隠退とともに、秀吉から子の藤八郎高房に佐賀三十万九千石（のち鍋島氏の時、三十五万七千石余となる）の朱印状が与えられた。また直茂は神埼郡において四万四千石の知行を受け、一族中、最高の禄高となった。

しかし、高房はまだ五歳の幼児だったから、直茂の養子ということにして、国政は直茂に委ねられ、政家はじめ、龍造寺一門の者は直茂に協力を誓った。この時、直茂は政家から龍造寺の姓を名乗るようにと申し出をうけたが、彼はこれを名乗らず、鍋島姓をそのまま通した。

関ヶ原の危機と本領安堵

天正十七年、直茂は従五位に叙せられ、飛騨守信生から、加賀守に任じ、直茂と改名した。

文禄元年（一五九二）、豊臣秀吉の朝鮮の役では、直茂は一万二千の軍勢を率いて従軍、前後七年間を異国の地で過し、辛苦を味わった。この戦役でも、鍋島軍は奮戦して多くの軍功があった。後日、加藤清正は直茂について「自分の生涯で、朝鮮の役はやり易い戦いであった。これは鍋島直茂のお蔭である。先陣争いもなく、軍規を固く守って協力してくれた」と言って感謝している。

この七年にわたる戦陣生活を通じて、直茂は龍造寺家臣団を指揮して戦い生死をともにしたので、上下に強い信頼関係が結ばれ、それまでの単なる国政代行の地位から、彼を主的立場へと上昇させ、新たな主従関係を形成させていったとみられる。

文禄四年、直茂の子勝茂（かつしげ）は、秀吉から従五位下信濃守に任じられ、大名の世子としての処遇をうけている。

慶長三年（一五九八）、秀吉の死で、在鮮の将兵は日本へ引揚げ、鍋島父子も帰国した。二年後の慶長五年、徳川・石田の東西両軍による「関ヶ原の戦い」が起こる。このとき鍋島直茂は国元にあり、上方にあった勝茂は、誘いをうけて西軍に付いた。

『新訂寛政重修諸家譜』（巻十三）「勝茂の項」に、「（慶長）五年、石田三成が徒叛逆の時、止むをえず、その催促にしたがひ、大坂城に来会し、伏見城を攻。九月逆徒伏誅の後、勝茂伏見に来て罪を謝し、立花宗茂が柳川城に在るを討って罪を購ふべしといふ。此時、父直茂は肥前国にあり、又使いを奉り勝茂が罪を宥められん事をこひ申すにより恩許を蒙り」と記されている。

結局、鍋島父子は徳川家に反抗した罪の償いとして、同じ西軍の敗将で柳川に帰国していた立花宗茂の討伐を命じられた。立花勢は、敗走してようやく故郷柳川に帰着していたが、鍋島父子は罪ほろぼしのため一万二千の軍を率いて柳川へ進撃。十月、柳川近郊、八の院（大川市）に押しよせ、立花方と激戦を展開、圧倒的多数の鍋島軍は、立花の兵六百余の首を取り、徳川に献じた。

鍋島父子は、その功で罪を許され、肥前の領国を没収されることなく、本領を安堵された。この時期、直茂にとって危機存亡の時であった。一歩誤まれば勝茂は切腹、家は取り潰しになりかねなかった。しかし、これを乗り切ったのは、その陰に直茂の政治力が大きくものをいったからである。以来、鍋島氏は誰よりも徳川家に対して、忠勤を励むことになった。

高房の死と猫化け騒動

一方、龍造寺政家の子、藤八郎高房は、慶長八年六月、十八歳のとき徒五位下に叙され、駿河守を称した。この年八月、高房は昵懇の僧円光寺元佶に書を送り、直茂父子の協力で、龍造寺の家督を継ぐことを喜び、勝茂とは兄弟の睦みを続けてゆくことを述べている。だが、高房の龍造寺家督と、鍋島父子の領国支配は完全に分離して、今や別個の存在となっていたのである。

高房にとっては、家督を継いでも、領国支配権は家臣筋の鍋島氏に握られていることに悶々とする。父政家は隠居して国もとにあるが、彼は公儀の証人（人質）として、江戸桜田の屋敷で過していた。かつての龍造寺、鍋島の主徒関係は完全に逆転していた。勝茂は、すでに徳川家康の養女を夫人に迎え、諸大名との交わりを通じて信望を得ていた。高房と勝茂との彼我の差はあまりにも歴然としていた。高房は、もはや国政を取り返すことができない絶望感と、鍋島父子への恨みから悲劇の行動に走る。

慶長十二年三月、龍造寺高房は、江戸屋敷で十九歳の妻を刺殺。つづいて自分も切腹を計ったが周囲の発見が早かったため、命をとりとめた。この事件は幕府へ届けられ、幕閣から検使が来て、負傷して床上にある高房に前後のいきさつを尋問したが、彼は何も答えなかったという。一方、国元の政家は、子高房の自殺未遂を知って驚く。この時、政家の胸中には、息子への不憫（ふびん）と、直茂への不満があったと思われる。

その後、直茂は政家に長文の書状を送り、その中で「隆信様敗死後、龍造寺家を持ち支えてきたのはこの直茂の力によるものと力説し、こんど藤八郎（高房）どのが、腹を切られたのは、誰にあてつけてなされたのか、御帰国の節、じきじきお尋ねください。その上で、われら父子は存分に申しひらきを致しましょう」と述べ、鍋島家の立場を強く弁明している。

しかし、高房は佐賀へ帰ることなく、それから半年後の九月六日、自らの命を絶って二十二歳の短い生涯を終えた。彼の遺骸は江戸で荼毘（だび）に付され、遺骨は佐賀へ送られ泰長院（佐賀市与賀町）へ葬られたが、現在は高伝寺（本庄町）に改葬されている。

『元茂公譜』（鍋島勝茂の子元茂、初代小城藩主の年譜）には、高房死後、佐賀城下に白装束の幽霊が現われるという噂が立ち、いろいろ異変が起き、人びとを恐怖におとし入れたと伝えている。

世に流布された佐賀の「化（ば）け猫騒動」は、この幽霊話の所産であり、若くして悲運の死をとげた高房への庶民の憐情を感じる。政家は、わが子高房の急死に落胆したのか、ひと月もたたない十月二日、後を追うようにこの世を去った。五十二歳であった。龍造寺本家は、遂に断絶、鍋島三十五万七千石の藩政がここに確立した。

三度の危機と教訓

直茂には生涯、三度の危機があった。元亀元年の今山合戦、天正十二年の島原の戦い、慶長五年の関ヶ原の戦いである。何れも鍋島家の存亡に関わるものだったが、勇気と英知をもって適確に対処し、これを乗り切っている。

直茂には、家中への訓戒や処世訓として、「葉隠」の原型ともいうべき「直茂公御壁書」二十一カ条がある。その中で「俸禄は勝戦の時は用に立てども、負戦になりては、一言の情を掛けたる者ならでは用に立たず」と言っている。

調子よく戦いに勝っている時は、俸禄だけやれば役に立つ。だが、苦戦して負け戦となってからは、情、つまり心を通じたものでなければ役に立たないのである。実戦を体験して生まれた至言であろう。

今山古戦場の碑（佐賀市大和町）

部下を動かすのには物か金か、または心か、大事なテーマであるが、金ばかりで結びつくと、苦難なとき、耐えきれずに離れてゆく。日ごろから深く信頼し合って心を通じた者同士は、いざという時でも、苦しさに耐え抜くことができるといっている。

また「大事の思案は軽くすべし」とも言っている。これは簡潔な表現のため、とりようによっては誤解される面もあるが、直茂の言うのは、一生の大事についても、改めて考えなくていいように、平素から覚悟をきめておけば、思案は軽くてすむ、と理解すれば、彼の人生の処し方に感銘をおぼえる。

直茂は、人使いも上手だったが、人を見る目に秀れていた。人材育成は、その人物をしっかり見ておかねばならないのである。

「人に心をおくまじき者におくは、うつけなり。また人に心をおくべき者におかぬもうつけなり。よく人を見ること専一なり」

と言っているが、警戒する必要のない相手を警戒するのは愚かで

鍋島直茂の墓（佐賀市、高伝寺）

ある。また、警戒しなければならない相手に対して、警戒しないのもおろかである。要は人間観察にある。

直茂は、元和四年（一六一八）六月三日、多布施館において八十一歳の高齢でこの世を去った。死後は彼の法名、日峯宗智大居士に因んで「日峯さま」と呼ばれて敬慕され、高伝寺に墓がある。

佐賀藩は、直茂を藩祖として、初代勝茂いらい十一代直大（なおひろ）まで約二六〇年間にわたり、版籍奉還まで続いた。松原神社（佐賀市松原）は、藩祖鍋島直茂を主祭神として祀っている。

鍋島氏略系図（佐賀市史上巻所収）

山城国長岡を領す
永徳三年（一三八三）下向
佐々木経秀 ― 経直 ― 清直 ― 清久 ― 清房 ― 直茂 ― 勝茂

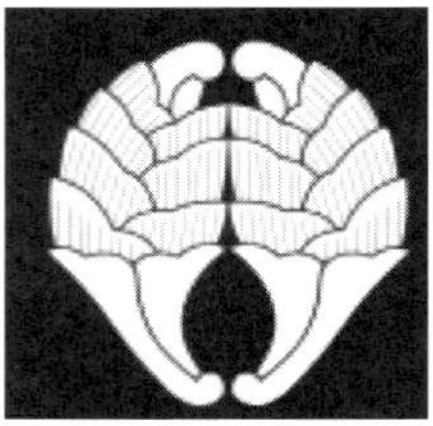

鍋島氏家紋、鍋島杏葉

波多三河守親　はたみかわのかみちかし

波多氏

岸岳（鬼子岳・吉志岳とも書く）は、佐賀県唐津市相知と同市北波多との境界に聳える標高三二〇メートルの峻険な山である。山上からは、眼下北方に松浦川を望み、唐津方面から玄界灘が広がり、南の相知、佐里方面を通して天山の雄姿が視野に入る。また、西は徳須恵から切木台地へと展望がつづく。

山頂にあった岸岳城は、東端の「姫落し」から、西端の鋒岳（旗立石と呼ぶ）まで、約二キロに及ぶ半月状に湾曲した城郭を形成し、その間、石垣、堀切、櫓跡など、当時の遺構をほとんど残しているが、周囲を険崖によって守られ、中世の山城として自然の要害をなしている。

岸岳城は、上松浦地方（唐津市を含む松浦郡一帯）を、長期にわたって支配した上松浦党の領袖波多氏の本拠であった。『松浦家世伝』によれば、平安時代の後期、後三条天皇の延久元年（一〇六九）、渡邊綱（大江山の鬼退治で有名）の曾孫源久は、肥前国松浦郡宇野の御厨検校となって摂津国（兵庫県）から西下した。「御厨」とは、神宮に献上物や貢納を司る役所であり、古くは各地にあったが、のちに地名となった。

久は、源大夫判官と称して、志佐郷の加治屋城（松浦市今福町）を築いて居を構え、地名の松浦氏を名乗った。その後、しだいに勢力をつけ、上・下松浦、山代、有田、彼杵、平戸、五島など、肥前西北部に所領をのばし、世に「松浦四十八党」といわれる松浦党の祖となった。「松浦党」の名は、源平の壇の浦合戦や、元寇役での奮戦、南北朝期では、少弐氏らと足利尊氏を助けて活躍、室町期には、大陸沿岸をまたに「倭寇」の名で跳梁したが、戦

岸岳城本丸跡

国時代になると、大内・大友・龍造寺氏らの大勢力のまえに衰退する。その興亡の歴史は『吾妻鏡』『平家物語』『太平記』をはじめ、多くの古典、史書にも記されている。

その組織は「党」というよりも、一大親族関係といった方が強く、海・陸両面において強固な結束をもって行動し、一方、『青方文書』に見られる多数決制の採用など、他では見られない独特の連帯意識で合議を図り、松浦源氏に属する者は、一字名を原則とするなど、特異な武士集団として注目されていた。これらの中でも、特に波多・伊万里・佐志・山代・草野の五氏を「上松浦の五家」と称し、有田・田平・佐々・御厨・志佐・吉田・大島・宇久の八氏を「下松浦の八家」といって、松浦党の中心勢力であった。

彼らが、肥前北西部に数世紀にわたって勢力を保ったのは、その立地条件である。まず、海に面して朝鮮・中国に近く、貿易に有利で経済活動ができたこと、それに要害の地形を背景に、天然の良港に恵まれ、水軍力を有したこと、また遠隔地のため中央の威令が滲透せず、活動が自由であったことや、さらに一族の団結心があったからである。

久は、七人の子らに松浦の各地を割譲して勢力の拡大を図り、子孫はそれぞれ分出して松浦各地に広がっていった。これらの諸家は、居住地の地名をもって氏名にした。久の二男持もまた波多郷に入部して波多氏を名乗り、岸岳を本拠地にして波多氏の基礎を築いた。

その後、波多氏は筑前・肥前守護であった少弐氏の管下として、上松浦地方の統率者となるが、その間の継承は必ずしも親子関係の譲り渡しではなく、佐志、石志氏ら同族混交もあり、また佐志、呼子氏のように、波多氏を名乗った一族の者もあって、その区別はむずかしく、複雑な家系を織りなしている。

応永五年（一三九八）、波多城（稗田にあった岸岳以前の城）の波多下野守武は、渋川探題の軍と戦って、彦島河原（小城町）で戦死した。波多氏は、その後、永・泰と続き、戦国の世に入る。とくに泰は、中国の雄大内氏の庇護をうけて上松浦の諸氏を統率し、文明四年（一四七二）、佐志・呼子氏ら五氏が分割統治していた壱岐を占領して支配下に置くなど、目ざましい活躍をした。

『松浦家世伝』によれば、下野守泰のあと、下野守興にいたり、肥前南部の有馬仙岩や、相神浦親、平戸興信らと通婚して勢力圏を拡げ、ついに東西松浦郡（上・下松浦）のほとんどを支配するようになったという。興のあと、子の壱岐守盛が相続したが、盛は嗣子のないまま天文十六年（一五四七、一説には十一年）に死去した。この跡目をめぐって、波多家に激しい内紛が起こった。

波多三河守鎮（親）

その原因を『松浦拾風土記』は、次のように伝えている。

> 波多壱岐守盛は、上松浦郡と壱岐を領せしが、壱岐守に子なければ、誰かを跡に立つべきと評定しけるに、壱岐守の舎弟政の子の、高・重・正の内をと家の子共は思いけれど、後室許容なく、有馬修理大夫の子、藤童（堂）丸こそ下野守殿の孫にて侍りければ、この人にこそ波多家を継がしむべしと、隠密の諸令に及び、同心すべき侍には美女金銀をとらせ、否む者を遠ざけられ、何卒して藤童丸をとりたしとの事なりしが、家中一致せざれば、後室これを恨み、是は日高大和が力よとて、遊宴の折節毒を与えしこそ恐ろしけれ。

波多家の跡目に、先代盛の弟志摩守の子を立てようとする日高大和守資、鶴田兵部大輔直らの近親、重臣派と、有馬義貞の子、藤童丸を迎えようとする後室派が対立、重臣派の中心、日高大和守が後室真芳によって毒殺されるというお家騒動が起きた。その結果、反対派は粛清されたり、離れていった。

弘治三年（一五五七）、後室は、島原半島に勢力をもつ有馬仙岩の子（孫ともいう）藤童丸を波多家の後嗣に迎えて、波多家の養子とし、後室が養母となった。その後、後室は、有馬氏と親交のある豊後の大友氏と結び、藤童丸は大友義鎮（宗麟）の一字を受けて、波多鎮と名乗り、三河守と号したが、反対派の鶴田、日高らと対立する。とりわけ、後室に父大和守を殺された日高甲斐守喜の恨みは深く復讐の機会を狙っていた。

永禄七年（一五六四）甲子十二月二十九日、歳末の祝賀を口実に、岸岳城に伺候した甲斐守は、祝いの口上を終えて退出しようとした時、かねて示し合わせていた同士たちと、城中に火を放ち、驚き騒ぐ家士たちを斬り伏せて日ごろの遺恨を晴らし、後室、三河守鎮母子の追放に成功した。

岸岳城を脱出した後室らは、鬼ケ城（唐津市浜玉町）の草野鎮永をたよって逃れた。鎮永の妻は、後室の姉であった。三河守らは草野家の庇護のもとに五年の歳月を送った。

その間、後室母子は、密かに佐賀（古名は佐嘉）の龍造寺隆信に援助をたのんだ。永禄十年（一五六七）、波多三河守鎮と、草野中務大輔鎮永は、ともに佐賀城に至り、互に協力を誓った（『普聞集』）。

三河守は、龍造寺氏の支援のもとに、有浦、値賀氏などの松浦党を糾合して、岸岳奪回を狙う。

永禄十二年十二月、龍造寺の軍勢は、日高甲斐守、その弟らを攻めて、ついに岸岳城を奪回し、藤童丸の波多三河守鎮を城主にすえた。

敗れた日高兄弟は壱岐へ逃れ、亀尾城（亀丘城ともいう＝壱岐市郷ノ浦町）の波多壱岐守政（盛の弟）を殺害し、自ら壱岐守護と称して島内の実権を握った。だが、日高兄弟らは、岸岳方の来攻を恐れ、壱岐全島を下松浦領に従属することを条件に、平戸の松浦隆信に援助を請い、その配下となった。これより壱岐は、波多氏を離れて平戸松浦氏に帰属することになった。

龍造寺に属す

一方、波多三河守は、日高兄弟を憎み、たびたび兵を出して壱岐の回復を図ったが、日高らの激しい防戦で、目的を達することができなかった。

そこで彼は、壱岐奪回成功の時、壱岐半分の割譲を条件に、対馬の宗氏に援助を求めた。対馬側は、これを承諾して、元亀二年（一五七一）七月、壱岐攻略の計画を練り、日高の謀臣立石図書（たていしずしょ）を味方に引き入れようと画策した。だが、かえって立石の偽りの内応を信じてしまい、兵船六十余艘をもって攻めこんだが、浦海（うらみ）（勝本町）で松浦・日高両軍の邀撃（ようげき）にあって大敗し、対馬へ退却した。ここに波多氏の壱岐奪回の望みは断たれた。

この内訌による影響がいかに甚大で、深刻、悲惨なものであったかは、『松浦家世伝系図』『松浦拾風土記』『壱岐郷土史』などの、一族の自殺者や、殺害された者たちの記述によっても窺知（きち）できる。この訌争によって波多氏は、戦国大名への道を閉ざされてしまう。

三河守は、幼少時、波多家継承にあたって、血の争いを生むなどとは、知るよしもなかっただろう。彼は、当主となって、はじめて波多家の因縁と、人の世の苛酷さを味わったにちがいない。のちに、波多、日高両氏は、和睦して抗争を止め、波多氏は岸岳の堅城によって、上松浦地方に重きをなした。

その頃、佐賀の龍造寺隆信は、周辺を征服しながら肥前平定を目ざし、戦国大名への道を進んでいた。この隆信を一躍有名にしたのは、元亀元年、肥前に侵攻した大友宗麟麾下（きか）の大軍と対戦した時、今山（佐賀市大和町）の大友本陣を急襲して、大将大友八郎親貞を討って大勝してからである。今山合戦後、龍造寺の勢威は振い、隆信は多年の宿望であった上松浦の平定にのり出す。

天正元年（一五七三）十二月、龍造寺隆信は、自ら兵を率いて上松浦に進撃、先年援助した岸岳の波多氏を、今度は逆に攻めた。隆信は上松浦制圧のためには、先ず波多攻略が不可欠と考えたからである。波多三河守は、隆信の軍威のまえに対戦を回避して、八並武蔵守、福井山城守の両使者をもって和を請い、従属を誓った。

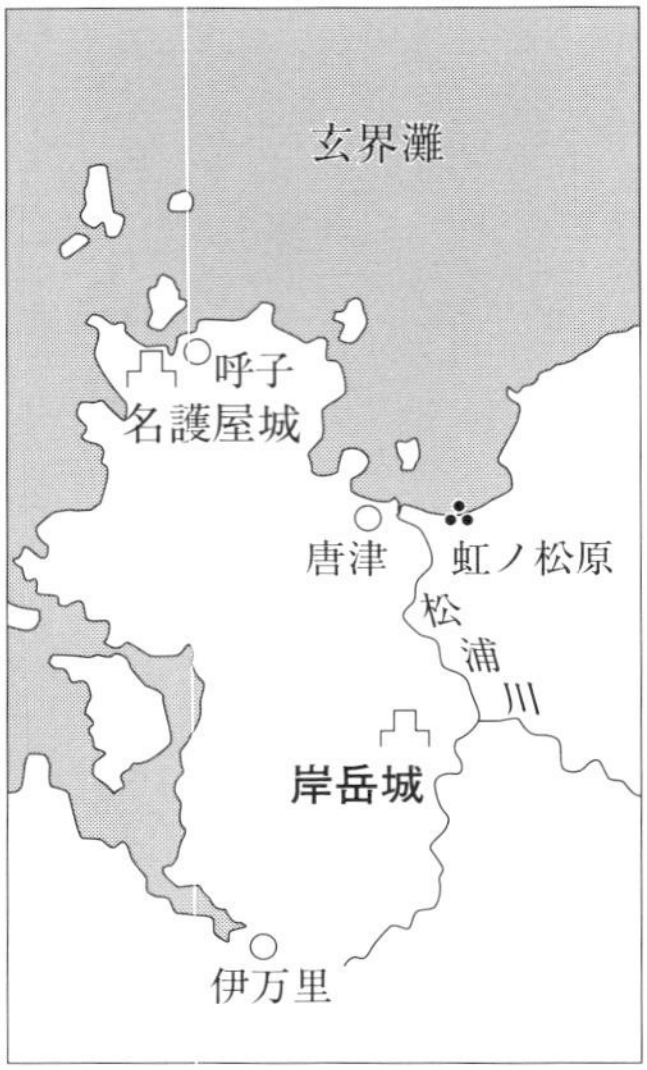

岸岳城周辺図

その後、隆信は、獅子ケ城（唐津市厳木町）の鶴田越前守を攻め降し、さらに鬼ケ城の草野鎮永や、怡土（いと）郡高祖（たかす）城（前原市）の原田隆種（了栄）など、周辺の領主たちをつぎつぎに降伏させ、上松浦地方の平定を終えた。今や、隆信は肥前最強の勢力となった。

天正四年、波多三河守は、実家の有馬と組んで、伊万里、有田氏らとともに、隆信に反抗するが、岸岳城を包囲されて再び隆信に詫びて服属した。また、伊万里・有田・山代の諸氏も波多氏にならって降礼をとる。

隆信にとって三河守は、たびたびの反逆者ではあったが、上松浦の中心的存在である波多氏を無視することはできなかった。隆信は、三河守を懐柔して龍造寺家の藩屏（はんぺい）となし、上松浦の安定を図ろうとしていた。そこで彼は、当時、後家になって佐賀城で暮らしていた美貌の娘安子（秀の前）を政略的に利用して波多家との婚姻を結ぶ。

秀の前と心月尼

その頃、波多三河守は妻を亡くしていた。また、子もいなかった。彼は安子より年下だったが、上松浦の頭領として、一応の器量を持った武将であった。隆信にとって、娘安子の再婚先としては、絶好の相手であった。

安子は、隆信の娘とはいっても、実の子ではない。実父は、龍造寺家の当主であった龍造寺胤栄（たねみつ）である。彼女が三歳の時、父胤栄は二十四歳の若さで病死する。当時、龍造寺本家には、跡とりの男子がいなかった。そこで一族の者たちが相談して、分家の水ケ江龍造寺家から迎えたのが、隆信（当時は胤信）である。天文十七年（一五四八）、隆信は、分家から本家の当主となり、そのまま胤栄の未亡人、つまり安子の母の婿となった。安子にとっては義父であるが、義理でも父は父である。

永禄五年、安子は十七歳で、義父隆信の政略のため、佐賀近郊の蓮池城主、小田鎮光のもとへ輿入れした。その後、夫婦は子に恵まれなかったが、睦まじく過ごしていた。ところが、数年後、隆信は突然、鎮光を西部の多久へ移して遠ざけた。伝来の地を去らねばならなかった鎮光の恨みは深く、その後、彼は大友方へと離反する。隆信は機会を狙って、安子には知らせず偽って鎮光を佐賀に誘きよせ、騙し討ちにした。夫を義父に殺された安子は、悲嘆にくれ、深い心の傷を負った。

しかし、十年の歳月が流れる頃、彼女の心もようやく平静さをとり戻していた。そんな時、波多三河守との縁談がもちあがった。安子は、すでに三十八歳であったが、生来の美貌は年齢を感じさせぬものがあったという。

波多三河守正室円子（心月瑞円大姉）の墓（唐津市北波多）

この縁談は、波多家にも歓迎された。だが一方で、この婚儀には、次のような哀話も伝わっている。

波多三河守鎮（のち親）の前妻は、三河守配下の青山城（唐津市山本）主、青山采女の姉（妹ともいう）で、円子といった。天正七年（一五七九）、龍造寺隆信の使者が突然岸岳城にやってきて、夫人円子死去の弔辞を述べ、香華料を差し出した。三河守は驚き、妻は健在であると伝えたが、使者は「自分は、主命を果たすだけである」と言って帰っていった。

この事を知った円子は、龍造寺家の腹をよみ、密かに城を出て、夫三河守が再建した唐津の近松寺に入り、尼となった。彼女は、名を心月と改め、その後、山本村（唐津市）に、小庵をむすんで隠棲したが、まもなく入寂した。「肥前の熊」と恐れられた龍造寺隆信に、離縁を強要された彼女は、波多家の浮沈を思い、黙って城を去ったのであるが、権力の犠牲になった薄倖な女性の心情を思えば哀れであり、乱世の非情さが胸をつく。

心月尼の死後、彼女の霊を弔うため、その場所に現在の心月寺（曹洞宗）が建てられたという。『松浦記集成』には、「波多三河守親公の前室心月瑞円大姉を埋葬し奉りし所に一寺を建立し玉ふ、墓所本堂本尊の下也。則此寺の開基也」とある。寺には、墓と心月尼遺愛の琵琶などが残されている。

波多家に嫁いだ安子は、「秀の前」と呼ばれるようになった。その後、三河守との間には実子がなかったので、隆信の孫（孫三郎）を貰いうけて波多家の後継と定め、波多、龍造寺両家の絆（きずな）を強めた。

三河守の去就と秀吉の不興

当時の九州は、大友氏が衰え、島津、龍造寺の両氏が南北をほぼ二分する大勢力であり、両者の激突は避けられない状況にあった。天正十二年春、隆信は従属していた有馬晴信が、島津側に寝返ったことを怒り、自ら三万の大軍を率いて島原へ出陣した。有馬氏は、波多三河守の実家で、晴信は系図上、三河守の弟となっている。また、隆信の嫡子龍造寺政家の妻の実家でもあり、島原半島の南にある日之江城（南島原市北有馬町）が本城であった。

だが、龍造寺軍は、有馬への進撃途中、有馬を助ける島津軍の戦略によって大敗し、三月二十四日、龍造寺隆信は、島原沖田畷（おきたなわて）（島原市）において、遂に敗死した。この戦いの時、三河守は、実家の有馬を助けるか、また、秀の前の義父隆信に加勢するかについて苦慮したことと思われるが、結局どちらにも出兵せずに終わった。

隆信戦死後、龍造寺家は嫡子政家が当主となったが、その実権は、しだいに鍋島信生（のぶなり）（直茂）に移っていった。

波多三河守は、表面では佐賀との従属関係を維持しながら、密かに島津氏に通じて自立をはかるようになる。

天正十四年四月一日、波多三河守親（ちかし）は、龍造寺政家に起請文を出したが、その中で「壱州（壱岐）の儀は累代の本領に候、かの一島、一度前々の如く落着これありたき心底までに候」（『龍造寺家文書』）と述べているが、彼の心中には失った領地壱岐回復への思いが、強烈であったろう。

一方、薩摩の島津義久は、龍造寺隆信を討って以来、破竹の勢いを見せ、今や九州最強となって、衰運の大友氏をさらに圧迫する。たまりかねた大友宗麟は、上坂して天下統一をすすめる豊臣秀吉に助けを請い、その幕下となった。

天正十五年三月、秀吉は、九州で未だ従わぬ島津、秋月らを征伐するため、大軍を率いて京都を出発した。かねて秀吉に接近していた鍋島直茂は、出迎えに上京する。

九州に入った秀吉は、緒戦で秋月種実を降伏させ、高良山（久留米市）の本陣に着くが、この時、下松浦の山代貞、松浦鎮信、宇久盛勝らは、いち早く参陣してこれを迎えた。波多三河守も出迎えの列に加わり、礼を尽くす。

同年五月、島津義久が降伏して秀吉の九州平定は終わったが、結局、三河守は秀吉の出兵命令に反し、島津戦には、一兵も出さなかった。当然、彼は忠誠心を疑われて、秀吉のブラックリストにのった。これが、波多氏滅亡の原因になったともいわれている。だが、当時すでに朝鮮出兵の計画をしていた秀吉は、上松浦の主力である波多氏の利用価値を考えていたと思われる。九州平定後の知行割りでは、三河守に対して、岸岳領七百五十町を安堵している。

波多氏改易後、寺沢氏入封時は、松浦郡六万三千石とあり、唐津地方の元和の検地では、八万二千四百十六石余である。七百五十町は一万石にも満たない石高だが、これが秀吉が認めた波多氏の総合点で、あくまで龍造寺の与力格であり、諸侯の列から完全に除外されてしまった。

天正十八年（一五九〇）、秀吉は、全国統一を完成したが、続いて無謀な朝鮮出兵の命を下した。その基地となったところが、波多三河守の重臣名護屋経述の領地、東松浦郡の名護屋（唐津市鎮西町）である。三河守は、自分の宰領地が前進基地として選ばれる際にも、「大軍を駐める陣地なく、本営には不適」と答えて、秀吉に非協力者の印象を強く与えた。

しかし、彼の言葉など、秀吉には一顧だにされなかったであろう。秀吉は玄界灘の波濤が見える名護屋の丘上に、大規模な陣営を構築させていた。名護屋築城は、天正十九年八月十三日に加藤清正が報じており、十月十日に工事が開始され（『史料綜覧巻十二』）、鎮西の諸大名から労力、資材提供が行われ、翌年、春ごろまでには一応、秀吉を迎える準備を完了した。現在、その一角に、俳人青木月斗の「太閤が睨みし海の霞かな」の句碑が立っている。

天正二十年三月、文禄の役がおこり、太閤秀吉は京都を発ち、四月、名護屋の本陣に到着した。この時、九州の大小名たちが揃って博多まで出迎えたが、三河守は大事な時間に遅れてしまい、またまた秀吉の不興をかう。『松浦拾風土記』には、「波多三河守遅参候故、御尋ね有ければ、鍋島加賀守（直茂）取り合せて、波多三河守は私旗本の者に候えば、私御目見え相つとめ候上は、子細（しさい）の儀御座なきよし申し上げしに、その節は、まづそのままに召置かれ、おくれて三河守参着いたし、早速に御前へ出でけれども、何の御意もあらざれば、手持不沙汰に退出し」と記されている。

直茂が、縁つづきの秀の前の夫三河守を、かばってやったので、彼への咎（とが）めはなかったが、秀吉からは、またしても推参（すいさん）（無礼）者として烙印を押されてしまった。

文禄の役では、波多三河守親は、鍋島直茂軍に配属されて、七百五十の部下を率いて出陣した。しかし、滞陣中に軍法を犯した。

三河守は、鍋島配下の一部将となるのを好まず、無断で陣を離れ、大名同様の陣構えをしたという。かつては北松浦の頭領だった誇りと、龍造寺の家臣筋であった鍋島の配下にされた屈辱が、戦陣にきて再び武将の血をよび戻したのであろうか。だが、軍律に触れれば、秀吉の命に背いたことになる。やがて朝鮮との講和が成立すると、諸軍の引揚げが始まり、文禄三年（一五九四）二月、三河守も海を渡って帰国してくるが、彼は名護屋への上陸を許されず、船上で黒田長政から秀吉の命が伝えられた。

波多家の滅亡

秀吉の命令は、三河守の所領を没収し、身柄を徳川家に預けるという厳しい内容だった。『甫庵太閤記』（巻第十四）には、三河守の罪状を数カ条にわたって記しているが、わかりやすくいえば次のとおりである。

一、波多三河守は、鍋島直茂の配下でありながら勝手な行動をし、臆病にも舟便のよい舟着（港）に隠れていたこと。

一、三河守所領地の名護屋が本陣に取り立てられているので、先陣となって働かねばならないのに、秀吉の船便を待ちうけて暗殺の陰謀をもっていたこと。

一、講和後、諸軍が引揚げる時、どさくさにまぎれて敵地の品物を掠奪し、戦功に見せかけて途中から引揚軍に加わったこと。

一、先年、島津征伐の時、出兵の命にも応じず取り潰すはずだったが、鍋島直茂が手をついて詫びたので、これを許し、本領を安堵してやったのに、少しも改めず、傍若無人（人を人とも思わぬ）の行動をとったこと。

以上の内容については、どの程度信じてよいか分からないが、軍法違反の以前から波多氏改易は、秀吉には織りこみずみであったとみられる。しかし、『佐賀県史』上巻の年表では、波多親の除封の時期を文禄二年夏としている。

また、波多氏滅亡について三河守後室、秀の前のことが伝えられている。『松浦拾風土記』は、「此三河守妻は、龍造寺の娘にて、容色類なき美女の聞こえ有りければ、秀吉公かかる遊興に事寄せて御諚なされ」と、記している。秀吉は秀の前がすぐれた美女と聞き、一度見たいと名護屋へ招くため、使者をやって伺候するように命じた。秀の前は、夫三河守が出陣中なのでと、辞退するが、再び命をうけて拒みきれず、万一の時にと、懐剣を忍ばせて名護屋へ行った。その日、観芸の宴が終わって彼女は帰城を願い出たが、秀吉から「三河守には、陰謀の噂ありと聞く。その申し開きができぬうちは帰城を許さぬ」と、冷たく言い渡された。あまりに突然のことで、彼女は驚き慌てて、思わず懐剣をとり落としてしまった。秀吉は激怒して、三河守が帰国するまで謹慎を命じた。これが、波多家滅亡の一因になったという。

秀の前の名護屋伺候は事実とみられるが、彼女はこの時、五十近い年であり、いくら美女といっても、天下の秀吉が欲望を燃やしたとは到底考えられない。秀吉の波多氏改易は、三河守が文禄役、在陣中に計画されていたようで、彼の帰国前の文禄二年閏九月、その所領唐津は、すでに秀吉の将寺沢広高に与えられていたのである。

波多三河守は、その後、常陸筑波（つくば市）に流謫の身となった。供は家臣横田右衛門佐以下三名だけが許されたという。『松浦古事記』には、三河守が筑波から送ったという秀の前宛の書簡を記している。

一筆残し参らせ候、我身斯くなり行き候は前世の業因なり。御身事は兎も角も、老中の面々、別して岡本家は因縁も深く候まま、談般可有之候。誠に頼み参らせ候は、孫三郎事宜しく守立候様たのみ入候。偏にたのみまいらせ候。申置く事富士の山程にも候へども、夕暮近く候まま、先ずあらまし染し参らせ候。かしく

三月九日　　好清より

秀の前へ

すえの露もとの雫や世の中におくれ先たつためしなるらん

以上のほか、老臣たちへ後後のことについての書き置きが記されている。好清とは、三河守の世を忍ぶ仮の名で、彼は遠い筑波の配所から妻子への切々の思いを伝えている。文中、岡本家とは、老臣岡本山城守を指すものであろう。だが、この書簡が筑波からどのようにして届けられたのか、疑問がのこる。

『松浦古事記』には、波多三河守（好清）の死亡期を、文禄三年三月九日、四十二歳とあり、また「松浦党研究」第一号、進藤坦平氏の「岸岳城と波多氏」の項には、「文禄三年十一月、参河守親、配所にて死す」の記述があるが、一定せず不明である。

三河守に殉じた七十七名の武士の名を『松浦古事記』は伝えていて、この地方に伝わる「岸岳末孫の祟り」や悲話など、波多氏滅亡にまつわる口碑伝承を生んだ。

『松浦拾風土記』によれば、彼（三河守）は、筑波の配所を脱走して帰り、黒髪山で再起の旗上げをしようとして、行動中に死去したと記しているが、最期の場所や年齢、墓の所在も明確ではない。ただわかっているのは、

「大翁了徹居士」の法名だけである。

波多三河守については、藤童丸、太郎次郎、信時、鎮、親、下野守、三河守などの別名、僭称、官名などがあり、官位も従五位下である。「鎮」から「親」に改名したのは、天正十四年四月一日付の龍造寺政家宛の起請文にその名が親とあるので、この頃からとみられる（『龍造寺家文書』）。

三河守の系譜も、各書に有馬仙岩の子としているが、仙岩とは晴純（はるずみ）のことで、「有馬氏系図」では晴純の五人の子を義貞・純忠（大村）・直員（千々石）・盛（松浦）・諸経（志岐）と記している。仙岩は永禄九年二月二十八日、八十四歳で没した。嫡子義貞（晴直、修理大夫、受洗名ドン・アンドレ）は、天正四年十二月二十七日、五十六歳

岸岳城趾。上・本丸の石垣、中・古井戸、下・二の丸の切り通し

で死去している。この義貞の長男が有馬義純で、元亀二年六月十四日、二十二歳で若死した。

『戦国人名辞典』（新人物往来社）の、波多親の項には、「有馬義貞の子で、波多盛の養子、あるいは孫と伝えられる」とあり、『唐津市史』は、有馬晴純の子とし、『厳木町史』には、晴純の二男（晴信の兄）とあり、また『北波多村史』は有馬仙岩の二男で、後室の妹の子（甥）で興の孫に当たると記されている。

しかし、晴信の兄とすれば、義純の次弟になり、父は義貞のはずである。また、フロイス『日本史』では、波多三河守親は、有馬仙岩（晴純）の子ではなく孫としている。兄の義純が早逝したため、藤堂（童）丸が後嗣となるべきであったが、藤堂丸が波多家の養子になったので、弟の晴信が有馬家を継いだと記している。

以上から推測すれば、波多三河守（藤童丸）は、有馬義貞の二男と考えるのが妥当であろう。彼の兄義純は、天文十九年（一五五〇）生まれであり、弟晴信の出生は永禄十年（一五六七）である。そして、弘治三年（一五五七）藤童丸が波多家に入嗣していることを基準に考えれば、兄義純の出生一年後以降、つまり天文二十年から二十四年頃の間に出生したと推定される。彼が波多家に入った時は、まだ数え六、七歳の童児であった。また、死亡時の文禄三年では、三河守の年齢は、四十五・六であったと考えられる。

波多氏が戦国大名へと成長しなかったのは、家督問題にからむ内紛の影響が大きく、波多氏の支配下にあった諸氏の分裂、離散が勢力の弱体化につながった。

年少で波多家を継いだ三河守は、上松浦の統一と、壱岐奪回を念頭に、戦国大名を目ざしたと思われるが、人生の歯車が狂い、改革期の変転の中に、彼はふさわしくない方向へ態度を向けて、遂に滅亡していった。

なお、秀の前はその後、仏門に入り、名も妙安尼と改め、寛永元年（一六二四）、七十九歳をもってこの世を去ったという。法号は「静室妙安大姉」で、墓は佐賀市本庄町の高伝寺（曹洞宗）にある。

波多氏略系図（各書異同あり）

持―親―勇―明―□（不詳）―繁―照―□（不詳）―重―永―泰

　└興―盛―親＝秀の前

「松浦家世伝」（松浦家所蔵）

持―親―勇……（およそ百三、四十年間欠）……重―永

　└泰―興―盛―信時（鎮）

「有馬氏略系図」（フロイス『日本史』等を参考にして作成）

貴純―尚鑑―晴純

　├義直（義貞）

　│　├義純―晴信（義純弟）―直純

　│　├藤童丸（波多三河守）

　│　├晴信（兄義純の跡をつぐ）

　│　├女子

　│　├純実

　│　└純忠

　├純忠（大村氏）

　├直員（千々石氏）

　├盛（松浦氏）

　└諸経（志岐氏）

波多氏家紋、三星紋

立花宗茂　たちばなむねしげ

宗茂の少年時代

「彼のなすところをもって、これを我になせば、すなわち克たざることなし」

「相手がしようと思っていることを、こちらが先にしてしまえば勝てない筈はない」という意味で、豊臣秀吉から「九州一の勇者」と激賞された筑後柳川（古名は柳河）初代藩主立花宗茂の言葉である。

天正十六年（一五八八）、秀吉の九州平定後、肥後国領主となった佐々成政の領内で一揆が発生した。一揆の勢いは強く、二つの出城が包囲されて糧道が絶たれてしまい、食糧補給に向かった救援隊は、襲撃をうけて食糧を奪われ逃げ帰るしまつであった。

　このとき、柳川城主立花宗茂は秀吉の命をうけて、一揆鎮圧に出動した。彼は周囲の地形を調べあげ、敵が襲ってくると予想される要害の地点に、先手を打って鉄砲隊を待ち伏せさせておき、そしらぬ振りをして出城に食糧を運んだ。

　一揆勢が例のごとく、食糧隊を襲うため、待ち伏せ地点に接近したとたん、鉄砲隊がいっせいに銃撃したので、驚き慌てた一揆勢は敗れて逃げ散ってしまった。こうして相手の裏をかいて立花勢は、無事食糧を運び入れ、救助することができた。冒頭の言葉はこの時のものである。

　兵略に長じた宗茂は、これがきっかけとなって一揆を鎮圧してしまったのである。しかしこれは単に戦いの場だけでなく、人生における進取の姿勢が大切なことを示唆している。彼はこの言葉どおり、右顧左眄せず、常に対象物に真剣にとりくみ、さわやかな心で、人生を前向きに積極的行動で貫いた。

宗茂は、永禄十年（一五六七）十一月十八日、豊後国東郡都甲荘（大分県高田市）長岩屋の筧館で、父吉弘鎮理（紹運）の長男として生まれた。幼名を千熊丸といい、その後、弥七郎、長じて統虎、のちに宗茂と改名した（以下宗茂と記す）。母は、大友家の侍大将をつとめる斉藤鎮実の妹であった。

吉弘氏は、豊後大友氏の支族であり、同郡内の屋山城を本城として代々宗家大友氏に仕えた。宗茂の祖父吉弘鑑理は、当時九州一の勢力を誇る大友宗麟の家判衆（家老）として声望があり、軍政面で活躍している。また、宗茂の伯父鎮信（父鎮理の兄、宗仭と号す）は、宗麟の側近として貿易面にも関与し、博多の豪商島井宗室らとも交流があった。

立花宗茂画像（柳川市、福厳寺所蔵）

伯父鎮信の子で、宗茂の従兄にあたる吉弘賀兵衛統幸は、天下に聞こえた無双の槍付きであったが、関ヶ原の前哨戦ともいうべき慶長五年（一六〇〇）、別府石垣原の合戦で、主君大友義統を守って黒田軍と戦い、遂に壮烈な戦死をとげた。

このように、吉弘氏は一族あげて主家に尽くし、大友家ひとすじの家系であった。

元亀元年（一五七〇）五月、宗茂（当時は千熊丸）四歳の時、父鎮理が主君宗麟から筑前宝満山の城主を命ぜられて赴任するのに従ってはるばる国東から太宰府の地に入った。

宝満山（八六七メートル）は御笠郡の北東にあり、太宰府の奥に聳え、御笠、糟屋、朝倉の三道を扼す嶮岨な要害であった。宝満城はさらに峰つづきの元宝満といわれる場所にあった。

鎮理赴任の理由は、前城主高橋三河守鑑種が中国の毛利氏に通じて謀反し、大友の将戸次鑑連、吉弘鑑理（鎮理の父宗茂の祖父）、臼杵鑑速らに攻められて降伏、城地没収のうえ豊前小倉へ移され、二十二歳の鎮理がその後任に選ばれたからである。

宗麟は、このとき吉弘鎮理に、筑紫の名家高橋氏の名跡を継がせた。以後、彼は「高橋主膳兵衛鎮種」と改名。のちに剃髪して「紹運」と号したので、一般には「高橋紹運」の名で知られている。

紹運は赴任後、宝満山の本城から峰をへだてた四王寺山の中腹にある岩屋の支城を日常の居館とした。

一方、博多東郊の立花山城（三六七メートル、糟屋郡新宮町）も、前城主立花鑑載が反逆して討たれたあと、元亀二年（一五七一）、宗麟の命で勇猛で聞こえた戸次伯耆守鑑連が、筑後赤司城からの城替えで着任した。彼は大友家の魂とまでいわれた柱石であった。

鑑連は入道して道雪と号し、のちに立花氏を称したことから、通称立花道雪の名で知られるようになった（以下、立花道雪で統一する）。道雪はこの時五十七歳で、入城の時、一族郎党とともにひとり娘の誾千代（当時三歳）を筑後から伴ってきた。

立花道雪と高橋紹運は、父子ほどの年差があったが、ともに兵略にすぐれ、とくに年長の道雪は、多くの戦場を往来し、大友家の勇将として主君宗麟を助け、その抜群の武功は内外に知られていた。また、紹運も先輩道雪と同様に、節義を重んじ、部下を大切にする清廉な武将であった。着任いらい二人は、互いに助け合って大友家のために尽くす。

宗茂は父紹運に似て身体も大きく、太く短い猪首はどっしりすわり、眼光炯々として非凡の相をしていた。とくに膂力に秀れ、六、七歳のころから武を好み、相撲が好きで、同年輩の子では歯がたたず、いつも二、三歳とし上の子と取り組んで負けることがなかったという。

『浅川聞書』には、宗茂が九歳の頃、立花城の道雪に招かれて遊びに行ったとき、食事が出て道雪と一緒に膳に向かっていた。膳上には香ばしい鮎がのせてあった。宗茂は、鮎をつまむと骨を抜き、身をむしっては口に入れていた。これを見た道雪が、「女、子供のように骨を選って食うなどとは、武士の作法ではない。頭から食って骨も噛みくだいてしまえ、魚の骨も食えぬようでは物の役にはたつまいぞ」と言って強く叱られたと記されている。

十歳頃の彼は弓射も巧みで、数間先の小鳥を射落とすほどに上達していた。彼は筑紫野の自然の中で勇武の気性を培い、逞しく成長していった。

その頃、高橋家中の武士で重罪を犯した者がいた。紹運は、これを配下の使い手萩尾大学に命じて誅伐したが、ことが終わってのち、宗茂は大学を召しよせ、「このたびのそちの働き見事であった。どのようにして討ち果たしたか、話して聞かせよ」と言った。

大学は、「相手と行き会いましたが、わざとやり過ごしておいて、うしろから声かけて、相手がふり向くのと同時に、一太刀で斬りおろして討ち果たしました」と答えた。

宗茂はこれを聞くと、「そのやり方はまことに見事である」と言って、彼を大変ほめた。このとき、宗茂の近習たちが、この話をきき、「相手のうしろから切ることは誰でも容易であり、たいして手柄ではない」と、ひそひそ話し合っているのを彼は耳にして、「相手を討つのに、たやすく討つ方法を考えてこそ手柄というものである。討ち易(やす)いことを考えずに、討ちにくいことをして、かえって仕そんじるようなことがあったら、何とするつもりぞ。そのような考えを持つ者は、自分が他日合戦の際、軍を不利にして戦の妨(さまた)げになるから、以後、気をつけよ」と戒めたので、ささやき合った者たちは、その道理に赤面したという。彼は、すでに大器の片鱗(へんりん)を見せはじめていた。

何ごとにも筋をとおす生一本な性格は、父紹運ゆずりのものであり、信義を重んじ、家臣を大切にすることをしだいに心がけていった。

十二歳の頃、彼は、鷹を手にすえて、同じ年頃の少年をつれて野外を歩いていた。すると、突然、猛犬が飛び出して吠えかかり、噛みつこうとした。この時、宗茂は少しも恐れず刀を抜くと飛びさがって、犬にしたたか峰打ちをくらわせた。犬は悲鳴をあげて逃げ去った。

あとでこれを聞いた紹運が、「刀を抜いて防ぐほどなら、何でその犬を切らなかったのか」と言った。

宗茂は笑って、「刀は敵を切るためのものであり、犬猫を切るものとはちがいます」と答えた。紹運は、我が子ながらもその器量に感じ「汝成長ののち、才に驕ることなかれ」と言って訓戒した（『名将言行録』）。

このように、日一日と戦国の厳しさを増す中で、彼は父紹運から兵略を学び、折りにふれ道雪の薫陶をうけた。天正七年（一五七九）、十三歳の時、紹運は戦いに出陣することになったが、わざと宗茂に「お前も一緒に出陣しないか」と言ったところ、彼は「言われるまでもなくお供をしたいのですが、まだ戦場で働くには強健ではありません。敵と逢ってつまらぬ死に方をするかもしれません。あと一年も経てば、一方の軍をうけもって出陣したいと思います」と答えたので、聞く者たちは、彼の思慮深い言葉に感銘したという（『名将言行録』）。

天正六年、それまで九州最大の勢力であった大友宗麟は、南九州の雄島津義久と、日向（宮崎県）耳川周辺で戦って大敗し、数千の将兵を失い、以後、衰運に向かう。これを契機に、九州では勝運にのる島津義久と、肥前で勢力をのばす龍造寺隆信の両勢力が強大となってきた。また、それまで大友氏に従属していた各地の国人たちの間に、離反者が相つぎ、筑前国でも秋月・原田・筑紫・宗像らの諸士が、大友の属城を攻めはじめる。

その後も戦火は治まることなく、龍造寺、秋月、筑紫、宗像らの侵攻に対して立花・高橋両軍は互いに協力してこれらの敵勢と戦い、斜陽の大友家を支えて奮闘する。

立花家の養子となり出陣

この立花、高橋両家の間を、さらに強固にしたのが、紹運の長男宗茂と、道雪のひとり娘誾千代との縁組であった。道雪は、それまで男子に恵まれず、子といえば後室仁志との間にできた娘誾千代だけであり、老年の彼は立花家の跡継ぎについて悩んでいた。百戦錬磨の道雪でも、こればかりはどうすることもできず、家の将来が不安であった。

天正九年八月、高橋紹運は、宗茂（当時統虎）の元服を機に、立花道雪のひとり娘誾千代の聟として、立花家の養子に出す。乱世にあって嫡男を他家に出すことに彼は苦慮するが、畏敬する道雪の大友家を思う至誠に感じ、同意した。また、名将といわれた道雪だけに、宗茂の資質を見こんでのことだった。時に宗茂十五歳。妻の誾千代十三歳であった。

誾千代は先年、父道雪から立花城督（主要城主の軍事的呼称）の名義を譲られていたので、女ながらも城主の気位をもっていた。彼女は、大柄な色白の美人だったといわれているが、父道雪に似て気性が激しく、男まさりの女性であった。立花城は、宗茂・誾千代夫婦の若い後継者ができて乱世の中、大友陣営に明るい希望をもたらした。

こうして宗茂は、立花家の養子になったが、道雪は彼を甘やかしはせず、養父として厳しく指導した。紹運、道雪両父の存在は、宗茂の人間形成に大きな影響を与えている。

親が子を愛するのは本能として当然のことだが、いかに愛するかがむずかしい。甘やかしてばかり育てることは容易だが、いつかは自立して世の中に立ち向かっていかなければならない。鉄は熱いうちに鍛えてこそ強靭な鋼となるのである。甘やかしだけの愛情は、身を守ることを教えずに、素肌で戦場に突き出すようなものだ。わが子が生存競争に耐え抜くには、早いうちから、うんと鍛練が必要なのだ。

宗茂が立花家に入って間もない同年十一月、立花、高橋の両将は、連合して六千の軍勢を率いて秋月領の嘉麻・穂波（嘉穂郡）に攻め入り、敵地を蹂躙して帰途についた。これを知った秋月種実は、配下の部将たちに急追させ、潤野・大日寺（飯塚市）で遭遇して激戦となった。

立花・高橋両軍は、秋月兵三百余を討ちとり、飯塚から八木山越えの石坂へ進んだ。だが、秋月軍は新手の兵をもって追撃してきたので、両将は兵を指揮して戦い、再び激戦を展開した。

この合戦に初陣した宗茂は、唐綾縅の鎧に鍬形打った冑を着用。腰に金作りの太刀を帯びて栗毛の馬に乗り、颯爽たる若武者ぶりであったという。彼は、この合戦で秋月の強剛堀江備前と戦い、遂に組打ちして押さえ、萩尾大学を呼んで、その首を打たせた（『筑後将士軍談』）。しかし、連続の戦闘で、疲労していた立花・高橋側にも三百余の犠牲者を出した（『九州軍記』）。

宗茂の武将としての活躍は、この時から始まった。以後、原田・秋月・筑紫・宗像らの周囲の敵勢と戦い、時には養父道雪に代わって出陣した。

その後も立花軍は、隣境の宗像氏貞の軍と小金原（福岡県若宮市）や、吉原口（福津市）で戦い、また龍造寺隆信に味方する原田信種の軍と生の松原（福岡市西区）で激戦するなど、立花の将兵は東、西に走り廻り戦いに明けくれた。

天正十二年三月、肥前の強雄龍造寺隆信は、島原半島の有馬晴信を討伐するため、大軍を率いて出兵したが、有馬を援助する島津家久（義久の弟）の軍と戦って敗れ、沖田畷（島原市）で敗死した。龍造寺軍を破った島津氏は、その後破竹の勢いで肥後への侵攻を開始する。

両父の死と立花城防衛

同年八月、道雪・紹運両将は、主君大友義統の命で、龍造寺氏に奪われていた筑後の領地を奪回するため兵を率いて出陣。黒木・柳川・久留米等に転戦して龍造寺軍と戦った。

宗茂は、立花城の留守を守っていたが、この時、秋月種実率いる八千の軍勢が攻めよせてきた。当時十八歳の宗茂は少しも恐れず、香椎近郊の敵陣を夜襲して、戦果をあげ、遂に敗走させた。

だが、筑後で戦っていた立花道雪は、陣中で発病、翌天正十三年九月十一日、高良山を望む北野の陣所で死去した。七十三歳であった。

宗茂（当時統虎）は、父紹運と計り、養父道雪の遺骸を立花口に護送させ、山麓楯尾の梅岳寺に埋葬した。

天正十四年、全国統一を進める豊臣秀吉は、薩摩の島津義久に対し、大友との和解を勧告し、秀吉の幕下につくように命じるが、島津はこれを一蹴して、九州制覇を目ざし秀吉との対決姿勢を強める。大友宗麟・義統父子は、すでに秀吉幕下に加わり、配下の高橋（紹運）、立花（宗茂）父子も主家同様に秀吉の傘下に入った。

同年七月、島津義久は筑前への進撃を命じ、島津軍は肥後、筑後を経て七月十二日、筑前太宰府周辺に達した。その数は、約五万といわれる大軍であった。

島津軍の第一攻撃目標になったのが、岩屋城で、城将高橋紹運以下、八百たらずの小勢で守っていた。七月十四日から始まった島津軍の猛攻撃に対し、紹運は城兵を指揮して奮戦。半月余も城を支え、敵をさんざん苦しめて多大な損害を与えたが、衆寡敵せず紹運以下全員が玉砕した。

島津軍は岩屋落城後、後方の宝満山城を開城させ、宗茂の弟統増（のち直次）らを捕えて連行し、さらに立花城を守る宗茂にも降伏勧告をする。

立花城の石垣（糟屋郡新宮町）

一方、立花城では宗茂を前にして老臣はじめ、家中一同の評議が行われたが、立花家存続のためには降伏も止むをえずとする者や、武門の意地にかけても決戦を主張する者など、それぞれの意見が対立した。

宗茂は、このとき弱冠二十歳であったが、彼らの議論を打ち切ると、一同を見渡しながら最後の決断を下した。

「事ここに至り、もはや多言を要せず、勇士は義をもって先とす。岩屋・宝満すでに落城し、その弔軍もなさず一死を恐れて敵に降るなど宗茂思いもよらぬことである。命惜しいと思う者は早くここを去って下城せよ。少しも恨みに思わぬ。また、日ごろの君臣の約を違えず自分と一緒に戦おうと思う者は、この場にとどまるべし」と言い放った。

宗茂の勇気ある言葉を聞き、老臣はじめ一同は、年若い主将の意気に感じ、一致団結して城を死守することを誓った。

島津側は、岩屋で被った手痛い損害に懲りて、立花城には使者をやって降伏を勧めるが、宗茂はすべてこれを撥ねつけた。また薩将島津忠長は、秋月種実を仲介にして、宗茂に立花城から下城（開城）すれば、早良郡及び荒平城を替地として与えることを約したが、これも宗茂から拒絶された。すでに秀吉の命で、毛利らの中国勢が出陣の準備を整え、鉄砲多数を立花城に急送している。

島津軍は、八月十八日をもって、立花城に対して総攻撃を開始しようとしていた。この時、立花の老臣内田壱岐入道は、宗茂と計り、一計を案じて敵陣営に出向いて人質となった。そして彼は島津側を欺いて総攻撃を中止させた。

柳川入封と秀吉への忠勤

そのころ、秀吉麾下の毛利軍三千が、海を渡って門司に着岸。立花城の救援に向かっていた。毛利軍の接近を知った島津の将は、立花城攻撃をあきらめ、全軍に撤退を命じ、本国へ引き揚げるが、宗茂は、これを急追して敵の後軍を襲い戦果をあげた。つづいて筑後の星野一族が守る島津方の出城高鳥居城（岳城、糟屋郡）を攻め落とし、さらに秋月の兵が守る宝満・岩屋の両城を奪回して父紹運ら戦没者の霊に報いた。

秀吉は、大坂城でこの知らせを聞き、立花宗茂の抜群の功に対し、天正十四年九月十日付の忠賞状を与えている。また、黒田勘解由（官兵衛孝高）ら、三人の軍監に宛てた書状の中で、宗茂を「九州之一物」（九州第一の人物）とまで言って激賞している（『立花文書』）。

秀吉は翌年、島津義久を降伏させて九州平定後、国割りを発表し、立花宗茂を筑後四郡、十三万二千石の大名に任じ、柳川（当時は柳河）城主として彼の軍功に報いた。大友氏の一族で諸侯に列せられたのは宗茂だけである。

翌天正十六年九月、二十二歳の宗茂は肥後一揆を鎮圧後、秀吉の命で上洛。伏見の聚楽第において秀吉に謁見した。秀吉は、宗茂の今までの忠功を賞して、四位の侍従に任じようとした。このとき宗茂は「有難き御諚なれど、主筋の大友義統（宗麟の子、豊後府内城主）が五位であるのに、某がそれを超えるのは筋ではございませぬ」と言って、あえて下のランクの五位をのぞんだという。しかし、間もなく四位に昇叙されている。このように、彼は筋目をはっきりする点で明快であった。

その後、宗茂は、弟直次（当時統増）とともに、筑後で新しい国づくりに励んだが、文禄元年（一五九二）、朝鮮の役がおこると、彼は二千五百の兵を率いて出征した。

この従軍中、宗茂は京畿道碧蹄館（へきていかん）（京城北西約二〇キロ）において、津波の如く押しよせる明の大軍に対し、部下を指揮して奮戦。小早川隆景とともに、明軍を撃破してその勇猛さを謳われた。

当時、秀吉の軍監であった石田三成が、このことで宗茂に恩を売ろうとしたことがある。宗茂の抜群の武功も、すべて総司令官の宇喜多秀家の功として、秀吉の耳に入れられているが、もし自分に頼むなら、貴殿の手柄を直接太閤殿下にお伝え申し上げよう、というものだった。

宗茂は、これを聞くと、三成に対し「これはおもしろいことを言われる。ありのままを秀吉公にお伝えするのが、軍監としての貴殿の役目ではありませせぬか。たのめば取りつぐというのは、どういうことでござる」と言って、秀吉の寵臣三成に少しもおもねぬ剛毅さを見せた。

誾千代画像（柳川市三橋町、三柱神社蔵）

宗茂は、文禄、慶長と前後六年間、異国の地を転戦して辛苦を味わったが、その間蔚山（うるさん）城で苦戦していた加藤清正軍を救ったことから、宗茂・清正の二人は以後、固い友情で結ばれた。

一方、宗茂の旧主大友吉統（よしむね）（義統）は、戦陣で敵前逃亡したという不名誉な理由で秀吉の激怒をかい、内地に召還され、領地没収のうえ常陸（ひたち）（茨城県）へ配流の身となり、宗茂と明暗を分けた。

宗茂の留守中、妻の誾千代は、諸侯の夫人たちと秀吉の本陣名護屋城（佐賀県唐津市鎮西町）へ伺候している。

慶長三年（一五九八）、無謀な外戦の張本人秀吉が死ぬと、外地から諸軍が引揚げてきた。十二月、宗茂は兵を従えて柳川に帰国した。時に三十二歳であった。

これより先の文禄四年、宗茂は一時帰国したが、妻誾千代とは別居生活に入っていた。女城主の誇りを持ちつづける妻の強すぎる性格が、宗茂とは相いれない溝をつくり、子のないせいもあって心の通わぬ亀裂を生んでいた。宗茂は、妻の住む宮永の館(やかた)には生活の貢米を送るだけで、足を向けることはなかった。

大津攻めと関ヶ原敗戦

慶長五年(一六〇〇)、徳川・石田の東西両軍による関ヶ原合戦がおこると、律儀一本の宗茂は秀吉への恩義を忘れず、盟友加藤清正らの誘いを断り、石田三成を首謀とする豊臣方の西軍につく。

このとき別居中の誾千代は、立花家の存亡を憂慮して、宗茂に出陣を止めるように諫言したが、義を第一と考える宗茂には通ぜず、彼は兵を率いて東上した。宗茂は、大友氏に従えば孤城を守って大友氏に尽くし、いったん豊臣秀吉の恩顧をうければ、豊臣家ひと筋に働くというのが、宗茂の宗茂たるところであった。

彼は、大坂より京都伏見の屋敷に着き、西軍の将毛利秀元や、そのほかの幕僚らの指示で、旗幟不明瞭な大津城主京極高次を監視するため、瀬田城(大津市瀬田)に入った。瀬田城は、琵琶湖の南端に位置し、近江八景に詠まれている瀬田の唐橋の東南にあたり、瀬田橋と東海・東山両道を扼す要衝である。

そのころ宗茂が動向に疑問を持っていた大津(滋賀県大津市)城主京極高次が東軍に通じて、行く手を阻み敵対した。宗茂は、大坂から派遣された毛利元康(輝元の叔父)らの一万五千の軍勢とともに、大津へ進攻し、九月八日から京極勢が籠城する大津城へ猛烈な攻撃を開始した。

大津は古くから、琵琶湖の水運による北国、近江各地からの物資荷揚(にあげ)地であり、また東海道・北国街道・東山道の分岐点として京都の咽喉(のど)元にあたり、軍事、政治両面に重要な位置を占めていた。

宗茂率いる立花隊は、西軍最強の部隊ともいわれていた。宗茂は、この大津戦で、玉薬入りの多くの筒を縄で通し、足軽兵に具足の上にしばらせ、足に掛けさせるなど、独特の方法で城へ銃撃させたが、他の部隊が一発撃つのに三発余りも連射して、敵味方の目を驚かせたという(『名将言行録』)。

三千の京極隊は善戦したが、同月十三日、寄せ手は外堀を埋め、三の丸、二の丸に攻め入り、もはや落城は時間の問題となった。翌十四日、高次は木食上人（もくじきしょうにん）の仲介により開城して降伏した。

高次は、武門の面目を恥じて高野山に入った。この大津城攻略は、関ヶ原決戦の一日前のことだった。

戦後、家康は高次が立花、毛利隊を釘づけにして関ヶ原へ向かわせなかった功績を認めて、若狭小浜（福井県）九万二千石を与えた。宗茂の関ヶ原参戦が徳川方にとって、いかに影響したかがわかる大津攻めであった。

京極高次の妻お初は、近江の浅井長政の次女で、母は織田信長の妹お市の方である。浅井三姉妹のうち長女は、秀吉の側室淀の方（淀君）で、末妹おごうは、徳川秀忠の正室である。

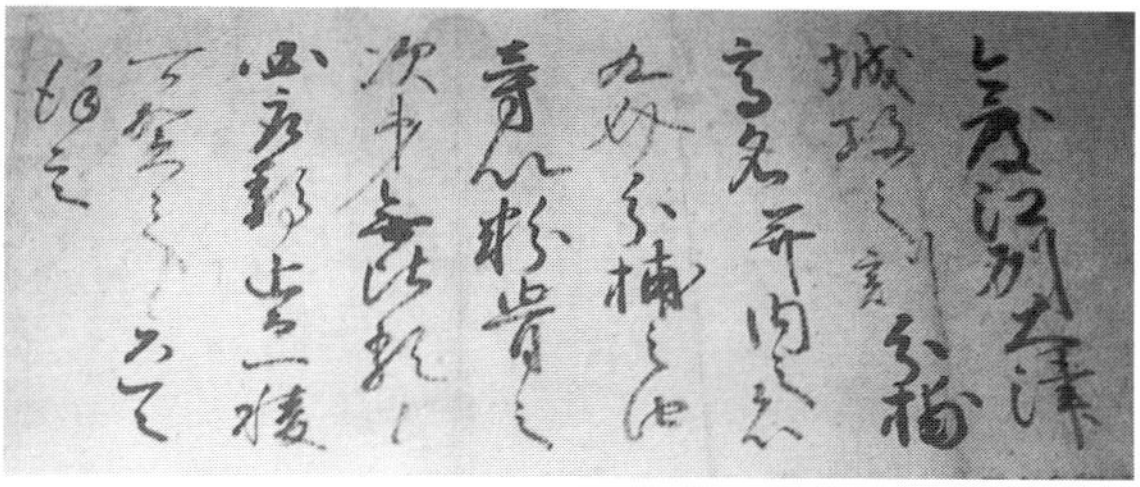

宗茂が大津城攻略した時に家臣上妻次郎兵衛尉に与えた軍忠状（上妻キヨ氏所蔵）

大津城を陥とした宗茂だが、翌九月十五日の関ヶ原での西軍敗戦を聞き、ただちに軍をかえして大坂城に入り、西軍の総大将毛利輝元に籠城をすすめて、徹底抗戦を主張したが、うけいれられず、彼は兵をまとめて海路、筑後柳川へ帰った。

このとき、同じ西軍の島津義弘と一緒になった。義弘は関ヶ原の敗戦で、壮烈な脱出作戦を敢行し、敵の集中攻撃をうけながら、敵中を突破してきた。彼は多くの部下を失い、残兵わずか八十余人しかいなかった。それに比べて立花隊はほとんど無傷であった。これをみて、宗茂に父紹運の仇討ちをすすめる者がいた。

宗茂の実父高橋紹運は、十五年前の天正十四年、島津に攻められて筑前岩屋城で自害している。

宗茂は「今、与党して上方の味方をしながら寡兵にて帰るを見て、討取ること勇士のする所にあらず」（『名将言行録』）と言って、そんな汚い心を持ってはならぬと叱りつけ、義弘と心を合わせて九州へ帰っていった。

だが、立花勢には、佐賀の鍋島からの攻撃が待っていた。西軍についた鍋島勝茂（直茂の子）は、家康から「立花を討って償いをせよ」と命じられ、汚名挽回のため、大軍を率いて柳川へ向かった。さらに家康の命をうけた加藤清正、黒田孝高らも柳川へ進発する。

立花方は、家老の小野和泉が指揮して柳川の北方六キロの八の院（大川市）に出て鍋島軍を邀撃し、激戦となったが、大軍を擁する鍋島に対して、立花方は兵力がつづかず、多くの死傷者を出して柳川へ退いた。

一方、誾千代は宮永館を守るため、鎧をまとい、侍女や集まってきた家士たち二百余を武装させ、臨戦態勢を布いててきぱきと指揮した。

『旧柳川藩志』は、柳川への道を進んでいた加藤清正が、誾千代の防備の固さをみて、わざと宮永を避け、迂回して別路を進んだと記しているが、これは清正の立花への同情と気配りであり、鍋島とちがって、もともと清正や黒田には宗茂と戦う気などなかったという。間もなく宗茂は、清正の説得に従って柳川城を開城するが、家康からは改易という厳しい沙汰が伝えられた。

慶長五年十二月二日、宗茂は城を加藤清正の老臣加藤美作に渡し、翌三日、従者二十一人をつれて住み馴れた柳川城を去り、瀬高を経て清正の陣に赴いた。

『名将言行録』は、宗茂が城を出た日、農民百五十人ばかりが、行く手に伏して「筑後四郡の百姓たちは、みな殿に命をさしあげる覚悟でおります。どうか下城を思い止まれて、もう一度、城へお戻りください」と嘆願した。

宗茂は「お前たちの気持はうれしいが、自分が出て行くことは、領内諸民のためになることだから、どうか、その道をあけてもらいたい。お前たちは決して心配することはない。今までどおり少しも変わらぬ気持で暮らせよ」と諭すと、農民たちは声を放って泣いたと、伝えている。

これも『名将言行録』の話だが、宗茂が柳川を去って清正の陣に赴いたとき、清正は従士十七人を従えて、宗茂を瀬高門の橋の上に迎えた。宗茂は、清正に会釈して歓談し、その後瀬高の城で清正の丁重な饗応をうけ、両人は酒杯を交わして和やかに語り合った。

領国を追われ、今や住む家もない境遇なのに、宗茂は少しも卑屈なところがなく、常と変わらぬ態度であったという。清正の家臣たちは、この様子を見て「いかに豪気な大将でも、このような立場になれば、少しは悪びれるものなのに、悠々とした態度の見事さは、さすが明国、高麗までも名を響かせた立花殿である」と言って、感嘆したと伝えている。

清正の友情と江戸での転機

兵法の才と、勇猛をもって聞こえた宗茂だったが、昨日までの仙籍（昇殿を許された人）の身と、大名の地位から一転して、今は一介の浪人となったのである。だが、清正はこれを放っておかなかった。宗茂の苦境に救いの手をのばした。

柳川城趾（柳川市本城町）

清正は、宗茂に異国で助けられたことに、日ごろ恩義を感じていたから、彼に一万石の扶持を贈り、誾千代はじめ、百人ほどの家臣を「お預り衆」として預かり、それぞれ禄を与えて報いた。宗茂の家老であった小野和泉には、四千石が与えられた。

宗茂は、清正の領内肥後高瀬（玉名市）に居寓し、誾千代は十キロほど離れた腹赤村（玉名郡長州町）の名主の農家に住んだ。逆境の中で、助け合うこともなく、二人の仲は元に戻らなかった。冷えきったこの夫婦には猛将加藤清正でも、どうにもならなかったのである。

しかし、時が経つうち宗茂ほどの武将は、いつまでも清正の食客では、おもしろくなかったのであろう。慶長七年（一六〇二）三月、彼は江戸への流浪の旅に出る。宗茂を慕う由布美作・十時摂津ら、二十四人が従った。

肥後を出るとき、清正や、預けた家臣たちからもらった餞別も、主従二十数人が旅の月日を重ねるうち、いつしか底をついてしまった。

家来たちは生活費を稼ぐため、宗茂に内緒で虚無僧姿をして合力を求めたり、人夫働き、箸つくりなどして主人を養っていた。

そんな窮迫の中でも、宗茂は恬淡（かったん）として落ちつき、金銭のことには一向むとん着（ちゃく）であった。ある日、食事を出すのに米が足らず、従者が仕方なく雑炊（ぞうすい）をつくって出した。

宗茂は膳を見て不興げに、「いらざることをする。飯のままで出せばいいのに、誰が汁かけ飯にせよといった。汁がかけたくば自分でする」と言った。逆境にあっても、何も知らない大名気質のおおらかさに家来たちは、胸がつまり思わず涙をこぼしたという（『名将言行録』『浅川聞書』）。

現代の人はこれをどう解釈するだろうか。家来たちが苦労しているのに、何も知らない主人の大様さを不都合であると思うかもしれない。しかし、それには当時の武家社会の主従関係が、どういうものであったかを知らなくてはならない。その上で、そんな苦境の中でも、主従が固い信頼で結ばれていたことを知るべきである。

宗茂の流浪中、別居中の妻誾千代は病床にあったが、慶長七年十月十七日、腹赤村の農家の一室で寂しく世を去った。享年三十四歳。彼は旅先で、この知らせを聞いただろうが、どんな思いであったろうか。

翌慶長八年冬、江戸に着いた宗茂は、旧知の本多忠勝の世話で、高田の宝祥寺に従者らと入りここを宿舎とした。宗茂と本多忠勝とは、天正十八年、小田原への参陣のおり、秀吉から並いる諸大名の前で、「東国の本多平八郎（忠勝）、西国の立花統虎（宗茂）」と、両者の無双の武勇を褒められて引き合わされた仲である。いらい、ふたりは友情をあたためていたが、忠勝はこのとき、勢州（三重県）桑名十五万石の大名であった。

この宝祥寺滞在中は、忍びのことではあったが、旧知の大小名たちが聞き伝えて、しだいに訪ねるようになり、のちには宗茂も大名たちを訪ねて歓談し、もてなしを受けて気楽に過ごしていた。

だが、こうした浪人生活も終わりを告げる。慶長九年（一六〇四）正月、本多忠勝の推挙で宗茂は江戸城に召し出され、征夷大将軍徳川家康から、書院番頭に任命され五千石の禄を給与されることになった。また、弟直次も常陸国筑波郡柿岡にて五千石を与えられた。書院番頭とは、そのころ幕府に創設された将軍直属の親衛隊の隊長職で、よほどの信頼と実績がなければ就任できない役職であった。

改易流寓の身が一転して、こんどは将軍を守る側近の身となったのである。しかもその間、徳川家に対し、何らこび、へつらったり、猟官運動をするでもなく、堂々と正面から乗りこんでいくところが、いかにも宗茂らしく、彼の面目躍如たるものがある。

世の中はまだ定まらず、幕府は新しい幕藩体制をつくり出すため大名の統制に懸命であったが、宗茂のような誠実で信頼のできる武将を野に放ってはおかなかった。こうして彼は幕府の要人として迎えられた。関ヶ原戦から四年後のことで、宗茂三十八歳であった。以後、宗茂は徳川将軍家に忠勤を励む。翌年、家康は将軍職を子秀忠に譲り、駿府（静岡県）に移り「大御所」と称された。

大名復権と遺訓

慶長十一年、宗茂は磐城棚倉（いわきたなくら）（福島県東白川郡棚倉町）一万石の領主に取り立てられ、再び大名に返り咲く。その後、宗茂・直次兄弟は、大坂、冬、夏の両陣でも活躍し、誠忠ひとすじに仕えたので、将軍家の信任を得てしだいに加増されていった。その間、元和二年（一六一六）四月二十七日、大御所徳川家康が七十五歳で世を去り、翌三年には、弟立花直次が四十六歳で死去している。

元和六年十一月、宗茂は筑後国の領主田中忠政の跡をうけて、筑後柳川十一万石余の領主に再封され、懐かしい旧領に戻った。一度、改易となった大名が、再び旧領に復帰できたのは、当時としては異例のことであった。柳川を去って以来二十年。宗茂すでに五十四歳であった。

宗茂は柳川に入ると、前領主田中氏の家臣は一人も使わず、棚倉からの従臣や、肥後加藤氏に預けていた旧臣を引きとり、また散らばっていた旧臣、縁故の者たちを召し抱えて家臣団を構成した。

また、亡妻誾千代のために、城下に良清寺を建てて菩提を弔っている。彼は誾千代と別居後、家臣矢島秀行の娘八千子を後室に迎えたが、これにも子ができなかった。そこで弟直次の四男を養子にして跡を継がせた。二代藩主

立花宗茂の墓（柳川市、福厳寺）

の忠茂である。

宗茂は、柳川入封後、質実剛健を藩風として家中を訓育したが、つぎの言葉が、それをよくあらわしている。

「居宅広大なれば端々の者はよりつかぬものなり。左様に物ごとあまり晴がましくなしては、上と下とは大分遠ざかり、上のことも下にすぐ知れず、下のことはなお上に知れぬものなり」（『名将言行録』）。

住居が豪華すぎると、下々の者はよりつかなくなってしまう。そのように、ものごとをあまり派手にすると、上下の間は遠くなり、上のことは、なかなか下にはわからず、まして下のことは、なおさら上にはわからなくなってしまうものだ。つまり物よりも心がけが大切なのだと言っている。

これは、宗茂が柳川に復帰したとき、前領主の田中氏によって城や武士たちの屋敷まで、すべて一新され、宗茂の住んだところとは全く見ちがえるように立派になっていた。彼の復帰祝いに、さっそく隣藩の大名がやってきたが、この客が帰ったあとで、家臣のひとりが、宗茂に「田中殿が城や屋敷を、こんなに立派にしておいてくださったので、来客に対しても少しも恥ずかしい思いをせずに大変助かりました」と言った。

これに対して言ったのが、前述の言葉だった。宗茂は、さらに「田中殿は、こういうことに力を入れたため、ついに滅んでしまったのだ」と、つけ加えたのである。

また彼は、こうも言っている。

「少しのことを言い立つるようなるは、心ある者の聞きては、よからざることなり」

ある戦いで、他家の者が敵将の首をとって大手柄をたてた。そのきっかけをつくったのは、立花家の者だった。家中の者はくやしがり、宗茂にそのことを申し出るように進言した。宗茂は「あとでの功名争いは、見ぐるしいぞ」と言ってたしなめ、「わずかのことで手柄顔をするな。心ある人が聞けば何と思うか」と戒めたのである。

宗茂は子の忠茂に、譜代の家臣を重く用いるようにと訓し、家臣への人使いにも心を配らせた。また徳川家への恩義を忘れるなとも教え、至誠の藩是（はんぜ）を残した。

宗茂は晩年、剃髪して立斎と号したが、寛永十九年（一六四二）十一月二十五日、江戸下谷の邸において、七十五歳で病歿した。病名は今でいう胃がんであった。法名は「大円院殿松蔭宗茂大居士」といい、下谷の広徳寺に葬られたが、のちに柳川の福厳寺に改葬されている。

立花氏略系図（『寛政重修諸家譜』『浅川聞書』等を参考に作成）

大友能直 ―（四代略）― 六代 貞宗
- 貞順（自害）
- 貞載（立花氏祖）
- 宗匡（立花氏を継ぐ）
- 則宗（出家）
- 氏泰（七代）
- 氏宗（戦死）
- 氏時（八代）

初 貞載 ― 二 宗匡 ― 三 親直 ― 四 親政 ― 五 宗勝 ― 六 鑑光 ― 七 鑑載 ― 八 親善 ― 九 鑑連 ― 十 宗茂

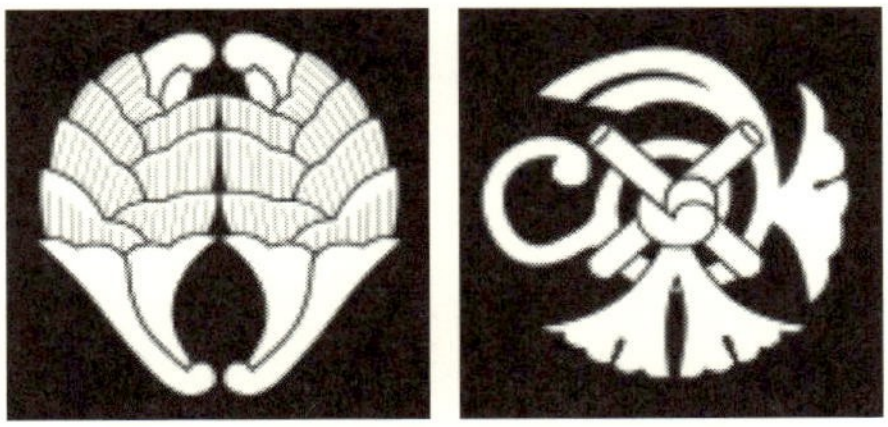

立花氏家紋、杏葉、柳川移封後の祇園守紋（右）

相良義陽　さがらよしひ

相良氏

日本三急流のひとつ球磨川にのぞむ熊本県人吉市は、山紫水明の街で、人口約四万の小都市である。古くから球麻地方の中心地であり、この地の領主だった相良氏の城下町として栄え、そのシンボル、人吉城趾は、今も石垣が残り、歴史の面影を伝えている。

この地方は、古くは九州南部を一括した熊襲国であった。その熊襲国が、のちに球磨郡、噌唹郡に分立し、さらに薩摩・日向・大隅と分かれた。奈良時代には「熊県」と記され、現在の球磨郡に比定されるが、球磨（熊）国を形成して「肥人」として呼ばれた。

「クマ」については、熊・隈・球磨の当字があるが、「山の隈」を指すといわれ、山間の片隅を意味する。また、米の良く生育するところという意味もあり、さらに南方民族のクメール族が渡来し、球磨郡に移住、クメがクマになったとする説などがあって一定しない。また、伝説の民族、熊襲族については、地名、人種両方を起源とする説があり、熊襲はのち隼人に変わるが、ともに同一人種であり、南方系民族とする説が有力である。熊襲・隼人は、勇猛な氏族として永く大和朝廷に従わず、奈良期に入って、ようやく中央に服属した。

相良氏は、中世この人吉盆地を中心に、球磨川流域を支配して「相良七百年」の歴史を築いてきた。『求麻外史』によれば、天永三年（一一一二）、藤原鎌足の後裔、工藤周頼が遠江の相良荘（静岡県榛原郡相良町）を領してから、相良氏を名乗るようになったという。

周頼四代の孫頼景は、源頼朝から求磨（くま）への下向を命ぜられて、多良木荘に入ったのが始まりで、その子長頼が球磨郡の地頭職に補せられ、人吉城に移ることになる。

ところで、日向の伊東氏も、この「工藤」の流れで、ともに関東からの「下り衆」である。頼景の子長頼も、人吉荘の地頭職に任じられたが、そのご上相良（多良木）、下相良（人吉）の二家に分かれた。

相良氏は南北朝期の争乱時は、それぞれの勢力に付いて対立したが、その後文安五年（一四四八）、人吉の下相良が、上相良を滅ぼして、求磨、人吉地方を統一した。戦国期に入ると、相良氏は領地拡大をはかる。とくに球磨川流域の咽喉を扼す八代（やつしろ）への進出を企図し、十二代為続（ためつぐ）、その子十三代長毎（ながつね）の二代にわたり、天草衆の来援を得て八代の名和氏を攻め続けた。名和氏は、南朝の武将名和長年（なわながとし）の子義高が、肥後八代荘の地頭職に補されて以来、数代にわたって八代の古麓（ふるふもと）城に拠ったが、永正元年（一五〇四）、名和顕忠（あきただ）は相良長毎に降伏。八代を奪われ、宇土へ移る。

相良氏の居城人吉城趾（人吉市）

その後、相良氏は、約八十年間にわたって八代を支配し、天草へ勢力を広げ、肥後南部の雄として勢威をふるう。

相良氏の領内は山間地が多く、歌舞伎「伊賀越双六道中（いがこえすごろくどうちゅう）」のなかに「落ちゆく先は九州相良」の名台詞（せりふ）があるように僻地の代名詞にされた西国僻遠の地であった。しかし、文化水準が高く、とくに歌道は、お家芸ともいわれるもので、家中で多くの秀歌が詠（よ）まれ、十二代為続は歌聖宗祇（そうぎ）に師事、勅撰の『新撰莬玖波集（つくば）』には、九州からただひとり採録されるほどの名手であった。この伝統をうけて、相良家はみな文武に心がけた。

一方、相良家の家法ともいうべき法度（壁書）が、十二代為続（七カ条）、十三代長毎（十三条）、十七代晴広（二十一条）の合わせて四十一条が制定され、戦国相良氏の球磨、芦北、八代、三郡の支配態勢が確立された。

その間、十四代長祇と十五代長定の内紛を鎮定して、十六代当主となった義滋は、天文三年（一五三四）、八代に新たに鷹峯城を築き、河口の徳の淵を貿易港として整備し、明・鮮の海外貿易にのり出す。天文二十四年四月、明国に渡航した日本商船が、揚子江河口で暴風雨に遭い、十八隻が沈没したが、そのうち十六隻は相良船であったという（『八代日記』）。八代海を渡った相良の貿易船が各地に雄飛していったことがわかる。

一方、そのころ南方の薩・隅・日では、まだ島津氏の三州統一過程にあり、不安定な状況にあった。そのため、義滋は肥後に力を注ぐとともに、また大口方面にも進出して武威を振うなど、相良氏の最も充実した時期であった。彼は天文十五年八月三日、国政を世子晴広に譲ったが、これからの余生を楽しむ暇もなく、同月二十五日、鷹峯城において死去した。五十八歳であった。

これより前、晴広が世子につく時にも一族の内訌があり、実父上村頼興のうしろ楯を得て、相良家十七代の家督を継いだ。それまでの本宗系から上村系に継がれたのである。上村氏は相良家二代長頼の子、頼村を祖とする同族である。

晴広の治世は、三郡をよく治め、天文十七年、先代義滋の大祥忌に際し、国内に大赦を行うなど善政を施している。また、大友義鎮（宗麟）の叔父菊池義武とその一族が、義鎮に追われてきたのを、領内において厚く保護した。天正二十三年（一五九五）十一月十五日、義武は、甥義鎮が申し入れてきた和平の取り結びに行くため八代を出発することになった。晴広は城下の成願寺において送別の宴を催している（『求麻外史』）。

だが、和平の儀は義武を八代から誘きよせる口実に過ぎず、義武は豊後府内へ向かう途中、直入郡木原（竹田市城原）で義鎮の手の者に謀殺された。大友義鎮は父義鑑から肥後守護職を受け継いでいたから、これを契機に肥後国内の支配力を強める。相良もまた、大友と親交を結んで自家の保全を図る。

晴広は弘治元年（一五五五）二月、前述の式目（法度）二十一条を定めて、戦国相良家の民治の根本を示すなど、優れた治績を残したが、病いのため同年八月十二日、八代の鷹峯城で四十三歳で歿した。家督となった頼房（義陽）は、このとき十二歳であった。

以上のような推移を経て登場するのが、十八代相良義陽（よしひ）である。

義陽の全盛と島津勢力

義陽は天文十三年二月八日、木枝（きのえ）（球磨郡錦町木上）の上田館で生まれた。九州の戦国武将では、筑前の秋月種実が一歳年下である。幼名を万満丸（まんみつ）といい、その後頼房と改名した。

弘治三年二月、頼房の後見であった祖父上村頼興が死去すると、一族の家督争いが起きた。頼興の三男上村頼孝（上村城主）、その弟頼堅（豊福城主）、稲留長蔵（岡本城主）ら三人が、頼房の若年をねらって、三郡を分領しようと密謀し、それぞれの城で挙兵した。

頼房は老臣らと謀り、直ちに豊福城を攻め陥とし、頼堅を捕えて誅殺。一族の反乱を鎮めた。また、遁れていた頼孝、長蔵を水俣、八代において誅伐した。

永禄三年（一五六〇）、十七歳になった頼房は、十六代義滋の娘千代菊と婚姻し、相良遠江守と称し、戦国大名への道を歩みはじめる。その後永禄六年には、先祖を同じくする日向の伊東氏と和し、また真幸（えびの市）に進出して家臣を在番させた。

島津義久は、この方面の衝突を避けるため、相良に親交の意を表して起請文を送った。また、永禄八年十一月には、阿蘇家の執政甲斐宗運（御船城主）と会して親交を約した。このように、家督を継いでからの頼房は、近隣に相良家の勢威を示して活躍した。

永禄七年二月、頼房は従四下、修理大夫の官位に任ぜられ、将軍足利義輝の諱字をうけて義陽と改めた。時に二十一歳。その後数年間は義陽の全盛時代であったが、そのうち島津義久は、しだいに薩摩・大隅・日向の国人たちを統一しはじめ、勢力を加速し、隣国肥後への北進の姿勢を見せはじめていた。島津にとって、北上の障害となるのは相良である。それまで盟約を交わした相良との衝突を避けていた島津だったが、勢力が強まるにつれ、その約束は破棄され、永禄七年、義久は真幸の北原氏の服属とともに、その居城飯野城に弟義弘を入れて守らせ、勢いのおもむくところ、球磨、葦北の国境へ進出して、相良と戦うようになる。

一方、大口方面でも菱刈氏と組んで大口城を守る相良勢に対し、島津義久は勇将新納忠元（にいろただもと）を大口に近い支城の市山城に配置して対抗させ、攻略の足固めをする。こうして永禄十二年三月、義久の弟家久は、策略をもって大口城の相良軍を城外に誘き（おび）出し、砥上に伏兵を置いて両方から攻めたので、相良方は敗れてついに城将東伊勢守以下、大口を捨てて撤退した。義陽は、この敗戦の原因をつくった丸目石見と内田伝右衛門の両名に球麻にて三カ年の蟄居を命じた。

以後、大口は島津の支配下に入り、同年九月、義久の将新納忠元が大口地頭となって入城した。

当時、中央においては幕威は失墜し、織田信長が天下統一へ向けて動いていたが、彼は足利義昭を奉じて京都に入り、義昭を十五代将軍の座につかせた。そのため二条城を修築させ、諸国に殿営の費用を求めた。このとき義陽は黄金七〇両を献じたが、これは相良氏の朝廷に納入すべき貢祖の七年分が当てられたものだった（『求麻外史』）。

元亀元年（一五七〇）春、義陽は市房社（市房山の神霊社）に参詣したおり、

神垣の霞は注連（しめ）と引はえて花の白綿（しらゆふ）たれ祈るらむ

の一首を詠んだ。老臣深水宗方が、これに賦して、

君が代の久しき影を春ごとに植えてぞ祝う神垣の松

と詠み、相良家の長久を祈った。

一方、戦国酣（たけなわ）な当時、相良義陽が海外貿易を行っていたことを示す史料として、元亀元年八月十五日、足利義昭が義陽に対し、「猩々（しょうじょう）皮、虎皮」を所望している「相良家文書」がある。

足利義昭御内書
猩々皮虎皮所望候、令馳走於到来者、可喜入候、委細者上野紀伊守可申候也
（元亀元年カ）八月十五日　（足利義昭）花押
相良修理大夫とのへ

また、天正四年（一五七六）十二月、葛西宗筌（かさいそうせん）が義陽に送った書状の中に、「追而唐糸弐斤色々拝受、毎々如此儀、忝（かたじけなく）、過当之至候」と記され、義陽への謝意を表している。唐糸は生糸のことと思われるが、当時は貴重な輸入品であった。また、相良氏と親交をもつ有力諸豪は、佐賀・島原のような有明海沿岸地方から、宇土・天草諸島の八代海、そのほか薩摩海岸や甑島（こしき）などに及ぶ広範囲にわたっている。このような交易によって、相良家の内情は豊かであったと考えられるが、その詳細な交易内容については不明である。

義陽の歌道

一方、薩摩の島津勢力が増強するにつれ、国境を接する義陽は、豊後の大友氏への依存を強め、日向の伊東氏と結び、また阿蘇家の重臣甲斐親直（かいちかなお）（宗運）と互いに誓紙を交わして同盟するなど、味方の強化を図りながら、一面、島津への和親策をとっていた。

元亀三年五月、日向の伊東義祐は、相良義陽と謀り、飯野攻略の軍をおこし、義祐の将伊東加賀守祐安、同新二郎らが率いる三千の伊東軍は、飯野城下を襲い、火を放って攻めたが、義弘はその主力を領内の木崎原において迎撃。大将伊東加賀守を討ちとり、潰滅的打撃を与えて大勝した。この時、義陽は伊東を援助するため、佐牟田常陸助（さむたひたちのすけ）以下の軍勢を小林口へ差し向けたが、相良勢は伊東の敗戦を知り、球磨へ引き揚げた。木崎原戦後、伊東氏は衰退してゆく。

天正三年七月、前関白近衛前久が薩摩へ行く途中、八代の義陽の城下に立ちより、白木嶽妙見社に参詣して和歌を詠じた。

音にきく三室の嶽にきてみれば妙に見えたる二本の杉　前久

白木嶽は一名、三室嶽という。妙見の二字を織りこんで詠んだものだった。妙見社で、前久は義陽から相良氏の系譜を聞き、威儀を正して「真に藤原氏の宗である」と座を下って、慇懃な挨拶をしたという。義陽は、前久を鏡村（現鏡町）の福善寺に招じて饗応し、和歌を通じて親交を深めた。このとき前久は、

庭の面に池の玉水ながむれば類なかりし萩の下露

の一首を詠んだ。義陽は、これに和して、

水の上に立つ朝霧は曇りても磨け鏡の池の秋風

と返歌した。

前久は、義陽の詞藻をたたえ、筆をとって扇に揮毫するという喜悦ぶりであったという。相良家伝統の歌道の真価が発揮された時であった。ちなみに、前久は龍山と号し、歌道に通じ、青蓮院流の書家であり、有職故実、暦法、放鷹などに精通した当代一級の文化人であった。彼は流寓の間に、地方文化の興隆に尽くしている。

前久は、島津と相良の不和を知り、薩摩へ赴いて両者の和平に尽力する。その仲介の結果、島津義久は天正四年十月、義陽に対し、疎隔（両者の関係にへだたりができること）しないことを前久に誓約した。

しかし、島津義久が近衛前久の仲介で、相良と仲たがいしないと誓っても、真からの誓約ではなく、しょせんは前関白の顔を立ててやったにすぎず、戦国武将たちが使う方便であった。義久には、いずれ相良領へ兵を進めることを脳裡に画いていただろうが、その実現の機会を与えたのが、大友、島津の「耳川の戦い」である。それまで日

向の中央、宮崎平野を支配していた伊東義祐は、えびの木崎原で島津に敗戦後、家中に内紛がおこり、遂に島津軍の進攻をうけて日向を追われ、姻戚にあたる大友宗麟をたよって豊後へのがれた。

当時、大友氏は九州最大の勢力をもつ戦国大名であった。宗麟は義祐の旧領回復と、自身のキリスト教入信による理想郷を日向に建設するため、大規模な遠征軍をおこし、島津討伐にのり出す。

天正六年（一五七八）十一月、大友、島津両軍は、宮崎への咽喉元にあたる高城（児湯郡木城町）において激戦を展開した。結果、大友軍は数千の死傷者を出して敗れ、北へのがれたが、耳川（美々津町）付近で、島津軍の追撃にあい、さらに損害を出して大敗した。世にいう「耳川の戦い」である。総大将のフランシスコ宗麟は、随行していた宣教師らを置き去りにして、命からがら豊後へ逃げ帰った。

島津との戦いと和睦

戦勝した島津氏は、その後軍備を増強し強大となり、肥後への北進をはかるが、一方、敗戦の大友氏には各地で離反がおこり、また家中の宗教対立による内紛のため、しだいに衰退してゆく。

そのころ、大友と敵対関係にあった肥前の龍造寺隆信は、耳川戦後、大友の衰勢に乗じて、筑後、肥後北部へ出兵し、天正七年四月、宗麟の支配下にあった隈府城を攻めるため、相良義陽に援軍を求めたが、義陽は大友との関係から、これに応じなかった。こうした状況のもとに島津の相良攻撃が開始され、同年九月、新納忠元を将とする三千の薩軍が水俣の出城朴河内（水俣市宝河内）に進攻したが、八代から佐敷に出動していた義陽は、自ら三千の援軍を率いて救助し、城主東頼兼らと協力して敵を退却させた。

また、翌八年三月、出水の兵が水俣浜口に侵入したが、これを退け、水俣城主犬童頼安は、逆に出水・菱刈方面に侵攻するなど、互いに攻防があった。

肥後と薩摩の国境に位置する水俣は、不知火海を望む水陸の要衝で、相良氏領有時代は、「葦北庄水俣浦」と呼ばれていた。近代になって化学工業が生みだす公害によって水俣病の発生地として全国的に有名になったが、その

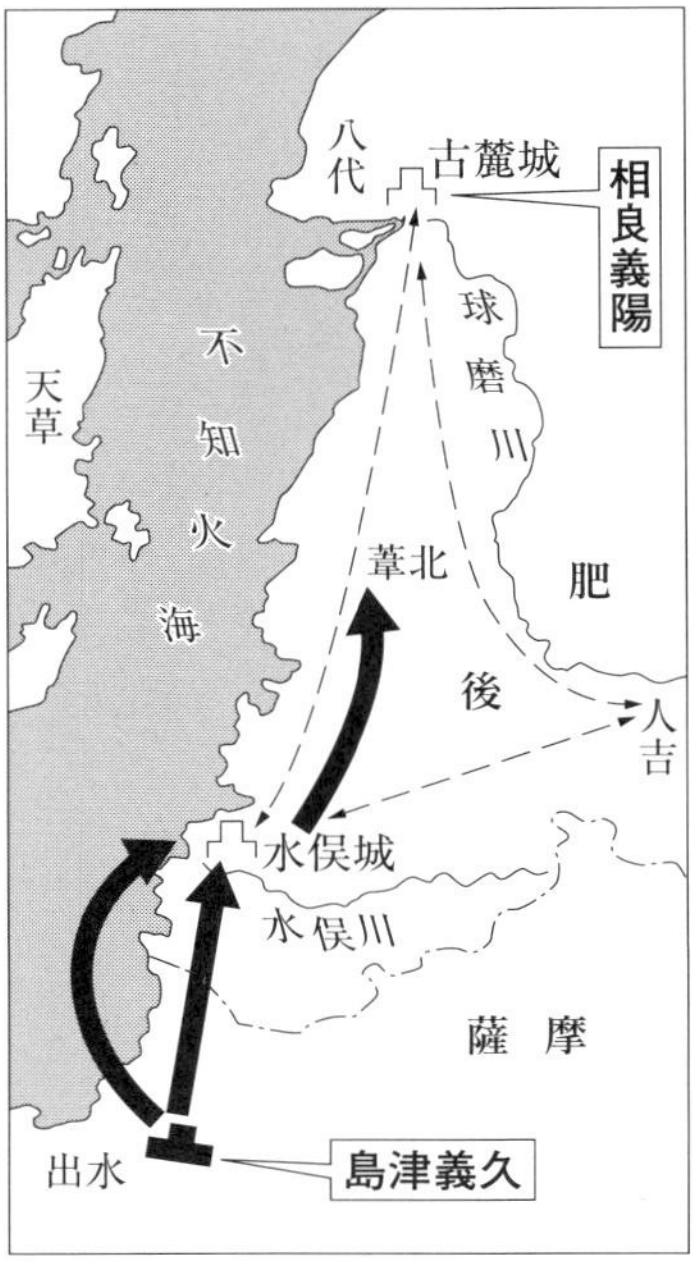

島津氏の相良侵攻図

後の対策効果により現在の水俣湾は昔の清澄さをとり戻している。

天正九年、水俣城は相良の将犬童頼安が七百余の小勢で守っていた。島津側の記録『肥後水俣陣立記』（『後巻旧記雑録』）によれば、天正九年のこととして、「相良義陽御旗本不レ入故、薩隅日三州之勢ヲ催、同八月十九日御陣三カ所被二相付一、間之垣ヲ結、求麻、八代之敵人七百余被二取籠一候」とあり、水俣城攻撃のことを記している。

島津義久は、出水に本営を置き、配下の軍勢を葦北へ攻めこませた。一方、義陽も自ら佐敷に出て指揮をとった。そんな時、薩軍の忍びの者が水俣城に潜入して、城の建物に火箭（ひや）を射かけてきた。大事に至らなかったが、建物はみな茅葺（かやぶ）きであった。義陽は、直ちに深水丹後守を普請（ふしん）奉行として、屋根を竹材にとり替えさせた。ところが、その工事の最中に薩軍が攻撃してきたと『南藤蔓綿録（なんとうまんめんろく）』は伝えている。また『島津国史』は、「天正九年辛巳秋八月公（義久）、島津義虎ヲ遣シ、喜入季久（きいれすえひさ）、上原尚近等ヲ率ヒテ水俣城ヲ攻ム、井川比良（井河原）ニ軍ス」とあり、薩軍はこの時、井川原、銭亀尾（ぜにかめお）などに布陣したと記している。守将犬童頼安は敵の来攻前、城の堀を深くして塁を高く築かせ、竹束を楯にして敵襲に備えていた。

八月十九日から始まった薩軍の水俣城への大攻勢は、その後一カ月に及ぶ攻防戦をくりひろげた。その間、薩軍の陣営では、一間（約一・八メートル）ごとに鹿垣を結んで衛兵を配置し、夕暮れから篝火（かがりび）を炎やして絶やさず、未明から鉄砲を打ちかけて城中を威嚇した。

この対戦中、寄せ手より城中に矢文が放たれた。矢には薩将新納忠元の詠んだ「秋風にみなまた落ちる木の葉かな」の発句が記されていた。水俣城が、みな落ちるという意味である。城将犬童頼安は、すかさず「寄手（よせて）は沈む浦波の月」（一説に月の浦波）と返句して射返した。月の浦波のように、寄せては退く薩軍を揶揄（やゆ）して、城中の意気軒昂を示したのである。島津、相良両家とも文武に心がける家柄で、戦の間にこんな歌合戦が行われていた。

しかし、戦況は、そんなつかの間のゆとりも打ち消して苛烈さを増した。それでも相良の将兵は、よく守って善戦したが、敵の厳重な包囲のまえに、籠城はしだいに窮迫していった。佐敷にいた義陽は、薩軍によって退路を絶たれることを恐れ、八代に帰城して守りを固める。敵軍包囲の中で、犬童頼安は部下の村上伝助を義陽のもとへ遣わして、水俣城の危機を急報させた。水俣と八代の間は約十三里（約五〇キロ）の距離である。伝助は使命を果たして、義陽の返書を刀の柄（つか）に巻き、翌日の夜中に水俣に帰り、城垣を越えようとしたとき、薩兵に発見されて、槍で股を突かれたが、気丈にもこれをはずし、跳躍して城に入りこみ、義陽の返書を頼安に渡すことができた。

水俣城趾（水俣市）

しかし、義陽がいくら切歯扼腕しても、勢いにのる島津の軍事力のまえには、独力で立ち向かうことはできなかった。彼は敵の重圧にさらされている城兵たちを助けるため、老臣らと協議して、ひとまず城をあけ渡して後事を計ることを決め、このことを頼安に伝え、また島津方へも使者をもって、開城と和議を申し入れた。

九月二十七日、犬童頼安はじめ城兵らは、水俣城をあけ渡して去った。義陽は和議の結果、佐敷・津奈木・湯浦・水俣などの葦北七浦、全部を島津に割譲し、二子を質に差し出さねばならなかった。水俣城の落去は、相良氏が戦国大名に終止符を打ち、島津に臣従を誓わされて先陣に立たされることになり、義陽のそれからの悲惨な最期を暗示しているようであった。

その後、八代も島津義久の支配下に入った。水俣城趾は現在、城山公園として市民の憩いの場になっている。なお、「旅愁」「故郷の廃家」などの唱歌の作者、犬童球渓は、相良家の老臣犬童氏の系譜であるという。

響野原への出陣

相良義陽を屈従させた島津義久は、肥後中央部へ進出するため、義陽に北上の障害になる御船城主の甲斐宗運（上益城郡御船町）の討伐を命じた。宗運は阿蘇大宮司家の筆頭家老として御船一帯の支配を委されていたが、相良のように独立した戦国大名ではなかった。阿蘇家を支える宗運は義陽と、それぞれ父の代から交誼を続け、とくに二人は互いに心底を明かした仲で、白木妙見社（八代市妙見町）と、阿蘇宮に、それぞれ誓紙を納めて互いに「不可侵」の約束を誓いあった盟友同士であった。両家は、それまで大友方として互いに協力し、島津への突っかい棒の役目を果たしていた。だが、神に誓った二人の固い約束も、戦勝をつづける島津には通ぜず、先ず義陽が血の犠牲を強いられることになる。

『求麻外史』は、「義久（島津）に逆（そむ）けば則ち和を敗らん、宗運を撃たば則ち累世の誓いに背かん、和を敗るは不祥なり、誓いに背かば神必ず之を罰極せん、進退維れ谷（きわ）まる」と義陽の苦衷を記している。

島津の命を拒めば滅亡しかなく、宗運を討てば、日ごろの信義に背くことになる。二者択一をせまられて義陽は苦悩する。彼は、島津の出兵要求に遅疑していたが、しきりに督促され、遂に十一月、最後の決断をして島津義久に出陣の意志を示した。八代城下に出陣を触れる軍鼓や法螺貝が響き、郡内の兵一千が召集された。

義陽は出陣前に、白木妙見社に詣で願文を奉納するとともに、宗運と取り交わした誓紙を神殿から取り出させて焼き捨てさせ神前に詫びた。そして神官尾形惟勝に「今度の出陣は、子孫長久のため討死を覚悟して行くのであるから、祝詞（のりと）に、その旨を記して啓白せよと命じた。『南藤蔓綿録』に、その敬白文が記されているが、長詞なので主要部分を読み下しにして記す。

大檀那相良修理太夫藤原義陽公、今度據ドコロ無キ義ニ依リ己レ陣中ニ赴カント欲ス、更ニ懇願ニ堪ヘズ先ズル処、前世之宿縁有リ、是ノ故ニ速カニ戦死ヲ遂ゲサセラレル心根、御子孫ヲ思シ召ス所也、仰キ願ハクバ尊神、眸ヲ垂レ玉ヒ子孫ノ後栄ヲ祈リ奉ル者也、謹請敬白

読んでもわかるように武運よりも戦死覚悟の祈願であった。

出陣の日の十二月一日、寅刻（午前四時）、義陽は、将兵と妙見社に参拝し、神官の祝詞を聞き、今は思い残すところなしと神前を退座しようとした。その時、ふと振り返ると、少女が織具を挟み血を吐く姿で現われ、たちまち消えた。また、この日風強く、軍旗が吹き飛ばされて楠の大木にひっかかり、枝に巻きついて外れず、やむなく切り離した。出陣の門出にあたり不吉なできごとだったが、義陽はこの奇瑞を「佳運神慮に通じて念願疑いなし」として将兵に進軍を命じた。

その日、雪まじりの冷雨が士卒の肩をたたき、相良軍は北へ進み、宮地、岡村を過ぎ、宮原から小川の守山に到着。ようやく夜が明けた。しかし時間からしてここまで夜明の到着には疑問があり、恐らく深夜の難行軍をしたことが考えられる。義陽は当地の八幡宮に参詣、鏑矢を奉納して一首を賦した。

守山の下す嵐のはげしくて明しかねたる鶏子の声々

それより小野村と豊野村（宇城市小川町と豊野町）の境、娑婆が峯の入口で休息、朝食をとり、流れ井で手水を使った。のち、この流れ井を御手水川といい、甲を置いた石を甲石と呼んだ。八代から、ここまで五里（約二〇キロ）の

妙見宮の大楠（八代市）

行程で、娑婆の峯越えまで約十六町（約二キロ）である。この坂を登るとき、義陽の家来蓑田三浦介は、「思いきや又も越えなん娑婆が峯ながらへつべき命ありとは」と詠み、義陽もまた峠から峯々の間に雪の積る村々を眺め、

　娑婆が峯四方の景色を眺むればまばらに見えし山々の雪

の一首を賦した。

娑婆が峯は、娑婆神、鯖神とも記されているが、峠を下れば豊野村に入り、ここから矢部・砥用(ともち)・甲佐・堅志田(かたしだ)・御船(みふね)へと通じ、戦場となった響野原までは約三キロ余の近距離である。『肥後国誌』に「此響ノ原ハ方十町ノ曠野ニシテ鯖神峠ヨリ二十五町」と記されているが、現在、九州自動車道の松橋インターを出て、国道二一八を矢部方面に向かい東へ約四キロ、右手の山際に入り、約一キロ曲折した道を行くと響野原の原野に出る。付近に豊野村農業者トレーニングセンターや村民会館など、瀟洒(しょうしゃ)な建物が並んでいる。土地の人が「相良さん」と親しみをこめて呼ぶ「相良堂」は、すぐ近くの小高い場所にある。義陽をはじめ戦死者を供養した所で、堂の入口に「響原古戦場趾」の案内板が立っている。

義陽の最期

娑婆神峠を下った相良軍は三隊に分かれ、阿蘇氏の出城、甲佐、堅志田の両城へ進撃、大将義陽は五百余の旗本を率いて響野原に本陣を布こうとした。この時、高塚上総介、蓑田三浦介の両部将は、「響野は四方詰まらず、敵を防ぐに不便で無用心です。響野よりも娑婆が峯に布陣すべきです」としきりに諌めた。義陽は、「ここは先は上り坂、後は地下り左右は谷、前は小川で、まことに無用心の所である」と言って、鬼沙川を渡り、響野に陣を布いた。時に、鎌田尾張入道（島津家臣）は、宇土から酒肴を送り、また豊福からも酒肴、食糧が陣中に届いた。

一方、甲斐宗運は、はじめ義陽出陣の噂を信じなかったが、堅志田の城将西村金吾の注進で、これが真実であることを知った。宗運は、「これまで義陽が薩軍を防いだために、肥後は安泰であったが、もはや誓紙を破るにおい

ては是非もない。神罰により両家ともに滅亡し、九州は、やがて島津の武威に屈するであろう」と言って、義陽と交わした誓紙を山伏に命じて、阿蘇の神池に沈めさせた。

相良の先陣東左京進の一隊は、堅志田城を攻め落として守将西村金吾を討ち、さらに甲佐城を攻略して、城将伊津野山城守を討って緒戦の勝利をつかんだ。討ち取った二百ばかりの首級は本陣に運ばれ、大将義陽の実検に供して、祝いの酒宴を張った。このとき、義陽は、「老の先下るも憂しと思ふなよ登りも果てぬ人もこそあれ」と一首を詠んだ。

そのころ、御船城にいた甲斐宗運は、甲佐城が陥ちたことを知ると、直ちに出陣を命じ、将兵を四隊に分け、一手を御船に残し、十二月二日の早朝、鉄砲隊を先手に本隊を率いて出発した。

宗運が御船より約一里の田代・戸井・田口まで前進したとき、物見が馳せ帰り、「義陽公は響野へ着陣し、その数五百余、雑兵合わせて千ばかり、多くは徒歩(かち)武者である」と報告した。

宗運は、「それは義陽どのの陣法とは思われぬ。定めし先手の一隊が進出してきたのであろう。彼ならば鬼沙川を越えぬはずである」と言って、さらに物見を出して偵察させたが、正しく義陽であり、旗の紋もまちがいなかった。「さては相良の命運も尽きたか、響野は防戦しがたいところ。自ら死地を選んだとしか思われぬ」と天を仰ぎ、昨日まで盟友であった義陽の心中を思いやった。

宗運は、この戦いが阿蘇・相良両家にとって勝敗のいかんに関わらず不幸な結果になることを知りながら、今はただ家を守ることとしかなかった。宗運の先陣田代快尊や中備えの田代宗仏は響野原に向かい、糸石の谷を通り、中尾村の森陰に伏兵した。こうして宗運は、響野原に対する布陣を完了してじっと戦機を待った。

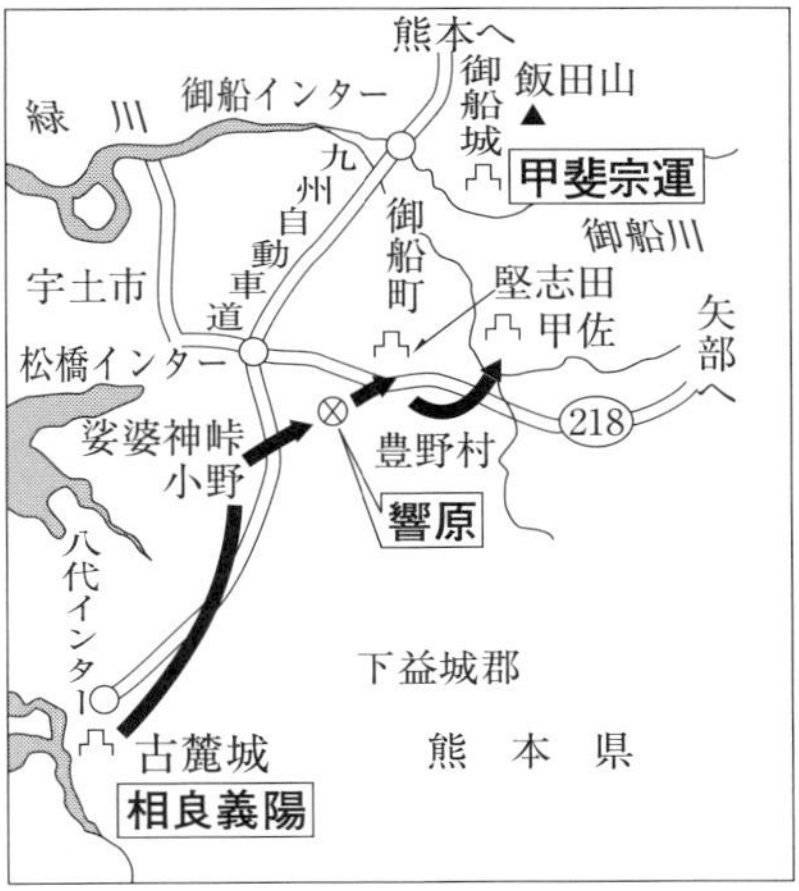

響原合戦略図

決戦当日の十二月二日は、響野原一帯に小雨が降り注ぎ、濃霧が覆って、相良の方では甲斐の行動を察知することができなかった。『肥後国誌』に、「響原北ハ高岸ニテ其岸下ハ糸石村ナリ、岸ニハ大竹生茂リテ大ナル藪ナリ」とある。広い丘陵地の中を一段と低い農道が岸際の藪陰に沿って通っていた。宗運の軍勢は、敵陣から見通しのきかないこの叢陰を利用し、背後に廻りこんだ。

このとき、田代快尊が義陽の陣中に突然鉄砲を放ち、これを合図にいっせいに銃撃して襲いかかった。『求麻外史』は、「宗運旗を張り、白鷺の馬標を建て、鼓噪（こそう）して我が中堅を衝く。我が軍大いに驚き、銃を放って拒（ふせ）ぐ」と伝えている。

相良軍は驚きながらも銃を放って防戦し、高塚上総介・蓑田三浦介の両人は真先に進んで奮戦して仆れた。そのうち相良方に戦死が相つぎ、戦況はしだいに不利になり、周囲が義陽に、陣を娑婆が峯に移すように進言したが、彼はこれを聴かなかった。

先陣の将東左京進は、敵中深く突入、馬を下りて戦ったが、重創をうけて刀を落とし、取ろうとするところを、敵三人に槍で突かれて壮烈な最期をとげた。また義陽の小姓井辺千宮はまだ十一歳であったが、力戦して果てた。

義陽の旗本衆は彼を守って奮戦したが、優勢な敵によって相ついで討死していった。怒号と喊声の中で死闘が展開されたが、宗運の巧みな戦術で、相良の将兵四百余が躯（むくろ）となり、名ある武士は全滅した。

義陽は、かねてから決意していたように、団扇（うちわ）をとり、床几に座して動かなかった。その時、宗運配下の野本太郎左衛門が刀を振り上げて彼に迫ってきたが、義陽は刀を抜かず従容として討たれた。時に三十八歳であった。義陽を斬った太郎左衛門は、生前の交誼に感じてかあえてその首を取らず彼の佩刀（はいとう）だけを取ってのちの証とした。しかし、義陽の首は、緒方喜蔵という宗運の家来が斬りとって宗運に献じた（『求麻外史』）。

義陽の娘虎満（とらみつ）姫は、父の戦死を悲しみ病床につき、翌年八月二十七日、十八歳で死去した。

敗戦した相良の残兵は八代方面へ敗走した。義陽の首実験をした宗運は、涙して合掌し、この戦いが、義陽の本意でないことを知っていたから、深く同情するとともに、「相良を失い、阿蘇家もまた、三年を経ずに滅亡するであろう」と言って、明日のわが身を思って義陽の死を悼んだ。『求麻外史』は、「義陽の首は、急を聞いて戦場に駆けつけた家臣東駄左衛門が奉じて八代に持ち帰り、鰾カ谷に葬る。法謚玉井院越江蓮芳」と記し、義陽はじめ戦歿者の供養碑を響野原に建てたことを伝えている。

一方、『南藤蔓綿録』には、義陽の「御シルシ（首）を響野原に埋めた」として、説を異にする。

義陽没して二年後、宗運もまた七十五歳で世を去るが、島津軍は奔流の如く阿蘇領を侵し、ことごとく城を奪い阿蘇家は滅び去った。また阿蘇家を支えた甲斐氏も没落する。

響原古戦場跡の相良堂（熊本県宇城市豊野町）

義陽は神仏を敬仰し、神社、仏閣を創立、再興するなど信仰の事蹟を残したが、日ごろ人材を認めて引立て、賞罰を公平に行い、家臣の戦功には親しく労をねぎらい、自ら感状を署して賞した。また、戦死者の宅を弔問して香華を手向けて涙した。彼の心に家臣たちは尊敬と信頼の念をよせた。義陽は武事だけでなく、歌道にも秀れ、家中から犬童頼安、深水宗芳らの練達の名臣を得たのも、その人徳によるものであった。のち、犬童頼安はひそかに響野原に到り、亡君義陽の墓を拝して一首を献じた。

思いきやともに消ゆべき露の身の世にあり顔に見えむものとは

「私も響野原の戦で、義陽公と一緒に死ぬべき身であったのに、生き残って今ひとりさびしくこの墓に対するとは、思いもかけぬことである」という意味で、亡君への心情の深さが伝わってくる。

響野原古戦場跡の切り拓かれた一隅に、山を背負い明るい陽差しを受けながら、戦歿者を供養した「相良堂」が立っている。かつては叢林の中に隠れていて陰うつな雰囲気を漂わせていたが、今は周囲が整備され

相良堂史跡碑（熊本県宇城市豊野町）

て、暗さは全く感じられない。ここから西に相良軍が越えてきた娑婆神の峰が望まれ、彼らの死地となった響野原を静かに見下している。宗運に死をもって詫びるため、弁解もせず潔く死んでいった義陽の胸中を思うと哀切の情を禁じ得ない。だが、いかに主従の絆とはいえ、初めから死を決めて出陣した義陽のために、最後まで皆で戦って死んでいった相良の将兵のことを考えれば、一層哀れであり、切なくやりきれない思いである。

島津義久は、さすがに義陽の死に感じ、その子忠房に家督を認め、人吉城を返したので、相良氏は本拠人吉を失わずに鎌倉いらいの家系を存続させることができた。響野原で散った義陽はじめ、四百四十四名（一説に四百十三名）の血の代償によって人吉相良は維持された。つぎの文書は、響野原合戦における相良義陽の戦死に対し、子の四郎太郎（忠房）へ宛てた島津義久の感状（『大日本古文書』「相良文書」）である（読み下し）。

葦北おもて着陣のとき、先非を改められ、別して幕下たるべく懇望す。更に黙止がたく、納得致しおわんぬ。その真実ゆえ、こたび阿蘇家粉骨にいたる。あまつさえ親父義陽名誉の戦死、まことに肝に染み感に堪えぬ者なり。この忠懃永々の楽しみ愀変（しゅうへん）（態度を変えること）もともと有るべからず、仍って状くだんの如し。

天正九年雪十二日　　義久

相良四郎太郎（忠房）殿

その後人吉相良家は、藩政時代を通じて（球磨）郡、四万石余の独立大名として、小藩ながら明治維新までつづく。

相良氏略系図（『求麻外史』による）

1頼景—2長頼—3頼親—4頼俊—5長氏—6頼廣—7定頼—8前頼
—9実長—10前続—11堯頼—12長続—13爲続—14長毎—15長祗—16長定
—17義滋—18晴広—19義陽—20忠房
　　　　　　　　　　　└21長毎

相良氏家紋、六つ瓜に七つ引き

高橋元種　たかはしもとたね

元種、秋月家から高橋家へ

延岡市といえば、近代的化学工業都市といえるが、それを代表する会社、旭化成の名はナイロン製品やスポーツなどでも全国的に知られている。また、同市と関係深い漂泊の歌人若山牧水が詠んだ城山の鐘を思い出す。

なつかしき城山の鐘鳴りいでぬ
をさなかりし日聞きしごとくに
ふるさとに帰り来りて先づ聞くは
かの城山の時告ぐる鐘

鐘は今もなお、時を告げて延岡の街に鳴り続けているが、延岡城のあった城山は、かつて延岡山といった小丘であり、延岡の名もこの山の名称から起こったという。なお、延岡の古名は県(あがた)である。

城跡二の丸中央には、延岡市発展の中興の藩主であった旧藩主内藤政挙(ないとうまさたか)の銅像をはじめ、若山牧水(ぼくすい)の歌碑や、農業開発の先覚者日吉小次郎・日本民間航空の草分け、後藤勇吉などの碑が建っているが、延岡城を最初に築き、城下の町割りをした、いわば延岡市の生みの親ともいうべき高橋元種については顕彰されたものはなく、知る人は少ない。

元種は慶長八年（一六〇三）、延岡城を築くと城下の設計に着手、南町・仲町・北町の三町をつくった。この三町が今日の延岡市形成の基礎となった。

高橋九郎元種（初め忠光）は、元亀二年（一五七一）、筑前古処山城（朝倉市秋月）主、秋月種実の二男として生まれた。兄は種長（後の高鍋藩主）、弟は種信（豊前長野氏を継ぐ）である。種実の父文種（種方）は、弘治三年（一五五七）、毛利元就に通じて大友氏に反抗したため、当時九州最大の勢力であった大友義鎮（のちの宗麟）の軍勢に攻められ、文種は自害、古処山城も陥落した。

元種の守城した香春岳二の岳山上より一の岳を望む

古処山城を脱出した子の種実は家臣に守られ、一時、毛利領に逃れ、元就の庇護を受けて成長、秋月奪回を狙っていたが、旧臣たちの努力と毛利の支援で永禄二年（一五五九）ついに秋月に復帰することができた。以来、種実は大友への敵愾心を燃やし、肥前の龍造寺隆信らと結んで大友軍と戦う。

この秋月種実と心を一つにして彼を励まし、反大友同盟の中心となって戦うのが宝満・岩屋（いずれも太宰府市）両城主（城督の呼び方もある）の高橋三河守鑑種である。鑑種は大友氏一族一万田氏の出で、筑紫の名家高橋家を継ぎ、大友氏に重用され、主家の信任が厚かった。ところが、彼は主人の大友宗麟の振舞に愛想をつかし、毛利氏の誘いに応じて筑前の国人領主たちとともに大友家に謀叛をおこす。

だが、永禄十二年、毛利側は周防（山口県）の国内情勢が急変し、豊筑（北九州）から兵を撤退させたので、筑前の領主たちは毛利の支援を失って大友に降伏、一時、その勢力下に入った。高橋鑑種は、宗麟から領地没収され、豊前小倉に移されたが、彼は毛利が補強した小倉城に入り、後に宗仙と号した。その後、大友方の千手氏が守る田川郡の要害香春岳（香春町）城を奪い、ここを本城とした。

両高橋家

この鑑種の養子になったのが秋月長門守種実の次男九郎元種である。元種が高橋家に入嗣した時期についての確かな記録はないが、鑑種小倉移住後の天正年間の初期と考えられる。

一方、宗麟は宝満・岩屋の城督に、豊後高田（大分県高田市）の領主で大友一族、吉弘鑑理の次男鎮理を任命、また老臣戸次鑑連（後に立花道雪と称す）を立花城（糟屋郡）の城督として配置し、筑前軍事力の要とした。

鎮理は着任に際し、新たに筑前高橋家を継ぎ、大蔵系高橋氏の通字である「種」の一字をとり、高橋（主膳兵衛）鎮種（後に紹運と号す）と称した。ここに高橋家は、豊前・筑前の対立する両家に分かれるが、元種の継いだ豊前高橋氏は、彼の実家秋月氏の支援のもとに北九州に一勢力を築いていった。

天正六年（一五七八）、それまで最強を誇っていた大友氏は、日向の地で島津軍と戦って大敗、以後、衰退してゆく。翌七年四月二十四日、反大友の旗頭であった高橋鑑種は小倉城で波瀾の生涯を閉じた。享年五十歳であった。養父鑑種の死後、元種は実父の秋月種実や弟長野種信らと連携して、北九州で大蔵陣営を形成、斜陽の大友氏に対抗する。

天正十二年、島津義久は、肥前の龍造寺隆信を敗死させて勢いにのり、今や無敵の独走態勢に入った。その後、島津は軍備を増強、大友を圧迫しながら北上への足固めをする。当時、九州の多くの国人領主たちが島津に属してその傘下に入った。筑前最大の大名といわれた秋月種実・種長父子は無二の島津方として島津義久の信頼厚く、豊前の高橋元種も実家の秋月に同調して島津に協力する。

天正十四年春、大友宗麟は、島津の圧迫に対抗できず、上坂して大坂城で豊臣秀吉に謁し、島津征伐を上訴し秀吉の家人となった。秀吉は島津に使者を遣わし、大友との和平を勧告するが、義久はこれを一蹴して九州制覇を目ざして北上を開始する。

肥後国内で準備を整えた島津軍は、同年七月初め筑後川を渡り、大友に付き秀吉方となった筑紫広門が守る勝尾城（鳥栖市）を降し、秋月兵の案内で、同七月十二日、太宰府に入った。

島津軍は、四王寺山の中腹にある岩屋城を包囲し、半月余の攻防戦のすえ、同二十七日、城将高橋紹運以下、八百余の城兵は全員玉砕して落城した。続いて紹運の次男統増（直次）が守る宝満城も開城させ、立花城に迫った。立花城は岩屋で玉砕した高橋紹運の長男で立花家の養子になった立花統虎（後の宗茂）が養父道雪亡き跡を二千の兵で守っていた。

一方、秀吉は島津軍進攻の報を受けると、味方の諸城を救援するため、黒田官兵衛孝高を軍監として吉川元春・小早川隆景の「毛利両川」の軍を北九州に出兵させ、また、四国の長宗我部元親・仙石秀久・十河存保らの軍勢を豊後に派遣して南北の防衛にあたらせた。

元種、香春岳籠城

その頃、高橋元種は本城の香春岳城を中心に、小倉・障子岳・宇留津などの支城を豊筑の防衛線にして秀吉軍の来攻に備えていた。だが、十月四日、秀吉派遣の吉川・小早川の毛利主力は小倉城を一気に攻め落としてしまった。十一月に入り、黒田・小早川らの攻撃軍は宇留津・障子岳の支城を攻略したので、障子岳の城兵は香春岳本城へと逃れた。障子岳城、陥落の十一月十五日、在陣中、病に冒されていた毛利の将吉川元春は、この日小倉城において死去した。五十七歳であった。

かくて十一月二十日、香春岳城への攻撃が開始された。一方、高橋元種は、二の岳・三の岳の山中に十数カ所の塁を設けていた。また、一の岳と二の岳の間には、タゴといわれる谷を利用した逆落としの土塁が構築され、攻撃軍に備えていた。だが、吉川軍は三の岳の北側を迂回して砦を攻め破り、遂に山頂を占領して高橋の守備兵を追った。

小早川・黒田の両軍もまた下から攻め上り、山腹の本城へと迫り、神宮院横の用水路を断った。黒田家の後藤又兵衛、母里太兵衛、井上周防らの勇士たちも城兵と戦って大いに奮戦した。だが、香春三山を落とすのは容易ではなかった。まして厳冬の山城攻撃は難渋した。元種は三の岳を落とされたが、天険を利用して二の岳及び本城周辺を固め、その後、二十日間にわたって抵抗を続ける。

吉川、小早川、黒田らの攻撃軍は秀吉先遣軍の威信にかけても香春岳城の攻略を急がねばならなかった。日和見な国人城主たちの目が、この香春岳に注がれている。緒戦の結果によっては、秀吉の九州戦略に大きな影響を与える。まして十二月初め、大友救援に派遣された仙石・長宗我部らの四国勢が戸次川で島津軍と戦って大敗していたから、香春岳攻略は失敗を許されない厳しい状況下にあった。

十二月十一日、全軍総攻撃が開始され、仕寄せを前進させながら圧倒的な火器物量をもって高橋勢に猛攻を加え、本城へと迫った。元種は城兵を指揮してよく戦ったが、兵も少なく攻撃軍の優勢な火器には歯が立たず遂に本城を落とされて降伏した。これに関して秀吉書状が『黒田家譜』に記されている。

> 去る十一日の書状、今日廿二日に到来、披見を加え候。然らば、香春岳水の手を取られ候について落去程あるまじくところ、秋月（高橋元種のこと）種々詫び言を付けしめて、森壱岐守（毛利勝信、後の小倉城主）、秋月（元種）を免すべきの由、申し遣し候処、命を相助け、香春岳を請け取られ候由、先ず以て然るべく候（読み下し、以下略）。

この秀吉書状は、十二月廿二日付で、小早川隆景・安国寺恵瓊・黒田孝高の三人宛のものである。元種を秋月としていうのは秋月氏出だからであろう。この時、元種の父秋月種実、兄種長は秀吉軍と対戦しておらず、まだ健在であった。秋月種実父子が古処山城を降りて天下の名物「楢柴」の茶壺を献じて秀吉に降伏するのは、これより四カ月後のことである。

高橋降伏後、香春岳城請け取りとして、吉川の将森脇春顕が入城した。大蔵春実いらいの名家九州大蔵氏の血を受け継いだ元種は、実家の秋月や、養父高橋鑑種とともに、宿敵大友への反感から島津側と手を結び、秀吉の先遣軍であり、かつての支援者であった毛利氏と戦わねばならなかった。時代は彼の皮肉な運命を嘲笑するかのように大きく回転していた。

元種、日向延岡へ

翌、天正十五年六月、秀吉は島津義久を降して九州平定を終えると、国割りを行い、高橋元種を日向の県（延岡地方）五万三千石（新井白石の『藩翰譜』では五万石）の大名に封じ、兄秋月種長に財部（高鍋）三万石を与えた。封領の差は元種の方が早く降伏したからであろう。この時、元種十七歳で、兄種長は二十三歳であった。なお、父種実は、その後櫛間（串間）に移っている。

秀吉は、香春岳で抵抗した元種であったが、緒戦で降伏したことや、秋月同様に名家大蔵氏の血筋を絶やすに忍びなかったのであろう。また、緒戦における寛大な処置が、その後の九州経営に有利との判断からであったと考えられる。

彼らの日向移住は、北九州の重要性による秀吉の人事刷新からであった。元種の入国時期については、『延陵世鑑』『妙専寺年代記』『日向郷土史年表』『日向古文書集成（秋月文書）』などの記述から天正十五年七月三日前後と推測される。

元種が延岡に入った時の最初の城は松尾城（延岡市松山町）であった。松尾城は前領主土持氏の本城で、七代百三十五年続いたが、天正六年、土持親成・同高信父子は、大友宗麟によって攻め滅ぼされた。

元種が延岡に入って、当面した問題は、三田井氏対策であった。三田井氏は佐伯氏と同じく祖母嶽明神の子孫と称する大神氏の一門で、古くから高千穂地方の支配者であったから、新領主元種に臣従せず、かえって反抗した。『延陵世鑑』には「三田井越前守大神親武命に従はず」とあり、このような土着の豪族が領内にいては、目の上の

元種が香春岳から移した延岡の妙専寺（元種の母の菩提寺）

瘤（こぶ）で、邪魔な存在であった。

天正十九年（一説に同十六年）、元種はついに三田井討伐を開始した。三田井親武は向山の天険に拠って防ぎ、頑強に抵抗したが、重臣甲斐宗雪（宗説とも書く）の裏切りによって三田井氏は滅亡、高千穂領六千石余は全て延岡領となった。

翌、文禄元年（一五九二）、朝鮮の役が起こり、元種は秀吉の命で六百の兵を率いて出陣した。その後、慶長二年（一五九七）にも再び従軍渡海して、前後五年間を外地で過した。慶長三年、豊臣秀吉が死去し、その二年後の慶長五年、関ヶ原の戦いがおこった。元種は、兄秋月種長・義兄弟の相良長毎（さがらながつね）とともに、西軍豊臣方に属して出陣したが、途中で東軍徳川方に寝返り、返り忠を認められ本領を安堵された。

元種出陣の留守中、支城の宮崎城を飫肥の伊東祐兵（すけたけ）の兵に占領されたが、その後、徳川家康の命で高橋氏に返還された。

元種は、翌、慶長六年から延岡城の築城に着手。同八年に完成し、十七年間在城した松尾城から移った。彼は築城とともに城下町を設計し、南町・中町・北町の町づくりをしたが、城下防衛の見地から、その要所に寺院を配置した。彼は延岡移封の時、香春岳から真宗派の妙専寺、善龍寺等の僧をつれてきて寺を開創させている。その中の妙専寺は、元種の母の法号「妙専院」からとった寺名といわれ、かねてから尊崇の寺であった。元種は領内に真宗の寺院を多く創建させ、宗教政策によって領民の人心教化にあたらせたという。

元種の改易

元種は初め、善政をもって領内を治めたが、その後、行状が乱れ、その上、幕府法度の犯人隠匿の罪によって改易となった。

『延陵世鑑』の記述によれば、「高橋種統公（元種）初めは仁義を専らとし行状正しくおはせしかば人皆その政を楽しみしかど中頃より行跡大いに乱れ、日夜酒宴遊興を事とし、領内の美女をえらび色に耽り、政に荒み無道の事ども日を追うて増長せし程に、将軍家への聞えも次第に悪しく成り行き」とあり、延岡の町づくりに励んだ元種だったが、その後、治政に倦き、酒色に溺れて無道な振舞いが多くなった。その行状は江戸にも聞こえていたという。だが、改易の原因は次の理由にあった。

延岡城趾本丸より延岡市内を望む

『延陵世鑑』は、「折節石見国津和野城主三万石坂崎出羽守と云う大名の甥に水間勘兵衛と云える溢れ者ありけるが其仇出羽守馬屋預りの侍にて有りけるを討果して出奔す。出羽守大いに怒り上聞に達しければ将軍家より御穿鑿あり。是に依て天下一同の御尋の落人と成りぬ」と記している。

津和野城主坂崎出羽守（千姫事件で有名）の甥水間勘兵衛という者が、出羽守の家来を殺して逐電し、全国指名手配となった。初め勘兵衛は、伊予宇和島城主富田信濃守信高を頼って逃げこんだ。彼は信高の内室の従弟だったので信濃守はしばらく扶持を与えて匿っていたが、面倒になると思って肥後の加藤肥後守（忠広）に送った。肥後守はさらに高橋元種に頼んで勘兵衛を延岡領に落とした。

元種は勘兵衛を領内の高千穂の奥に隠棲させていたが、ここでも人を殺めたので、隠れ家が露見してついに勘兵衛は江戸送りとなった。

慶長十八年（一六一三）夏、富田・加藤・高橋三名は駿府（静岡市）で吟味を受け、同十月、幕命によって富田と高橋は改易、加藤は弁明が認められてお構いなしとなった。

高橋元種は奥州棚倉（福島県東白川郡棚倉町）に配流された。彼の身柄を預ったのが棚倉一万石の領主立花宗茂であった。宗茂は、関ヶ原役で西軍に付いたため、改易となり、居城の柳川城を去って一時、肥後の加藤清正のもとに身を寄せていたが、その後、江戸で機会を得て、徳川家に仕えるようになり、その頃、棚倉の城主となっていた。

高橋元種の墓（福島県棚倉町、常隆寺）

思えば不思議な因縁であった。九州では互いに敵同士であったが、その後、時代を越えて再び奥州の地でめぐり合い、配流地の領主となっていた立花宗茂に身柄を預けられようとは誰が想像したであろうか。元種の胸中は複雑だったであろう。互いに高橋家の出で、元種は大蔵系秋月氏の出ではあるが、高橋鑑種の養子であり、一方の宗茂は高橋鎮種（紹運）の長男である。血の繋がりはないが、高橋両家がともに大友氏一族の「一万田」と、「吉弘」から出ている。また、元種の公称名、右近太夫に対し、宗茂は左近将監で、「高橋右近」「立花左近」と並称されていた。元種、この時、四十三歳。宗茂は四十七歳であった。

宗茂は恩讐を越えて元種に同情し、彼の赦免について各方面に奔走したといわれる。元種は、幸い家財、妻子おかまいなし、という温情の処置をうけ、長男左京の同伴を許された。後に左京は同国の丹羽氏に仕え、次男長吉は島津家の家臣となり、三男も相良に仕官したという。

元種は、棚倉に配流されて一年後の慶長十九年十月九日、同地で四十四歳の波瀾の生涯を終えた。その一生は、秋月から小倉、さらに香春岳、延岡、朝鮮の役、関ヶ原出陣へと苦難の連続であった。元種は最後の地棚倉で苛酷な運命を清算して、ようやく安らぎを得たにちがいない。そして彼の脳裡に去来したのは九州の山河だったのではなかろうか。一方、元種について、慶長五年、円鑑国師の賜号をうけた京都大徳寺の高僧春屋和尚は『一黙一稿』という遺墨集に「高橋公は国師の徳を慕って参禅し、修養した立派な道士であった」と記している。墓は、棚倉町の常隆寺（曹洞宗）にあり、「前羽林知伯宗進大居士」の位牌がある。

大蔵系高橋氏略系図（原田夢果史著『豊前太平記』を参考に作成）

大蔵春実 ―（三代略）― 種材 ―（六代略）― 種直（原田）―（六代略）― 高橋光種 ―（五代略）― 長種 ― 鑑種（一万田氏より入る）― 元種（秋月氏より入る。）

左、高橋元種の花押
右、高橋氏家紋、軍配団扇

有馬晴信　ありまはるのぶ

肥前有馬氏

肥前有馬氏は『藤原有馬世譜』によれば、天慶の乱（九四一年）で、討伐された藤原純友を祖とするという。鎌倉時代には、地頭、御家人として高来郡のうち、有馬・串山・深江などの諸邑を領し、南北朝期に、日之江城（日野江とも書く、長崎県南島原市）を築いて南朝方として活躍した。その後、室町期を通じて戦国期に入り、貴純の代に高来郡を制圧。藤津・杵島両郡を加えて急速に勢力を伸ばし、明応五年（一四九六）には、原城（長崎県南島原市）を築いて、肥前最強の戦国大名となった。

貴純の孫、十代晴純（仙巌と号す）は、天文九年（一五四〇）、小城（佐賀県小城市）の千葉氏を攻めて、杵島郡以西を傘下に収めた。また、二男純忠をはじめ、四人の男子を、大村、千々岩、松浦、志岐らの近隣諸家に入嗣させて勢力の拡大をはかった。天文二十年、晴純は七十歳で家督を義貞に譲って隠居した。

しかし、その後、佐賀（古名は佐嘉）の龍造寺隆信の出現によって、晴純の嫡子義貞（義直）は、永禄五年（一五六二）、隆信と小城郡丹坂に戦って敗れ、藤津・杵島両郡から撤退し、その領地は高来一郡のみとなり、島原半島から一歩も出られない状態になっていた。この衰勢の中で永禄九年、晴純仙巌入道は、八十四歳で世を去った。義貞もまた、元亀元年（一五七〇）、嫡子義純に家督を譲って退くが、健康に恵まれなかった義純は、翌二年、さしたる業績も残さぬまま、二十一歳の若さで死去した。

晴信の入信と少年使節派遣

この義純の跡を継ぐのが弟晴信である。この時、彼はまだ五歳であったから、父義貞が後見して彼を守(も)り立てた。有馬家十三代目当主となった晴信は、永禄十年、日之江城内で生まれた。しかしキリスト教側の文献では、永禄四年頃とし、彼の死亡時、慶長十七年（一六一二）五十一歳から逆算すると永禄五年生まれとなり、五歳の開きがある。

彼は鎮純(しげずみ)・鎮貴(しげたか)・久賢(ひさかた)・正純(まさずみ)などの名を変えたのち、晴信と名乗る。彼の官名は、将軍足利義昭によって、「左衛門大夫」から「修理大夫」に任じられた。そして、天正八年、彼はキリスト教徒になっている。晴信は成長するにつれ、父や兄と同様に、「肥前の熊」龍造寺隆信の圧迫を受けるようになる。

肥前統一を目ざす隆信は、有馬の領地藤津・杵島両郡を奪って以来、国人領主を屈従させながら勢力を強めていた。その間、有馬家にとって、明るい展望のないまま、天正四年（一五七六）晴信の父義貞（受洗名ドン・アンドレ）が病死した。晴信は父の死で、有馬家を双肩に担うことになった。

『北肥戦誌』によれば、天正五年十月、龍造寺隆信は、諫早の西郷純堯(さいごうすみたか)を降し、同十二月、二万余の軍勢をもって有明海を渡り、神代(こうじろ)（南高来郡国見町）に上陸、有馬攻略を目ざした時、晴信は有馬勢を率いて出陣し、三会(みえ)・多比良(たいら)の浜際(はまぎわ)で隆信の先陣を破ったと記している。

翌天正六年、隆信は再び島原に出兵したが、この時は有馬配下の城主が龍造寺側に寝返ったため、晴信は抗戦を止めて隆信に降り、和議を結んだ。そして、晴信の妹と、隆信の嫡子政家との婚儀が成立した（『北肥戦誌』）。

この年、それまで九州一の勢力を誇っていた豊後の大友氏は、遠征地日向で島津氏と戦って敗れ、以後衰退し、代わって島津・龍造寺の両者が、九州を二分する勢力にのし上がる。この二大勢力は、九州一の座を賭けて早晩激突する運命にあった。

晴信は初めキリスト教を嫌い、宗徒を迫害していた。しかし、異教を信じず征服欲だけの龍造寺隆信の圧迫をうけるうち、晴信のキリシタン迫害への考えが変わっていった。さらに叔父大村純忠や、宣教師ヴァリニャーノたちの熱心な説得をうけて、天正八年、口之津において、ヴァリニャーノ神父から洗礼を受けた。彼のキリシタン名は、最初ドン・プロタジオで、のちにドン・ジョアンと名乗った。この時、彼の妻（姪にあたる）も洗礼を受け、ルシーアといった。彼女は早死したので、その後、ジュスタというキリシタンの女性と再婚する。

晴信の入信によって、有馬領内のキリシタンの勢いが盛んになり、その年だけで四千の領民が信者になったという。彼の居城、日之江城下には、日本最初のセミナリヨ（神学校）が建てられた。

天正十年、有馬晴信は、大村純忠・大友宗麟の両キリシタン大名とともに、四人の少年使節を遠いローマ法王のもとに派遣、世紀の大事業を遂行した。使節に選ばれた少年たちは、有馬のセミナリヨの出身者であった。有馬の領内は戦国末期から近世初頭にかけて、西洋文化の拠点であった。スペイン商人アビラ・ヒロンの『日本王国記』に、日之江城中の描写があるが、「一頭の鹿を見事に描いた大広間の襖（ふすま）から海が見えた」と記されているが、城中から俯瞰した島原湾の素晴らしい景観が想像される。

島津に属して隆信と戦う

一方、龍造寺隆信は、肥前国内を手中に収め、その後、筑後へ攻め入り、蒲池（かまち）・田尻（たじり）・黒木・草野・星野らの有力国人らを降し、あるいは和を結んで、さらに肥後北部へ侵攻。獰猛（ねいもう）な彼の征服欲が続くが、島津氏もまた、肥後北部を目ざし、両雄が対立する。

そのころ有馬晴信は、龍造寺の支配から脱して、隆信に奪われた旧領地を奪回しようと考えていた。彼は、隆信の残忍さから逃れ、旧領奪回のため、隆信と対立する島津義久に援助を請い、その幕下になることを決めた。

宣教師ルイス・フロイスは、「（龍造寺）隆信は、大村の地とその領内のキリシタン宗団をことごとく掌中に収めた後、その悪魔的な企図を実現しようと、ドン・プロタジオ（有馬鎮貴（晴信））の勢力）を根絶し、彼が閉じこめられているわずかな地からも（彼を）放逐して、自らは肥前国の絶対君主になろうと決意した。ドン・プロタジオは、（自らが）この上もない窮地に立たされているのを見て、薩摩の国主に対し、この暴君（龍造寺隆信）から不法に奪われた土地を奪還してもらい、切迫した己が身の危険から救われようと、（この暴君に対する）救援を懇請し続けた」と、当時の情況を記している。

また、島津義久の将上井覚兼の日記（『上井覚兼日記』）には、「天正十年十月十三日の項」に「有馬（晴信）殿只今着候由にて、拙宿へ使へ預候」とあり、晴信が八代に出向いて、島津義弘・同家久兄弟に会い、弟新八郎を質人に差し出して幕下となった、と記している。

日之江城趾より島原湾を望む（長崎県南島原市）

隆信は、この有馬晴信の変心を激怒して、嫡子政家に有馬討伐を命じた。だが、政家にとっては、戦の相手が妻の実家であるだけに、熱が入らず、その鋒先も鈍りがちで、一向に進展しなかった。こんな状況に業をにやした隆信は、優柔不断な息子に対し、「婦家（妻の実家）のため戦に手加減するなど、武将にあるまじき振るまい」と立腹し、政家に代わって自ら出陣することを決めた。

天正十二年三月十九日、有明海を渡った隆信の軍勢は神代海岸に上陸。三会村に進んで、ここに三日間駐屯して作戦を練り、全軍を三隊に分け、一手は隆信の義弟鍋島信生（直茂）が中道、一手は隆信の子江上家種・後藤家信兄弟が浜手を、一手は隆信自ら旗本を率いて山手を進撃することを決めた（『隆信公御年譜』）。戦いの前に信生と隆信は陣替えをする。

その頃、晴信は日之江城で二千の将兵とともに籠城し、婦女子を避難させて防備を固めていた。

一方、島津家久は、島原派遣軍の大将として、薩摩の精鋭三千を率いて有馬に到着。晴信らと軍議して、各持口の備えを定めた。作戦は、龍造寺軍が三道より襲来してくることを考えて、三面の構えをつくり、夜陰を利用して、海上に多くの船を出し、鉄砲三百挺をもって敵の側面を突くことであった。

「ドン・プロタジオ（有馬晴信）はその陣営に、五十ないし六十旒（りゅう）の十字（模様の）旗を立てたが、それらは大勢の異教（徒が参集している）中にあってすばらしい景観であった」（フロイス『日本史』）。

キリシタン大名有馬晴信の青年武将の意気ごみが、この記述の中に感じられるが、彼らは既に島原近郊へ進出していた。とくに、敵主力を狭い農道に引き入れる作戦上、晴信が守る森岳の麓から海岸に平行して柴垣を築き、中央の道の前面に大城戸（きど）を構えた。この防備について、「フロイス書簡」は、「彼（晴信）が設けた陣営で、のちほど彼が生命を全うしたのは、柵や木の矢来で陣が固められ、敵（方）の畑にあった小麦や青い（未熟の）大麦で陣屋が掩（おお）われ（てい）たためであった」と記している。

隆信を討つ

二十四日の早朝、隆信は全軍に有馬への進撃を命じた。彼の軍勢は、有馬の前衛拠点森岳城をひと揉（も）みにして、そのまま一気に有馬へ攻めこむつもりであった。隆信は、島津・有馬の主力は、あくまでも本拠の日之江か、原城で待機しているものと思っていた。ところが、島原に近づいた時、島津の旗印が動くのを見て驚いた。すでに島津・有馬連合軍が布陣を完了していたことを知らなかったのである。隆信の先陣は、これを敵の斥候隊と思い、銃撃しながら追い進んだが、勢いにのる龍造寺の主力は、中道の柴垣目ざして押しよせた。

「敵勢は、とりわけドン・プロタジオとその弟を襲撃しようとして、彼らがいるところに達したが、両人はただちに躍り出てこれを迎撃した。その奮戦ぶりは薩摩の連中を驚嘆せしめた」と、フロイス『日本史』は、晴信兄弟の奮闘を記している。

結局、龍造寺軍は深田を挟んだ狭隘な一本道に誘いこまれてしまい、連合軍の銃撃をうけてパニック状態となって潰滅し、敗戦へと大きく傾いていった。大将隆信は、沖田畷の戦場を逃れようとしたが、遂に発見されて首を打たれた。

連合軍勝利の知らせは、その夜十時ごろ有馬に届いたが、人々は小躍りして喜び合い、鐘を打ち鳴らして熱狂したという。青年武将有馬晴信にとって、沖田畷の戦いは、島津の手を借りて、宿怨の龍造寺隆信を敗死させることができた記念すべき戦いであった。島津は、有馬を援けて龍造寺を撃破してから、その勢いは向かうところ敵なしの状態で、今や九州最強の勢力となった。

秀吉の九州平定と晴信

秀吉は大友宗麟の上訴を受けて、天下統一のため、島津・大友両者に和平を勧告するが、大友はこれに従い、島津は逆に一蹴する。その結果、翌天正十五年三月、秀吉の九州島津征伐が行われ、同年五月、島津義久の降伏によって、秀吉の九州平定は終わった。

日之江城趾の慰霊塔

この間、有馬晴信は、仇敵龍造寺隆信を討ってくれた恩人の島津から離れて、秀吉側に付いた。時の流れとはいえ、彼は恩ある島津に背を向けねばならない苦悩を味わったにちがいない。だが、晴信は、すでに天下が秀吉を中心に回(まわ)りつつあることを、宣教師らの情報によって把握していたから、有馬の領民や宣教師らを守るため、自ら戦国大名の地位を維持しなければならなかった。五月、関白秀吉が筑後の高良山（久留米市）に陣を布いた時、晴信は参陣して秀吉に臣従を誓って、島原の本領四万石を認められた。

しかし、その後、秀吉のバテレン（宣教師）追放令が出され、翌天正十六年、長崎を公領にしたが、この時、有馬領の浦上も直轄地となり、有馬氏の貿易の実権は絶たれてしまった。

晴信は、禁教令後もこれを保護し、バテレン七十人と、セミナリヨの学生六十七人を潜伏させて布教を許していた。キリシタン受難の時代を迎えて、バテレンたちは各地に潜伏したが、その数は有馬領の島原半島が最も多く、活発な活動が続けられ、むしろ最盛期の感があったといわれる。

その後、豊臣秀吉による朝鮮の役が起こると、有馬晴信は文禄元年（一五九二）から、秀吉死去の慶長三年（一五九八）まで、二千の兵を率いて従軍、小西行長の軍に属して前後七年間、異国の地を転戦した。『藤原有馬世譜』には、「御年二十六より三十二歳まで、七年間御在陣あり」と記されている。

黒船を焼き沈める

秀吉死後の慶長五年、徳川家康・石田三成の東西両軍による関ヶ原合戦が起こると、晴信は、松浦・大村・五島氏らと話し合って、東軍徳川方に付いた。

彼は、秀吉九州平定の時、恩人島津氏に背を向けたように、この時も七年間、異国で苦難を共にした同じキリシタン同士の小西行長と袂（たもと）を分かち、嫡子直純を加藤清正の東軍に従軍させて、盟友小西行長の居城、宇土城を攻めさせている。彼はこの時、眼疾にかかっていたというが、何よりも所領安堵への思いが強かったのであろう。

関ヶ原戦後、晴信・直純父子は大坂に赴き、天下人となった徳川家康に謁見した。晴信は本領島原四万石を安堵され、当時十五歳だった嫡子直純は家康の側近に勤仕することになった。晴信は屈折の多い生き方をしながらも、幕府大名としての地位を獲得した。

慶長十四年、晴信は家康から占城（チャンパ）での伽羅（きゃら）（香木から取った香料）購入の命を受けた。彼は家康から銀子六十貫目のほか、進物として鎧、金屏風などが託された。占城は、インドシナ半島東南部の中継貿易で栄えた市で、現在のベトナムに属し、当時は、御朱印船貿易で日本商人たちも渡航していた所であった。

当時、晴信は幕府の朱印状を得て、ボルネオ以西まで貿易活動をしていたから、家康の命を受けると、長崎奉行の長谷川藤広と相談して、同年二月、船を仕立てて船員ほか、案内人の久兵衛という者に、家臣五人を付けて出航させた。ところが、この船の乗員たちが、マカオにおいてポルトガル船員らに金品を強奪され、その上、五人が殺されるという事件が起きた。原因は、外国商圏（けん）に進出する日本人への不満からだったといわれる。晴信は、逃げ帰ってきた久兵衛の知らせを聞いて怒り、直ちにこれを家康に報告して、ポルトガル船討ち取りの命を受けた。

そんな計画があるとも知らずポルトガル船マードレ・デ・デウス号が同年十月、長崎に来航した。晴信は兵船六隻と、井楼船二隻をもって黒船を襲い、砲撃してくる中を火薬庫に火をつけて爆発させ、焼き沈めてしまった。この時、積んでいた白銀二千六百貫余は海底に沈んだが、その後、六百貫ばかりを引き揚げたという。このポルトガル船の撃沈は、わが国が西洋と戦った最初の事件であった。

彼は、事件完結後、日之江城を発って東上し、駿府（すんぷ）（静岡市）の家康に謁見し、黒船撃沈の件を報告した。

晴信の栄光と転落

家康は晴信の功を賞して、手づから刀を与え、船から流出した浮荷は全て晴信の勝手たるべしと伝えた。この報告は、江戸の将軍秀忠にも被露され、間もなく秀忠付の老臣本多佐渡守正信から次の書簡が届けられた（『藤原有馬世譜』「御霊公」）。

大御所様より被仰付候黒船御成敗候而被成参府候処、御所様悦被思召、御腰物御直に御拝領猶更黒船の荷物以下迄被下置之由、蒙仰候、誠に一方ならぬ御事難申謝候、其通将軍様へ被露仕候処、不大形御祝著に被思召、一段之御仕合共に御座候、委曲期後音之時不能一二候。　恐惶謹言

（慶長十五年）正月廿二日　本多佐渡守
　　　　　　　　　　　　　　　正　信
有馬修理大夫様

しかし、晴信のこの戦もキリスト教側では、ポルトガル船沈没による経済的損失や、バテレンとの密接な関係から、晴信の行為を批難した。またこの事件後、家康の曾孫国姫と、晴信の嫡子直純との婚儀が取り結ばれ、直純はキリシタンの妻を離縁して国姫を迎えたが、このこともキリシタンたちから怒りをかった。

国姫とは、家康の長男信康の二女と本多美濃守忠政との間にできた娘で、初め堀越後守忠俊に嫁いだが、忠俊が罪を得て陸奥（むつ）に流謫の身となったので離縁になり、駿府城内に引きとられていたのを、家康の命で再び直純への輿入（こしいれ）が決まったのである。

キリシタンの晴信が、この結婚に反対しなかったのは、この機会に旧領返還への期待があったからといわれる。もともと晴信は、龍造寺から奪われて、今は鍋島領となっていた旧領地の回復を強く望んでいた。

晴信の人生は、ここまではよかったのだが、あるひとりの人物によって彼の運命は狂い、悲劇の淵へと転落してゆく。その人物とは、家康の重臣本多上野介正純（ほんだこうづけのすけまさずみ）の家来で、キリシタンの岡本大八（だいはち）のことである。彼は、晴信の旧領回復の意中を察して接近してきた。当時、本多正信、正純父子は、江戸と駿府で、それぞれ年寄としての重責を担（にな）い、本多父子の声望は並ぶものがなかった。

大八は、主人本多正純の威光を背にそんな晴信に近づき、黒船デウス号撃沈の功として、晴信に旧領地加増の内示が主人正純にあったと告げ、偽造した文書まで見せて信用させ、実現までの運動資金を要求した。

晴信への判決

晴信は、永年の旧領回復の夢が叶（かな）えられるとあって、その喜びは大きく、大八に言われるままに肥前三郡（杵島・藤津・彼杵）返還実現のために、黄金・白銀・綾羅・錦繍の謝礼をつぎつぎに贈り、さらに幕閣への運動資金として、白銀六千両を渡した。だが、一年過ぎても大八から何の沙汰もなく、不審を抱いた晴信は、直接本多正純にかけ合った。

正純は驚いて岡本大八に問いただしたが、知らぬと言いはって埒があかず、また佐賀の鍋島勝茂からも「自分の領地を有馬に割き与えるとの話があるが本当か」との問い合わせがあり、このままでは黒白がつかず、正純から家康に上申。ついに両者を対決させた。

その結果、大八の文書偽造や金品詐取の事実が判明、彼は直ちに投獄され、逃れられないように両足首を打ち砕かれた。ところが、大八は獄中から、晴信には長崎奉行長谷川藤広を暗殺する陰謀があったと訴え出た。両人は再び対決の場に出されたが、今度は晴信に明快な返答ができなかった。結局、「小身者の言に騙されるようでは、大名たる地位を辱しめ、その資格なし」ということになり、晴信への厳しい判決が下された。『鍋島勝茂譜』には、家康が晴信のことを「近来の馬鹿者」と言ったと記している。

彼は領地没収のうえ、三月十八日、大久保石見守長安に預けられたが、さらにキリシタンの妻ジュストと共に甲斐国（山梨県）都留郡谷村城主、鳥居土佐守成次（元忠の子）の領地に配流の身となった。家来三十五名のみが同行を許されて従った。

一方、岡本大八は、三月二十一日、駿府の町中を引き廻され、安部川の辺で磔刑に処せられた。一説には火刑ともいう。彼の妻は赦されたが、彼の息子は首を刎ねられた。

慶長十七年五月六日、晴信は幕命によって切腹し、四十六歳（西欧側資料では五十一歳）の生涯を終えた。

晴信の最期

彼の最期については、『藤原有馬世譜』三御霊公（晴信）譜下に、「使者を以て御生害の上意を伝ふ、公御慇懃に御返答ありて、御行水の上御切腹あり、御奉行大町梶右衛門に、御介錯仰付られ、二つ胴の御腰物を授けらる」とあり、また、『日本西教史』下巻十四章では、

> 二枚の畳を重ね、其端に二つの火を点せる燭台の間に十字架を立て、ついで跪き、衣襟を開き以て刀を受けんとす、日本に於ては、刑官の手を仮りて、死を遂ぐるを恥辱とし、又、之に任ずるの臣は、主人の栄誉を保護する者として敬せらるるを以て、ジャン（晴信）は従臣の一人を選みて斬首せしめたり。
> ジャン（晴信）の妻ジュストも、此席に在り、絶て悲歎の色を見はさず、基督教信者たるの勇膽を張り、ジャンを奨励して、上帝（イエス・キリスト）に信頼せしむ、是に於て、ジャンは暫時黙然たり、既にして上帝を祈念し、首を低れ執刀者に令し、之を一撃せしめたり、ジュストは之れを懐き親吻（親しく接吻する）してのち、遺骸と共に之を包み、一室に退き、此に於て己れ遁世の徴として、髪を剪り之を上帝に奉じたり

として、生涯を終える最期の方法を、切腹と斬首の異った記述をしている。彼の遺骸は雨の中を富士山麓の一隅に運ばれて埋葬されたという。

晴信の子直純は、この事件に関知していなかったということで、何の咎めもなく、父の領地肥前島原四万石を与えられた。これは直純の妻国姫がいたからといわれる。

慶長十七年、幕府はキリスト教に対する禁教令を発して弾圧にのり出す。父晴信ゆずりのキリシタンであった直

有馬氏略系図

有馬経澄 ― 朝澄 ― 家澄 ― 連澄 ― 貞澄 ― 澄世 ―
満澄 ― 氏澄 ― 貴純 ― 尚鑑 ― 晴純 ┬ 義貞 ― 晴信 ―
　　　　　　　　　　　　　　　　　└ 純忠（大村氏を嗣ぐ）
直純

有馬氏家紋、木瓜

純は、禁令実行を誓って領地に帰り、領民のキリシタンに棄教を迫る。彼は、教会を破壊し、従わぬ者には極刑をもって弾圧するが、迫害すればするほど、領内の信仰の火は燃えさかり、彼らの結束を強めていった。

幕府も、直純では力不足と見て、慶長十九年、彼を日向延岡（宮崎県延岡市）五万三千石に封じて国替えさせた。有馬氏は、その後さらに越前丸岡（福井県丸岡市）へ転封させられている。

晴信は、最後になって自分の愚かさから犯した人生の過ちを悔悟し、神に祈りを捧げ周囲に感謝しながら、ひとりのキリシタンとして昇天していった。

岡本大八のような邪悪な人間は、いつの世にもいるが、果てしない欲望の中に、清廉（せいれん）な人生を目ざす人もいる。欲心は志まで奪う。晴信から多くの教訓を学ぶことができる。

宇都宮鎮房　うつのみやしげふさ

城井宇都宮氏

福岡県の東南、旧築上郡築城町（築上郡築上町）は、現在、航空自衛隊の基地として知られるが、西は犬カ岳（一一三〇メートル）、求菩提山（七八二メートル）の山なみが屏風のように聳え、東は平野部を通して、広々とした周防灘に面している。かつては、豊前国築城郡と称した。

町を流れる城井川の上流に沿って、伝法寺、本庄、大平、寒田などの聚落が点在する。最上流の寒田は、求菩提の西麓に位置し、のどかな山間の風景を見せているが、一面かつての秘境の面影を偲ばせ、自然の厳しさを感じさせる。川を挟んで、くびれた地形が瓢単の形のようになって、城井谷の深い懐をつくり、急峻な岸壁に囲まれた城井城は、まさに天然の要塞であった。

豊前最大の豪族であった宇都宮氏は、この城に拠った城井宇都宮氏を主流にして、佐田、広津、野仲、友枝、山田、西郷、仲八屋、深水、伝法寺、如法寺らの支族が、京都、上毛、築城（以上福岡県）、下毛、仲津、宇佐（以上大分県）の豊前南部に、地頭または有力名主クラスの領主として根を張った。

豊前宇都宮氏は、下野国（栃木県）宇都宮氏の一族で、鎌倉御家人の宇都宮信房が文治元年（一一八五）、源頼朝の命で、豊前の総地頭となって下向し、城井郷に城を築いたのが始まりといわれる。別伝では、信房は最初、神楽城（京都郡犀川町）に入り、その後、本庄城（築上郡築城町）に、ついで大平城に移って城井上（萱切）城を詰め城にしたという。このほか、宇都宮氏の系流は、筑前（麻生）、筑後（蒲池）、肥前（小田、犬塚）などにも広がり、それぞれ国人領主となった。

宇都宮氏には古くから伝わる「豊治の射法」（のち艾蓬の射法、または天一艾射と呼ばれる）という弓の射法があった。これは蓬の茎を矢にして射るもので、吉凶の占いや、戦勝祈願に用いられる秘法で、元冦の国難には鎌倉鶴カ岡八幡宮の社前でしばしば射行されたといわれるが、代々、一子相伝の掟が守られて当主以外には執行することができなかった。

永正六（一五〇九）年三月、十六代宇都宮正房は、室町幕府十代将軍、足利義稙の御前で弓射して太刀を賜ったが、室町期だけで十回以上も将軍家の前で、この射法を行っている。また、十二代将軍、足利義晴も、宇都宮秀房より弓法の伝授をうけたが、故実による艾蓬の射法は、宇都宮氏にとって武門のシンボルであり、誇りと格式を持っていた。

その家紋の左三つ頭巴紋は、もともと鞆絵を形象化したものだが、鞆は弓射に用いる武具であった。この鞆の形と結びついて鞆絵紋が考案され、「巴」の字形が「鞆絵」の図形に相似していたことから、トモエと訓をつけるようになったという。

豊前の地は、九州の咽喉に位置するため、外来勢力の侵略を受け易く、いつも最先に蹂躙され、民衆は被害を蒙った。

十七代長房（長甫）は、中国の雄大内義興の女を室に迎え、姻戚となって大いに働き、入道して長甫と号し、大内氏の信頼を得ていた。だが、義興の子大内義隆は、天文二十年（一五五一）、重臣陶晴賢のクーデターによって滅ぼされ、その晴賢もまた、義隆の遺臣毛利元就によって敗死した。その後、元就は大内の後継となって周防、長門（山口県）を平定し、国内の態勢を固めると、大内氏の遺領であった北九州回復を目ざして出兵する。

永禄元年（一五五八）、毛利軍は門司城を占領して北九州への拠点にした。一方、豊後の大友義鎮（宗麟）も、これを阻止するため大軍を差し向けて対抗した。その間、宇都宮氏一族は、大友・毛利両勢力の狭間の中で激しく揺れ動くが、宗家の城井氏は、弘治二年（一五五六）いらい大友側につき、城井谷の要害を固めて鎌倉いらいの伝統を守っていた。

秀吉九州平定と鎮房父子

その頃、宇都宮城井氏は、長房が隠居し、嫡子鎮房が十八代目の家督を継いだ。鎮房は天文五年生まれであったから、永禄年間（中頃カ）当主となった時は、二十六、七歳だったと思われる。彼は中務少輔（一説に民部少輔）と称したが、その頃、鎮房の日常の居館は寒田の溝口川にのぞむ溝口館であった。

鎮房の妻は大友家の出であったというが、当時、大友宗麟は、豊前、筑前守護職であり、また、九州探題に任ぜられて九州最大の大名であったから、鎮房の婚姻は、大友家との政略によるものであったと考えられ、彼の「鎮」の一字も、義鎮（宗麟）の一字を貰い、従属関係にあったことを示している。

天正六年（一五七八）、それまで九州一を誇った大友宗麟は、日向（宮崎県）の地で、島津義久と戦って大敗し、以後、衰退する。一方、大友を破った島津は逆に旭日の勢いとなって、同十二年には「肥前の熊」と恐れられた龍造寺隆信を島原で敗死させ、大友を圧迫しながら九州制覇を目ざして北進の態勢をとる。

天正十四年四月、宗麟は島津の攻勢に対抗できず、上坂して豊臣秀吉に島津征伐を上訴した。翌天正十五年四月、秀吉は自ら二十万の大軍を率いて九州に進攻、反抗する島津、秋月らへの討伐を開始した。秀吉軍の猛攻で、まず北九州の最大勢力である秋月種実が降った。

宇都宮鎮房、朝房父子は、秋月とともに島津側についていた。朝房の妻竜子は、秋月種実の娘であった。

五月、秀吉は九州最強の島津義久を降伏させて、九州平定を終えたが、島津降伏後の宇都宮父子の立場は微妙であった。九州役において、鎮房は秀吉から出兵を命じられたが、病いと称して出陣せず、子の朝房を代理に立て、わずかな人数で参加させた。また、秀吉滞在中も病気を理由に、挨拶にも出向かなかったという。

やがて秀吉の九州知行割りの人事が発表され、鎮房父子の本拠城井郷を含む豊前六郡（京都・仲津・築城・上毛・下毛・宇佐）十二万石余は、黒田孝高（如水）に与えられた。また、企救・田河の二郡は、尾張（愛知県）出身の毛利勝信（初め吉成）の領地となった。

それでは、豊前最大の国人領主宇都宮鎮房の処遇はどうなったのか――。秀吉は、鎮房の子朝房が父の名代として秀吉軍に参加していたので、朝房に豊前国外に転封の朱印状を与えていた。

それについては、伊予今治（いまばり）（愛媛県今治市）十二万石といい、また、上筑後（福岡県南部）二百町ともいわれる。十二万石と、二百町では大きなちがいだが、秀吉の国人（在地領主）ら旧勢力解体の方針からすれば、あるいは二百町の方が妥当かと考えられる。

鎮房は、朝房への秀吉朱印状を返上させた。そして、「領地の大小は問わないので、四百年続いた祖先の領地内に所領を賜わりたい」と申し出た。鎌倉期いらい培った一所懸命の土地への愛着が転封を拒否させたのであろう。だが、朱印状の返上は、秀吉に楯つくことであり、容認されるはずはなかった。また、これを認めると、転封に不服な者は、みな秀吉に再考を迫ってくるだろう。そうなれば国政の方針は根底から崩れ、収拾がつかなくなってしまう。当然、彼は秀吉の逆鱗（げきりん）にふれた。鎮房にはその辺の読みが浅かったとしかいいようがない。

黒田入国と豊前一揆

一方、新領主となった黒田孝高は、同年七月、豊前に入国し、国人長野種信がいた馬カ岳城（行橋市西谷）に入った。黒田の入国で宙に浮いた鎮房は、企救（きく）、田河両郡の大名となった毛利勝信に秀吉への旧領安堵の取りなしをたのんだが、不成功に終わった。勝信は、鎮房に同情して自分の領地、田河郡赤郷のうち白土、柿原、成光（田川郡大任町）の三村を貸与してくれた。

その間、黒田孝高、長政父子は、新領地に対する施策をつぎつぎに行っていた。ここにおいて鎮房は、七月中旬、遂に居城大平城を出て赤郷へ移った。孝高は、その後、馬カ岳から時枝鎮継（ときえだしげつぐ）が提供した時枝城（宇佐市下時枝）に移り、領民に次の布令を出した。

一、主人・親夫に背く者は罪科に行うべき事
一、殺人或は盗人、強盗をなし、またその企仕者あらば罪科に行うべき事
一、隠田、畝ちがえ等仕者も同前の事
右の品々これある者は、たとい親類または同類たりというとも、ひそかに申し出ずべし。その儀、実ならば人知らざる様に一かどほうび遣わすべき事
天正十五年七月　（『黒田家譜』）

三番目の隠田、畝ちがえとは、田地について実際よりも少なく申し立てたり、無田と偽って隠しておいてはならない、という意味である。国人領主を排除して大名と農民を直結する国土調査だが、孝高は「竿入れ」（実測）ではなく「差し出し」（自主申告）の措置をとった。農民心理に通じた施策であった。

秀吉は、九州平定の成果を急いだため、戦後の処理が整わぬうちに、帰参の国人たちへ、やたらに朱印状を与えていた。彼らは自分たちの所領が秀吉から、そっくり保証されたものと思っていた。

だが、新任の大名として、小早川・佐々・黒田・毛利・立花らの秀吉の功将たちが入国し、在地旧領主たちの解体統合に乗り出す。今まで所領を持っていた彼らは邪魔もの扱いされ、自分の土地も自由にできなくなり、新領主との間に摩擦がおこる。旧勢力の国人たちが多い領国ほど、厄介な問題を抱えていた。

鎮房が赤郷に移って間もなく、肥後国では新国主として入ってきた佐々成政が、秀吉の命に背いて検地を強行したので、国人たちの不満が一挙に爆発、同年八月初め、肥後北部の隈部親永らがまず、暴動の口火を切り、一揆の輪はたちまち北部から中部へと拡がっていった。この一揆には、国人衆五十二人の大半が参加したので、肥後国内は大混乱におち入った。

秀吉は直ちに一揆鎮圧のため、小早川・黒田・毛利（勝信）・筑紫・立花・龍造寺らの周辺の諸大名に出動を命じた。孝高は子の長政に、留守中の措置を命じて兵を率いて筑後まで出て行くと、長政から豊前領内で一揆発生の

知らせが入った。『黒田家譜』には「然る処に、豊前の国士等所々に兵を起こし、各城に立籠る由、十月朔日追々に馬が嶽へ告来る」とあり、十月一日、上毛郡で宇都宮氏一族の如法寺輝則（山内城主）をはじめ、緒方維綱（緒方城主）、日熊直次（日熊城主）、有吉内記（高田城主）らが、孝高不在中を狙ってまず最初に一揆ののろしをあげた。

その頃、毛利勝信の領内田河郡赤郷に寓居していた鎮房は、一揆の火の手があがると、反黒田、反豊臣政権への挙兵にふみ切り、赤郷を出て黒田の将大村助右衛門が警備していた大平城を奪回して入城した。

鎮房の室静の方や、嫡子弥三郎朝房とその室竜子、鎮房の娘鶴姫らの家族をはじめ、一門、家来たちの城井宇都宮氏の総勢が籠城に入った。

十月二日、鎮房の挙兵に応じて、宇都宮氏配下の求菩提山、山伏たちの山伏集団や、各地の国人たちが、つぎつぎに蜂起した。彼らは、肥後一揆の猛勢を聞き、チャンスとばかり行動を起こし、南北から豊臣政権をゆさぶり、旧体制への転換を迫ろうとし、領民たちの支持を得て一揆の勢いを増強させていった。

叛徒の主な者は、豊前最有力国人の宇都宮鎮房をはじめ、長岩城の野仲鎮兼、高家城の中島統次、大畑城の加来統直、日隈城の日隈直次、櫛狩屋城の山田輝家らであり、一揆に加わらなかったのは、二十余の国人のうち、時枝鎮継、宮成正時、中間統種、広津鎮種の四人に過ぎなかった。

孝高は事態の急変に驚き、秀吉に報告するとともに、帰城して近隣の毛利勝信や中国の毛利輝元らに援軍を要請した。鎮圧の処置を誤れば、孝高自身も秀吉から

宇都宮城井氏の隠れ城への入り口、三丁弓の険
（築上郡築上町寒田）

譴責(けんせき)を受けねばならない。早期鎮圧のため、一刻も猶予はできない状況にあった。

鎮房、黒田軍を撃破す

黒田軍は、孝高の子長政はじめ、黒田一成、栗山利安、母里太兵衛、井上之房、後藤又兵衛らが中心となって暴徒討伐の軍備を整えた。間もなく、毛利輝元の部将勝間田重晴が率いる毛利軍が到着。その後、毛利一族の吉川広家も自ら軍勢を率いて来援し、隣郡の毛利勝信もまた、兵を引きつれて駆けつけるなど、援軍が増強されて豊前各地で一揆勢との間に、大小の戦いが展開された。

黒田連合軍は、つぎつぎに蜂起する国人たちの鎮圧に手をやくが、一揆側の有力者であった一(ひと)つ戸城（耶馬渓町）主、中間統種の内応が大きく影響して黒田側の態勢を有利にする。

だが、最大の難敵は宇都宮鎮房である。『黒田家譜』は、「鎮房は武勇人にすぐれ、力量つよくして人数多くしたがへ、城井谷の内、寒田村の奥、鬼カ城という所にたて籠る」と記している。彼は嫡子弥三郎朝房とともに、要害大平城を本拠として、さらに地形複雑な隠れ城、鬼カ城と呼ばれる城井上(きいのこ)城を詰め城として外敵の侵入に備えた。巨岸、絶壁、カズラばしご、洞窟、深い谷、複雑な迷路、しかも入口は細い山道が一本だけ。周囲は宇都宮配下の犬カ岳、求菩提の山伏集団がいる重畳たる山なみがつづく。まさに巨大な山塞であった。かつて、この城が破られたことはなかった。

十月九日、黒田、毛利の連合軍は、ついに城井谷への攻撃を開始した。孝高は、城井攻めを時機尚早とみて許さなかったというが、血気さかんな二十歳の長政は、父の許しが待てず、宇都宮への決戦を挑んで出陣した。

孝高も、戦場経験を積ませるため、長政にやらせてみようと思ったのだろう。その代わり自分の弟兵庫助利高を付けてやった。毛利側の史書『陰徳太平記』は、黒田、毛利合わせて三千騎と記しているが、鎮房の方は、これの三分の一の千余の兵数であったと推測される。

長政は勇躍して、母里太兵衛、後藤又兵衛ら黒田二十四騎の勇士らをはじめ、黒田軍を率いて毛利の援軍とともに進撃、危険な谷からの正面攻撃を避けて、城井谷へ向かって川の左側、岩丸の山地から尾根伝いに寒田（さわだ）の大平城へ迫ろうとした。岩丸（椎田町）は、国見山の北麓、岩丸川上流の谷間にまたがる東西八キロに及ぶ丘陵地である。

一方、宇都宮側は、山の隅ずみまで知りつくしていて、黒田軍の先手を打って、尾根の各所に陣地を設けて待ち伏せしていた。

そうとは知らず、連合軍は狭い山道を押し合いながら進んできた。その時、いっせいに喊声がおこり、鎮房配下の宇都宮勢が四方から襲いかかった。山岳戦は彼らが得意とするところである。『城井闘争記』には、その戦闘の状況が記されているが、黒田方は、思わぬ奇襲をうけて、たちまち先陣が崩れ、二陣も浮き足だって総崩れとなり、パニック状態におち入った。地理不案内の連合軍は山路に迷い、ゲリラ戦術で襲ってくる宇都宮勢につぎつぎに討たれた。

『城井闘争記』は、討ちとった首八百六十四と記している。鎮房はこれらの首級を櫟原（いちき）（築城町）で首実験したが、鎮房にとっては一方的な大勝利であった。

この戦闘で、毛利の将勝間田重晴が討死。また、長政の家臣大野小弁正重は、長政の身代わりとなって戦死し、後藤又兵衛も負傷した。長政は、ようやく危地を脱し、わずかな従者に守られ命からがら馬カ岳城に帰り着いた。

孝高は、長政の軽挙を戒め、敗戦を教訓にして戦略を立て直させた。孝高は鎮房との決戦を避けて付け城を築かせ、兵を配置して監視させた。

その後、連合軍は、一揆勢を上毛郡の観音原（桑野原、築上郡上毛町）で撃破し、さらに、宇都宮鎮房につぐ下毛郡の一揆リーダー、野仲鎮兼が守る長岩城（耶馬渓町）を攻め落とし、叛徒の城を潰しながら、じわじわと鎮房らの拠る城井谷を孤立させる。

鎮房の和睦

だが、いくら山岳戦には強いといっても、鎮房の方も籠城が長びけば食糧、物資が欠乏してくる。戦闘とはちがう籠城生活という別の戦いが始まり、兵たちの間に孤立した籠城への不安が生じ、厭（えん）戦気分も出はじめる。連合軍は付け城をつくって、寒田への入り口を封鎖し、平野部との通行を遮断していた。

このままでは自滅しかない。かといって、城から打って出れば、黒田側の思う壺になる。さすが剛勇の鎮房も身内や一族、家臣たちのことを思って苦悩したことだろう。

また、黒田側もこのままでは一揆鎮圧が完了したことにはならず、谷での決戦を避けてひとまず講和を結んだのではなかろうか。そして機を見て鎮房父子らを謀殺する計画だったと思われる。

『陰徳太平記』によれば、十二月二十四日、孝高は、長政と吉川広家に相談して宇都宮鎮房との和議を決め、広家の家臣横道権允（よこみちごんのじょう）を使者として鎮房に和睦をすすめたとある。

だが、『黒田家譜』には、

> 国中の敵共漸くほろびにければ、城井中務鎮房も敵をなししがたくや思ひけん。小早川隆景、毛利壱岐守、安国寺（恵瓊）を頼て罪を謝し、孝高の旗下に属せん事をこひ、人質を出すへき由佗ければ、孝高先其降参を許し給ふ。

とあり、孝高は、家臣三宅三大夫を使者として城井に遣わし、鎮房の嫡子弥三郎（朝房）と、その妹鶴姫（千代姫ともいう）を人質に取って帰ったと記している。それぞれの記述が異なるが、孝高（如水）一流の策略が背景にあったことをうかがわせる。連合軍は血を流さずにすんだ。

天正十五年十二月下旬、宇都宮鎮房の降伏によって二カ月余にわたった豊前一揆は、すべて鎮圧された。また、肥後一揆も翌年一月、秀吉の派遣軍二万余の出動でことごとく制圧されてしまった。

鶴姫については、黒田長政の正室として中津城に迎えられたとする説が地元で根強く伝承されている。

黒田側はもちろんこれを否定する。『黒田家譜』には、「或説に、此時、長政城井か聟に成給うというは虚説なり。

是より以前、長政すでに蜂須賀彦右衛門正勝の息女を娶て内室とし、女子を誕生す。故有て離別し給いしは、是より後年の事なり」と、わざわざ注記している。

勝者と敗者、歴史は勝者側によってつくり変えられることがある。都合の悪いことは抹消されてしまう。鶴姫は正室ではなかったのなら、側室だったのか。想像するほかはない。

ともあれ、宇都宮鎮房の降伏で一揆は治まったが、黒田父子はなお鎮房を警戒していた。

秀吉は、肥後一揆が終熄すると、その責任者として佐々成政に切腹を命じたが、豊前一揆を起こさせた責任者の黒田孝高、長政父子には何の咎めもなく、むしろ孝高に肥後処理の上使を命じている。しかし、これで安心するわけにはいかなかった。再び領内で内乱が起これば、ただではすまないことを孝高はよく知っていたであろう。

天正十六年の初め、黒田父子は中津城（大分県中津市）に移った。この年の二月、孝高は秀吉の命で、肥後鎮圧後の検地奉行（上使）として肥後（熊本県）へ出張することになった。この時、孝高は人質の城井朝房を同行させた。出発前、孝高は留守を命じた長政に、「彼表（城井谷のこと）油断あるべからざるよし」を言い置いて出発した（『黒田家譜』）。

鎮房父子の謀殺

孝高らが肥後へ発って二カ月後の四月二十日、突然鎮房が長政への挨拶と称して中津城にやってきた。これが城井宇都宮氏滅亡への惨ましい事件の発端となった。

鎮房の従者は数十人、あるいは二百人ともいわれ、明確ではないが、中津城内の扇城神社に祀られているこの事件の宇都宮氏の遭難者は四十五柱である。

長政は、鎮房突然の来訪を、強引に押しかけてきたものととった。もし、本当に挨拶のためなら、父孝高の在城中に、日時を決めて小勢で参上するのが至当であろう。案内もなく、いきなり多勢で押しかけてきたのは、腹に一物あるからであろう。長政の心は決まった。彼は、直ちに家臣と打ち合わせて鎮房謀殺の手筈をととのえた。この時、城中に居合わせた武士は十七人、足軽その他で約百人ばかりだったという。

鎮房の中津来城の目的については、その真相はわからないが、黒田側とは別な見方がある。人質になっている娘鶴姫（別名千代姫）に会いたいためであったとも思われる。息子の朝房は、孝高について肥後に同行しているが、城井を離れてすでに二カ月余、父として人質の娘のことが気がかりなのは当然であったろう。剛直で世俗にうとい山育ちの鎮房は、孝高の留守をあえて狙ったのではなく、嫡子朝房が肥後に連れられて行っているので、帰るまでの間、娘に逢ってきたかったのではなかろうか。逢いたいと思えば、がまんできなくなるのが親心というもの。つねづね、鎮房を敵視する黒田へ事前に連絡すれば、どんな危難に会うかわからない。

鎮房は、謀略家の孝高が不在な方が安全と考えたのかもしれない。それでも万一の事を考えて五、六十人の従者をつれて行ったのではなかろうか。

もし、中津で乱を起こせば、人質になっている二人の子はどうなるかは、鎮房にはわかっていたはずだ。大事な跡とりの朝房や可愛いい鶴姫を犠牲にしてまで、中津城へ討ち入ることなど到底できないことだ。その証拠に、鎮房らは単に刀を帯びただけで、戦闘用の武装はしていない。ならば、鎮房は始めから長政への挨拶をかねて、娘に逢いに行ったとしか考えられない。

鎮房の中津訪問のタイミングも悪かったが、逆意にとった長政も若く早計だった。岩丸山の敗戦の怨念が彼を一層、鎮房謀殺へと走らせたと思われる。平和を維持すれば、鎮房もかえって黒田に協力したかもしれない。運命の歯車は変革期の両者の溝を決定的にした。

こうして城内で暗殺の準備ができあがったが、その手口はだまし討ちにひとしかった。鎮房の家臣たちは城外で待たされ、城内に入ったのは鎮房と小姓の松田小吉だけであった。長政は酒席を設けて彼を接待した。

先ず家臣の吉田又助が酌に立ち、鎮房の盃にわざと盛りこぼすほど注いだ。又助は恐縮するふりをして長政が刀を取りやすいようにして坐り、鎮房が壁に立てかけた太刀を背で隠す。

この時、長政が「太郎兵衛、肴を」と言った。これが合図で、次の間から曾我太郎兵衛が「ハッー」と答えて三宝に肴をのせて入ってくると、そのまま鎮房の前まで進み、いきなり三宝を鎮房に投げつけ、一太刀浴びせた。

鎮房は、脇差を半分抜きかけ立ち上らんとしたが、長政がすばやく彼の肩を切り下げた。

『黒田家譜』には、「利剣（よく切れる刀）にてつよく切られしにや左の肩より両乳の間をわり、後の大骨かけて、右の横腹まで切付られければ、さしもに猛き中務（鎮房）も忽うつぶしに成りぞ臥たりける」と、鎮房最期の様子を記している。

鎮房は、左肩の致命傷をうけたのち、長政や家臣らのめった打ちにあって、その場にどっと倒れ、止めを刺されて絶命した。五十三歳であった。

鎮房の小姓松田小吉も討たれ、城外にいた鎮房の家臣たちも討ち果たされた。逃れた者たちは、合元寺（浄土宗、中津市寺町）門前に集まり、取り囲む黒田勢と戦い、寺の境内や庫裏でも凄絶な斬り合いが行われたというが、結局、城井勢は全員が討たれ、悲惨な最期をとげた。

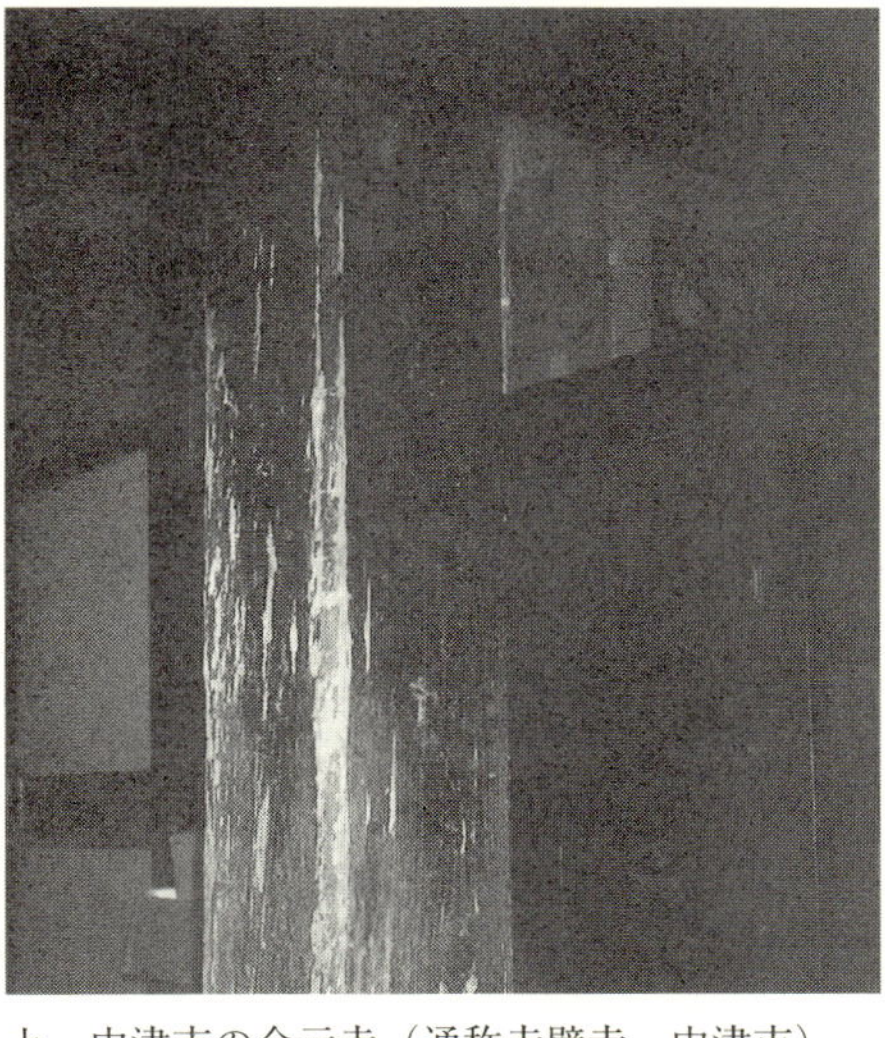

上、中津市の合元寺（通称赤壁寺，中津市）
下、合元寺の大黒柱に残る刀傷

激闘の場所となった合元寺は、この時の返り血が飛び散って門前の白壁を赤く染めた。その後、同寺では何度塗りかえても壁に血のりが浮き出てくる怪奇現象にあい、ついに朱色に塗りかえてしまったと伝えられている。今では、合元寺の名よりも「赤壁（あかかべ）の寺」で知られている。

この寺の大黒柱には、今なお十数本の刀の切りこみ跡が生々しく残り、当時の惨劇を伝えている。

事件後、城井の犠牲者は、寺内に合葬されたが、その後、地蔵菩薩堂に祀られて殉難供養が行われている。また、城内にも鎮房の霊を崇めて城井神社や、殉難者四十五人の霊を祀る扇城神社が建てられた。

長政は鎮房謀殺後、直ちに城井谷に軍勢を差し向けて、鎮房の居館を焼き払い、父長甫を捕らえて斬った。主を失った城はもろく、悲惨であった。

一方、肥後にいた孝高は、鎮房誅殺の知らせをうけると、同行させた人質の朝房を兵に襲わせて謀殺させた（一説には加藤清正が殺害したという）。時に朝房十八歳。

のちに、肥後の領主となった加藤清正は、朝房の霊を弔慰するため、玉名郡木ノ葉（こ）（熊本県玉名郡玉東町）の宇都宮神社に祀った。

朝房の妻竜子は、城が焼け落ちた時、身ごもっていたが、侍女らに守られて彦山を目ざして逃れた。彦山座主は兄秋月種長の娘昌千代で、彼女の姪であった。竜子は宝珠山村で出産、生まれた男子は、末房と名づけられた。豊前宇都宮氏の本流城井氏は、黒田氏によって滅ぼされたが、さいわいにも、この末房の子孫が越前松平家に仕官して、越前宇都宮家を残した。

鶴姫哀歌

城井宇都宮鎮房を滅ぼした黒田孝高は、翌天正十七年（文禄二年ともいう）、家督を長政に譲り「如水」と号した（『浅野家文書』『寛政譜』）。

一方、中津城で人質になっていた鶴姫は、父鎮房が来城したことを知らされただろうか、当時城内にいたのなら、父が無惨な最期を遂げたニュースは、彼女にも伝わっていただろうが。鶴姫はその時どこにいたのか、野史は中津の獄舎に囚われていたと記しているが、獄舎とは、別の場所にあったのか、定かではない。長政は殺害現場に彼女がいては都合が悪いので、急ごしらえの獄舎に移したとも考えられる。

囚人の身となった鶴姫は、事件後、間もなく山国川のほとり、広津の千本松河原（築上郡吉富町小犬丸）で磔殺（たくさつ）された。

彼女は処刑前、獄舎の外で兵士たちが磔（はりつけ）の柱を作っている音を聞き、自分の処刑を知って、次の一首を詠み残した。

なかなかにきいて果てなん唐衣（からころも）我がために（一説には誰がため）織（お）るはたものの音

はたものとは、磔刑のことだが、また布地を織る機（はた）をいうので、両方の意にかけたものであろう。

この時、鶴姫とともに、十三人の女性の命が絶たれたという。村人たちは、悲惨な彼女たちの最期を悼んで、経を唱えながら松の大木の根元に、小塚を築いて埋葬した。

鶴姫一同の霊は、現在、宇賀神社（貴船神社と合祀している）に祀られている。『豊前宇都宮史』（岡為造著）によれば、「一族十二と共に磔にせらる。今小犬丸宇賀神社の所在地是なり」と記され、彼女たちの最期の日を「天正十六年四月廿二日」と伝えている。鶴姫、時に十三歳であったという。

築上郡築上町本庄にある天徳寺（曹洞宗）は、城井氏の菩提寺である。

宇都宮主従の犠牲者を祀る城井神社（中津城内）

宇都宮鎮房の墓（築上郡築上町本庄、天徳寺）

小高い山地の木立の中に墓石群が立ち並び、手前の大きい方の墓が、長房（長甫）、鎮房、朝房の三代のもので、みんな黒田側の謀略によって抹殺された無言の石碑（いしぶみ）である。なお、鎮房の法名は「天徳寺殿久岩宗永大居士」である。

宇都宮城井氏を滅ぼした黒田如水、長政父子は、彼らの怨念をのちの移封先筑前国へと引きずっていった。

星霜四百年、寒田の谷水は巨岩の間を縫い、全てを茫々の彼方に押し流すかのように、城井の山間を流れている。

宇都宮氏略系図（岡為造氏著『豊前宇都宮史』より作成）

初 宇都宮信房 ― 2 景房 ― 3 信景 ― 4 通房 ― 5 ☒房 ― 6 冬綱 ― 7 家綱 ― 8 直綱 ― 9 盛綱 ― 10 家尚 ― 11 尚直 ― 12 盛直 ― 13 秀房 ― 14 興房 ― 15 正房 ― 16 長房 ― 17 鎮房 ― 18 朝房

宇都宮氏家紋、左三つ頭巴紋

あとがき

今度、永く品切れであったこの本が十二年ぶりに第三刷として発行されることになりました。再発行にあたって旧書の全頁を精査して、今まで気付かなかった誤謬や、現在の住所表記などへの変更、人名にルビを付すなど所々にわたって訂正・加筆をしました。

この改訂によって、ここに新しい『九州戦国の武将たち』が、読者の方々にまみえることになりました。

本書起稿の目的は、九州を主体にした戦国時代の武将たちを集約して、同時代の九州の諸相を総覧できる史書にすることでした。

それまで九州には、このような本はなく、私自身の必要もあったからです。

本書に収録した二十将の資料収集や、それぞれの現地での取材したことなどが思い出されて感無量なものがあります。

今から四、五百年前の戦国期、九州の狭い地域で展開された大勢力同士の制覇戦は、域内の、どの武将たちの興亡、盛衰にも関わっており、合戦記述の重複があることを、ご理解いただきたいと思います。

九州の戦国期は、応仁の乱（一四六七－一四七七）後、豊・筑（豊前・筑前）両国の守護であった中国の大内政弘（まさひろ）は、京都から帰国後、少弐氏に占領されていた豊・筑領国の奪回を目指し、大軍を率いて九州に進攻、これを阻止する少弐・大友連合の在地勢力と戦うということから開始されます。

政弘の子義興（よしおき）もまた攻勢を続けたので、鎌倉いらいの守護職経験の名家、少弐氏が本拠筑前を追われて肥前に逃れ、与党を頼って回復の機を狙うようになります。

一方、大内氏は、少弐を追放しても九州の難敵、豊後の大友氏と戦わねばならず、両氏の抗争は、北九州を舞台に繰り広げられました。だが、地利を得た大内の軍事力が上回り、大友の領国拡大の意図は不成功に終わりました。ところが天文二十（一五五一）年、豊・筑両国守護の大内義隆（義興の子）が、家臣の陶晴賢のクーデターによって自滅するという大事件が起きます。

大友義鎮（のちの宗麟）は、大内家動揺の間隙を突いて北九州に兵を入れ、ついに大内領を支配することになります。義鎮は、幕府に経済支援をするなどして永禄二（一五五九）年、大内後の筑前・豊前両国の守護に補任され、さらに肥前守護となり、本国を併せて六カ国を領し、九州一の戦国大名として強大な勢力となります。

だが、海の向こうの中国では、大内氏の部将であった毛利元就が擡頭して陶晴賢と、彼に擁せられた大内義長（大友義鎮の弟）を滅ぼし、その後、大内氏の遺領奪回のため、北九州に進出して大友勢と戦うようになります。

大友・毛利の抗争は、門司城、立花城などの長期攻防戦を展開しましたが、永禄十二年、山陰の尼子氏と大友氏との連衡作戦によって毛利軍は、本国山口に撤退を余儀なくされ、九州から手を引きます。

毛利撤退後、大友領国の支配圏が拡大して大友宗麟の全盛時代を迎えます。

しかし、その反面、豊後国内では宗麟のキリスト教への傾斜による家臣団の亀裂が生じ、不和、内紛など国家崩壊の危険な要素が、マグマのように噴出する時機をねらっていました。

その頃、佐賀の龍造寺隆信が急速に勢力を伸ばして、肥前国内統一に向けて各地で反抗勢力と戦い、少弐氏の残存勢力を掃討して遂に十五代少弐冬尚を討ち滅ぼした。

隆信は、その後、毛利に通じて大友に反抗し、義弟鍋島直茂の協力で肥前国内の大友諸城を攻撃します。

一方、九州南部では、薩摩半島から島津忠良（日新）が出て、子貴久と共に薩摩、大隅平定にのり出し、貴久によって薩隅支配に成功、さらにその子義久、義弘、歳久、家久の島津四兄弟によって日向の伊東氏を破り、三州統一を果たして九州南部で最強となります。

天正六（一五七八）年、大友宗麟はキリシタンとなり、縁戚の伊東義祐の旧領、日向奪回のため、軍を率いて出陣したが、大友軍は高城、耳川の戦場で島津義久の軍と戦って大敗して多くの将兵を失い、以後、衰退することになります。

この頃、肥前統一を終えた龍造寺隆信は、筑前、筑後、庇護へと兵を繰り出して、従わぬ諸城をつぎつぎに攻め落として猛威を振るい、今や、九州では大友氏が衰え、南の島津と西の龍造寺両氏の二大勢力に集約され、この両者は早晩、激突する運命にありました。

その間、肥後国内では、相良、菊池、阿蘇、甲斐、大津山などの有力諸氏らが島津・龍造寺の各配下となって戦陣に立たされました。

天正十二（一五八四）年、島津・有馬の連合軍は、有馬討伐に進攻してきた龍造寺軍を島原半島の沖田畷で撃破し、大将隆信を討って大勝し、その後、筑前の秋月種実や、肥前の龍造寺政家（隆信の子）らを傘下に入れて、衰退を辿る大友氏を圧迫しながら、九州制覇を目指して独走態勢に入ります。

一方、全国統一を進める豊臣秀吉は、大友宗麟から島津征討の上訴を受けて、島津義久に講和を命じますが、島津は拒否して反抗。

天正十四年七月、島津義久麾下の五万の大軍が筑前に侵攻、秀吉配下の大友氏の将、高橋紹運が守る岩屋城を包囲しました。城は紹運以下、七六三名の小勢でしたが、敢然と立ち向かいます。この時、秀吉の軍監として九州入りしていた黒田官兵衛孝高（のち如水と号す）は、家臣小林新兵衛を岩屋城に潜行させて避難を勧めましたが、紹運は官兵衛の厚意を謝して新兵衛を返しました。

岩屋城は、紹運以下の死闘によって五万の大軍を半月余にわたって支え、秀吉九州平定の先駆けとなって全員玉砕しました。また、立花城を守っていた紹運の長男統虎（のち立花宗茂）は、岩屋城を奪回して戦没将兵の霊に報いました。

秀吉は、官兵衛から宗茂の目ざましい働きを報告されて「九州第一の勇者」と激賞し、その後の国割りで筑後十三万二千石の大名に列し、柳川城主としました。岩屋城は、柳川市の源泉であり、心の本籍地といえます。

島津は、その後、豊後を占領したが、秀吉の西下に備えて本国薩摩へ撤退することになります。

黒田官兵衛は、秀吉の西下前に在地諸豪への宣撫（せんぶ）、帰順工作を進めて成果を挙げてました。キリシタンの官兵衛（教名・シメオン）は、大友義統（よしむね）（宗麟の子）が、島津軍に府内を追われて豊前の妙見城に避難していた時、義統に会って入信を勧めたので、義統は受洗（教名・コンスタンチノ）を決意したといいます。

翌、十五年、関白秀吉は島津征討の軍を起こし、二十万の大軍を率いて九州に進撃、緒戦に北九州最大の秋月種実を降し、破竹の進軍を続け、同年六月、遂に島津義久を降伏させて九州平定を完了し、九州の戦国期に終止符を打ちます。

以上、当時の概況を記述しましたが、読者のご理解を深める一助となれば幸いです。

ここに記述した二十人の武将たちが、九州の乱世で経験したそれぞれの生き様は、多種多様であり、内紛、裏切り、謀略、利害や、驕（おご）り、油断、清廉（せいれん）、勇気、智略、節義、仁愛など人間が秘める善悪美醜の要素を赤裸々（せきらら）に現しています。

彼らは、何れも地域のリーダーであり、その中には、判断の誤りから国家存亡の危機を招いた将や、権力と驕りから信頼を失って自滅した将もあり、また清廉潔白、節義と仁愛に生きた将など、各自、個性の生き様を映しています。

戦国の世に生死を賭けて戦った彼らの足跡を辿るとき、その本質にふれ、改めて人の絆、人生観、人間愛など、現代で最も大切な心の問題を想起します。

岩屋城玉砕の追悼偈（げ）の中に「人を殺すの刀は、これ人を活かすの劍」とあり、刀は人を殺傷する劍ではなく、活かす劍でなければならない。現代での原子力利用も、平和な人類生活に役立ってこそ、その価値があり、人を殺傷する戦争に利用されては何の価値もなく殺人劍と同じです。

本書が、九州戦国期への理解に役立ち、さらなる興味を喚起する一助になれば望外の喜びです。なお、書き残した少弐政資・島津日新・島津義久・阿蘇惟豊・菊池義武・宗義智・相良長毎（ながつね）・松浦隆信・大友義統・志賀親次などの武将たちは、来年、数え九十歳を迎える私の健康が許せば、また起筆したいと心に留めています。

出版にあたり、お世話になった海鳥社の西俊明社長はじめ、スタッフの皆さんに厚くお礼を申し上げます。

平成二十五年十二月吉日

吉永正春

吉永正春（よしなが・まさはる） 1925年、東京に生まれる。門司・豊国商業学校卒業。現在、戦国史家として講演、執筆活動に活躍。主な著書に、『筑前戦国史』『九州戦国合戦記』『戦国九州の女たち』『九州戦国の武将たち』『九州のキリシタン大名』『漢詩でめぐる九州戦国史』（ともに海鳥社刊）、『筑前立花城興亡史』（西日本新聞社刊）、共著に『エッセイで楽しむ日本の歴史』（文藝春秋）など多数がある。2004年、福岡市文化賞を受賞。2009年、西日本文化賞を受賞。

九州戦国の武将たち

■

2000年11月10日　第1刷発行
2014年1月10日　第3刷発行

■

著　者　吉永正春
発行者　西　俊明
発行所　有限会社海鳥社
〒810-0074　福岡市中央区長浜3丁目1番16号
電話 092(771)0132　FAX092(771)2546
印刷・製本　有限会社九州コンピュータ印刷
ISBN978-4-87415-321-5
http://www.kaichosha-f.co.jp
［定価は表紙カバーに表示］